全国高职高专院校"十三五"医疗器械规划教材

医疗器械市场营销

（供医疗器械类专业使用）

主　编　胡亚荣　胡良惠

副主编　李　伟　曲怡蓉

编　者　（以姓氏笔画为序）

牛婷婷（济南护理职业学院）

曲怡蓉（山东药品食品职业学院）

李　伟（山东医学高等专科学校）

李叶红（广东食品药品职业学院）

李味味（江西省医药技师学院）

吴玲玲（亳州职业技术学院）

张　博（辽宁医药职业学院）

周金玲（江苏省徐州医药高等职业学校）

胡亚荣（广东食品药品职业学院）

胡良惠（湖南食品药品职业学院）

鲍　娜（湖南食品药品职业学院）

中国健康传媒集团

中国医药科技出版社

内 容 提 要

本教材为"全国高职高专院校'十三五'医疗器械规划教材"之一，系根据本套教材的编写指导思想和原则要求，结合专业培养目标和本课程的教学目标、内容与任务要求编写而成。本教材具有理论够用、突出专业、教材结构均衡的特点；内容涵盖医疗器械市场概述、医疗器械市场营销环境分析、医疗器械市场调查、医疗器械市场细分与定位、医疗器械产品策略、医疗器械定价策略、医疗器械分销渠道策略、医疗器械促销策略、医疗器械招投标与融资租赁、医疗器械网络营销等。本教材为书网融合教材，即纸质教材有机融合电子教材、教学配套资源（PPT、微课、视频等）、题库系统、数字化教学服务（在线教学、在线作业、在线考试）。

本教材可供高职高专院校医疗器械类专业教学使用，也可供医疗器械经营管理人员、医疗器械销售人员学习和参考。

图书在版编目（CIP）数据

医疗器械市场营销 / 胡亚荣，胡良惠主编 . — 北京：中国医药科技出版社，2020.6（2025.1重印）

全国高职高专院校"十三五"医疗器械规划教材

ISBN 978-7-5214-1783-8

Ⅰ . ①医… Ⅱ . ①胡… ②胡… Ⅲ . ①医疗器械—市场营销学—高等职业教育—教材 Ⅳ . ① F763

中国版本图书馆 CIP 数据核字（2020）第 069284 号

美术编辑 陈君杞
版式设计 南博文化

出版 **中国健康传媒集团** | 中国医药科技出版社

地址 北京市海淀区文慧园北路甲 22 号

邮编 100082

电话 发行：010-62227427 邮购：010-62236938

网址 www.cmstp.com

规格 889×1194mm $\frac{1}{16}$

印张 13 $\frac{1}{4}$

字数 313 千字

版次 2020 年 6 月第 1 版

印次 2025 年 1 月第 5 次印刷

印刷 三河市万龙印装有限公司

经销 全国各地新华书店

书号 ISBN 978-7-5214-1783-8

定价 **38.00 元**

获取新书信息、投稿、为图书纠错，请扫码联系我们。

全国高职高专院校"十三五"医疗器械规划教材

出版说明

为深入贯彻落实《国家职业教育改革实施方案》和《关于推进高等职业教育改革创新引领职业教育科学发展的若干意见》等文件精神,不断推动职业教育教学改革,推进信息技术与职业教育融合,规范和提高我国高职高专院校医疗器械类专业教学质量,满足行业人才培养需求,在教育部、国家药品监督管理局的领导和支持下,在全国食品药品职业教育教学指导委员会医疗器械专业委员会主任委员、上海健康医学院唐红梅等专家的指导和顶层设计下,中国医药科技出版社组织全国 70 余所高职高专院校及其附属医疗机构 150 余名专家、教师精心编撰了全国高职高专院校"十三五"医疗器械规划教材,该套教材即将付梓出版。

本套教材包括高职高专院校医疗器械类专业理论课程主干教材共计 10 门,主要供医疗器械相关专业教学使用。

本套教材定位清晰、特色鲜明,主要体现在以下方面。

一、编写定位准确,体现职教特色

教材编写专业定位准确,职教特色鲜明,突出高职教材的应用性、适用性、指导性和创造性。教材编写以高职高专医疗器械类专业的人才培养目标为导向,以职业能力的培养为根本,融传授知识、培养能力、提高素质为一体,突出了"能力本位"和"就业导向"的特色,重视培养学生创新、获取信息及终身学习的能力,满足培养高素质技术技能型人才的需要。

二、坚持产教融合,校企双元开发

强化行业指导、企业参与,广泛调动社会力量参与教材建设,鼓励"双元"合作开发教材,注重吸收行业企业技术人员、能工巧匠等深入参与教材编写。教材内容紧密结合行业发展新趋势和新时代行业用人需求,及时吸收产业发展的新技术、新工艺、新规范,满足医疗器械行业岗位培养需求,对接行业岗位技能要求,为学生后续发展奠定必要的基础。

三、遵循教材规律,注重"三基""五性"

遵循教材编写的规律,坚持理论知识"必需、够用"为度的原则,体现"三基""五性""三特定"的特征。结合高职高专教育模式发展中的多样性，在充分体现科学性、思想性、先进性的基础上，教材建设考虑了其全国范围的代表性和适用性，兼顾不同院校学生的需求，满足多数院校的教学需要。

四、创新编写模式，强化实践技能

在保持教材主体完整的基础上，设置"知识目标""能力目标""案例导入""拓展阅读""习题"等模块，以培养学生的自学能力、分析能力、实践能力、综合应用能力和创新能力，增强教材的实用性和可读性。教材内容真正体现医疗器械临床应用实际，紧跟学科和临床发展步伐，凸显科学性和先进性。

五、配套增值服务，丰富教学资源

全套教材为书网融合教材，即纸质教材有机融合数字教材、教学配套资源、题库系统、数字化教学服务。通过"一书一码"的强关联，为读者提供全免费增值服务。按教材封底的提示激活教材后，读者可通过电脑、手机阅读电子教材和配套课程资源（PPT、微课、视频、图片等），并可在线进行同步练习，实时获取答案和解析。同时，读者也可以直接扫描书中二维码，阅读与教材内容相关联的课程资源，从而丰富学习体验，使学习更便捷。教师可通过电脑在线创建课程，与学生互动，开展布置和批改作业、在线组织考试、讨论与答疑等教学活动，学生通过电脑、手机均可实现在线作业、在线考试，提升学习效率，使教与学更轻松。

编写出版本套高质量的全国高职高专院校医疗器械类专业规划教材，得到了行业知名专家的精心指导和各有关院校领导与编者的大力支持，在此一并表示衷心感谢！2020年新型冠状病毒肺炎疫情突如其来，本套教材很多编委都奋战在抗疫一线，在这种情况下，他们克服重重困难，按时保质保量完稿，在此我们再次向他们表达深深的敬意和谢意！

希望本套教材的出版，能受到广大师生的欢迎，并在教学中积极使用和提出宝贵意见，以便修订完善，共同打造精品教材，为促进我国高职高专院校医疗器械类专业教育教学改革和人才培养做出积极贡献。

全国高职高专院校"十三五"医疗器械规划教材

建设指导委员会

张洪运（山东药品食品职业学院）

陈文山（福建卫生职业技术学院）

周雪峻［江苏联合职业技术学院南京卫生分院（南京卫生学校）］

胡亚荣（广东食品药品职业学院）

胡良惠（湖南食品药品职业学院）

钟伟雄（福建卫生职业技术学院）

郭永新［山东第一医科大学（山东省医学科学院）］

唐　睿（山东药品食品职业学院）

阎华国（山东药品食品职业学院）

彭胜华（广东食品药品职业学院）

蒋冬贵（湖南食品药品职业学院）

翟树林（山东医药技师学院）

数字化教材编委会

主　编　胡亚荣　胡良惠

副主编　李　伟　曲怡蓉

编　者　（以姓氏笔画为序）

牛婷婷（济南护理职业学院）

曲怡蓉（山东药品食品职业学院）

李　伟（山东医学高等专科学校）

李　娜（湘潭医卫职业技术学院）

李叶红（广东食品药品职业学院）

李味味（江西省医药技师学院）

吴玲玲（亳州职业技术学院）

张　博（辽宁医药职业学院）

周金玲（江苏省徐州医药高等职业学校）

胡亚荣（广东食品药品职业学院）

胡良惠（湖南食品药品职业学院）

鲍　娜（湖南食品药品职业学院）

前言
QIANYAN

随着我国医疗器械行业的蓬勃发展，对于医疗器械营销人才的需求量不断增加，为更好地服务于职业教育教学改革，做好医药大行业建设，根据医疗器械行业实际情况，配合医疗器械营销岗位的调研成果，本书编委会组织高职高专院校医疗器械类专业一线教师编写了《医疗器械市场营销》。本教材以理论为基础、以就业为导向，以学生为主体，难易程度适中，针对性及可操作性强，关注与培养学生的学习兴趣，将实操训练案例及项目融入理论教学，以体现课程结构的均衡性、选择性及综合性，迎合医疗器械行业不同地区人才培养的发展需求，为本行业未来的发展建设做出贡献。

医疗器械市场营销是学生在了解和学习经营管理基本理论知识基础上，结合医疗器械行业、企业和产品特色所设计的一门具有医疗器械行业特色的、理综结合的、实践性很强的核心主干课程，市场营销具有较强的实践性和操作性，其人才培养必须适应社会实践变化的要求，应根据高职高专院校医疗器械市场营销等相关专业培养目标与教学特点的要求而设置，致力于培养社会所需要的高技能型医疗器械营销专门人才。

本教材在《市场营销原理》《医疗器械行业概述》及《医疗器械营销实务》的基础上，从市场营销基础知识入手并将其贯穿全书，以实际的医疗器械营销策略及实际策划方案为主线，理论结合案例，简要地说明了医疗器械行业市场的特征、市场的宏观及微观环境，同时介绍医疗器械行业营销现状，详述医疗器械营销策略体系，结合电子商务简要介绍医疗器械网络营销服务及推广，增加医疗器械招投标及融资租赁等内容。作为医疗器械营销专业、医疗器械经营与管理专业学生学习的核心教材，本书通过介绍医疗器械营销的新知识、新技能，致力于提高高职高专院校学生从事营销工作的综合素养。同时对于高职高专院校其他医疗器械相关专业，本书是必不可少的能力拓展教材，可以帮助学生拓宽视野，增加就业选择。

在编写本书过程中，融入了医疗器械营销岗位实际需要的能力，依据该岗位对营销知识与技能的要求编写内容。本教材编写分工如下：第一章由李伟、张博编写；第二章由鲍娜编写；第三章由李昧昧编写；第四章由胡亚荣编写；第五章由吴玲玲编写；第六章由胡良惠编写；第七章由曲怡蓉编写；第八章由牛婷婷、胡亚荣编写；第九章由胡亚荣、周金玲编写；第十章由李叶红编写。

本教材的编写得到了所有编者及所在院校的大力支持，参考了多种介质的文献资料，在此，我们对所有给予指导和支持的单位领导、文献资料作者、专家等表示衷心的感谢。受编者学识水平和实际经验所限，教材中难免出现疏漏，敬请广大读者、专家和同行批评指正，以便修订时完善。

编　者

2020 年 4 月

第一章　医疗器械市场概述

微课

PPT

📖 **知识目标**

1. **掌握**　医疗器械的定义和分类。
2. **熟悉**　医疗器械的功能和特点；世界及我国医疗器械市场的构成。
3. **了解**　世界及我国医疗器械市场发展现状、面对的机遇和挑战。

👉 **技能目标**

1. **学会**　鉴别医疗器械的功能和种类。
2. **具备**　分析和研判国际、国内医疗器械市场基本现状和发展趋势的能力。

第一节　医疗器械的定义与分类

💬 **案例讨论**

案例　2020年，突如其来的新型冠状病毒感染的肺炎疫情席卷全世界，疫情之下，防护和治疗需求在短期内急剧增长。这次突发的疫情对于医疗器械行业来说，虽然是一场重大考验，但也激发了产业变革，孕育了新的发展机遇。

在这场没有硝烟的战"疫"中，与疫情相关的医疗器械企业直面产能以及实际临床应用的机遇和挑战。对于口罩、防护服、呼吸机、监护仪、试剂盒等疫情防控急需物资，政府鼓励企业加大马力生产，保障抗疫前线医疗物资需求，这些企业已经收获大量订单，甚至产能饱和；而对于与疫情需求关联度不大的医疗器械产品，短期内却对生产经营产生了负面影响，如手术、骨科器械等会受到一定程度的挤占。长期而言，还是要看企业的核心价值。医疗器械行业的发展受政策、技术、市场、资本、疾病等多重因素影响。

讨论　新型冠状病毒感染的肺炎疫情对中国乃至全世界医疗器械行业的影响有哪些？

随着我国经济的快速发展，人民生活水平和医疗水平不断提高，医疗器械对医疗水平的提高起到了重要的作用，公众对医疗的需求逐渐增加，其中医疗器械的创新和发展保持着快速、健康的态势，监管政策也逐渐完善，医疗器械涉及的范围也越来越广。本章将介绍医疗器械的相关基本知识及国际、国内医疗器械市场的发展现状。

一、定义

医疗器械是指直接或者间接用于人体的仪器、设备、器具、体外诊断试剂及校准物、材料以及其他类似或者相关的物品，包括所需要的计算机软件。医疗器械的效用主要通过物理过程等形式发挥，而非药理学、免疫学或者代谢的方式，即使有以上类似方式出现，也只起辅助作用。

纵观古今中外医疗器械的发展历史，无论是价格低廉的医用纱布、棉签、注射器等最普通的医疗器械，还是结构复杂、价格不菲的PET-CT等大型医学影像类设备，医疗器械经历了一个由简单到复杂、由低科技含量到高科技、由单功能到多功能、由体外诊断到体内器械的发展历程。

在全球医疗器械的发展史上，多个产品的诞生及应用都具有里程碑的意义，譬如：1816年听诊器的发明，1852年活塞式注射器的发明，1895年伦琴发现X射线并应用于医学影像，1901年第一台心电图问世，1943年第一台放射治疗的直线加速器问世，1945年第一台血液透析仪诞生，1953年人工心肺机首次应用在人体手术中，1958年第一例心脏起搏器应用，1972年世界首台CT诞生，1976年第一台商业化PET（正电子发射扫描仪）问世，2000年第一台PET-CT套件生产，2003年用于动脉堵塞的药物洗脱支架通过FDA审批，2004年64层CT通过FDA审批。进入21世纪，新型释药器械、分子诊断设备、移动手术设备、无创手术器械、生物芯片、远程医疗系统等具有智能化、实用化、网络化、微型化等特点的医疗器械相继诞生和逐步研发成功。

医疗器械产品五花八门、形式多样、功能各异，基本涵盖了医疗卫生事业的各个分支学科，医疗器械的功能概括如下。

（1）对疾病的诊断、预防、监护、治疗或者缓解。

（2）对损伤的诊断、监护、治疗、缓解或者功能补偿。

（3）生理结构或者生理过程的检验、替代、调节或者支持。

（4）对生命的支持或者维持。

（5）妊娠控制。

（6）通过对来自人体的样本进行检查，为医疗或者诊断目的提供信息。

二、分类

医疗器械的分类有多项标准，分类结果根据标准的不同而变化。目前，医疗器械主要依据结构特征、使用形式、风险程度、医疗器械价值、物理原理、临床应用等标准进行划分，以下列举几种医疗器械常用的分类标准。

1. 按结构特征分类　可分为有源医疗器械和无源医疗器械。

2. 按使用状态分类　可分为接触式人体器械和非接触式人体器械。

3. 按使用风险程度分类　可分为三类。

（1）通过常规控制可以保障其安全性、有效性的医疗器械。此类器械使用风险较低。

（2）通过特殊控制可以保障其安全性、有效性的医疗器械。

（3）植入人体的器械，用于支持、维持生命，或对人体具有较高的潜在危险，对其安全性、有效性必须严格控制的医疗器械，此类器械使用风险较高。

4. 按临床应用分类　可分为诊断器械、治疗器械和辅助器械。

5. 按器械价值分类　可分为高值医疗器械和低值医疗器械。

6. 按物理原理分类　可分为电子类器械、机械类器械、光学类器械、射线类器械、材料类器械和软件类器械等。

2017年8月31日，国家食品药品监督管理总局发布《医疗器械分类目录》，将医疗器械分为22个子大类（表1-1）。该目录自2018年8月1日起施行。

表1-1 医疗器械分类目录

序号	医疗器械名称	序号	医疗器械名称
1	有源手术器械	12	有源植入器械
2	无源手术器械	13	无源植入器械
3	神经和心血管手术器械	14	注射、护理和防护器械
4	骨科手术器械	15	患者承载器械
5	放射治疗器械	16	眼科器械
6	医用成像器械	17	口腔科器械
7	医用诊察和监护器械	18	妇产科、辅助生殖和避孕器械
8	呼吸、麻醉和急救器械	19	医用康复器械
9	物理治疗器械	20	中医器械
10	输血、透析和体外循环器械	21	医用软件
11	医疗器械消毒灭菌器械	22	临床检验器械

三、特点

医疗器械是关乎人民生命健康的特殊产品。根据产品质量法的描述，产品质量是指产品满足需要的有效性、安全性、适用性、可靠性、维修性、经济性和环境等所具有的特征和特性的总和，医疗器械一般具有以下特性。

1.安全性 医疗器械涉及的安全性可从有源和无源两方面评价。有源医疗器械的安全性应完全符合最新的国际和国内医用电气设备安全要求。无源医疗器械多数为接触性产品，其安全性应从材料、生产、灭菌、包装、贮存、运输、使用等若干环节进行评价，不对人体产生副作用。

医疗事故的频发也与医疗器械的质量和安全性不佳有关，医疗器械安全性的改进是一个综合过程，包含许多环节多项工作。严格管理和控制医疗器械安全性需要医疗机构、生产企业、政府监管人员共同协作，不断提高对医疗器械的安全性认识、实际操作能力和必不可少的重视程度，最终实现医疗器械安全性保障和政府监管执行能力的提高。

2.有效性 医疗器械作为使用于人体的特殊商品，它应该能够按照对应的使用说明书所示达到有效诊治、防病的目的。医疗器械的使用性能也就是临床上使用的有效性。

医疗器械发挥具体作用即有效，是医疗器械在保证安全性的前提下必须接受的测试。譬如：体外除颤仪器本身不会对需要救治的患者造成伤害，但是，无法完成电击的任务也会让患者失去生命。这个结局不仅是安全的问题，更多地涉及医疗器械的可用性。医疗器械上市前的审批环节，相应的监管机构会对器械有效性进行测试。医疗器械的预期用途无法得以实现即为无效，也就失去了医疗器械本身存在的价值。

3.智能化 随着5G为代表的互联网技术、3D打印技术、可穿戴技术、人工智能等技术的快速发展和突破，许多现代医疗器械产品已经发展成集硬件和软件以及信号传输为一体的精密装置，产品本身包含很高的自动或半自动系统，展现出智能医疗的发展方向。

看似冰冷的医疗器械，也蕴藏着大智慧。2018年4月25日，国务院办公厅印发《关于促进"互联网＋医疗健康"发展的意见》，明确提出推进"互联网＋人工智能"的应用服务模式。不仅要研发基于人工智能的临床诊疗决策支持系统，开展智能医学影像识别、病理分型和多学科会诊以及多种医疗健康场景下的智能语音技术应用，提高医疗服务效率。还要加强临床、科研数据整合共享和应用，支持研发医疗健康相关的人工智能技术、医用机器人、大型医疗设备、应急救援医疗设备、生物三维打印技术和穿戴装备等。智能化、精准化将成为未来研发和应用的大趋势之一。

第二节　世界医疗器械市场

一、概述

随着全球居民健康需求日益增加，医疗卫生事业的不断发展，医疗器械市场的发展也一直保持稳步增长。以2017年为例，全球医疗市场销售额为4050亿美元，同比增长4.6%，预计2025年销售额超过6000亿美元，年复合增长率约为5.6%。

纵观全球医疗器械市场发展状况，市场细分的划分没有固定标准，习惯性地划分为高值医用耗材、低值医用耗材，医疗设备、体外诊断产品四大板块。

（一）高值医用耗材

高值医用耗材一般指价值相对较高，并且针对某些专科使用的消耗性医疗器械。本耗材的生产环节必须严格控制，安全性要求高。高值医用耗材主要是相对低值医用耗材而言的，譬如骨科植入类产品、外周血管介入耗材、心脏介入类产品及其他脏器介入所使用的医用材料等产品。

高值医疗耗材行业的市场准入门槛较高，源于本行业对技术、人才、资金的要求都较高。深谙本行业发展规律的跨国企业正纷纷通过兼并收购的方式扩大市场规模，该领域显示出明显的行业整合趋势。随着全球老龄化程度的不断加深、介入类手术的需求量不断攀升，市场对高值医用耗材的需求随之增加，其市场份额逐年攀升。

（二）低值医用耗材

低值医用耗材是指医疗机构开展诊疗服务过程中使用的、价值较低的一次性医用卫生产品，包括纱布、棉签、注射器、输液器、无菌手套、引流管、引流袋，以及手术过程所需要的缝线、缝针、刀片等医用产品。

低值医用耗材，往往是临床多学科普遍应用的、价值较低的一次性医用材料，相较于医疗器械其他领域，技术含量和行业门槛较低，因此多年以来参与企业众多，竞争激烈。但大多数中小企业缺乏技术创新和研发能力，单纯依靠仿制和外购器械零件组装来运营，只有极少数大中型企业具有完整产业链和生产研发能力。随着技术的发展、医疗需求的提高以及市场竞争的加剧，低值医用耗材市场必将面临优胜劣汰的过程，市场将逐渐集中在具有核心竞争力的企业手中。

（三）医疗设备

医疗设备是指单独或者组合作用于人体（或者其他生物）的仪器、设备、器械或者其他物品，亦包含相关的软件、医用医疗设备和家用医疗设备。医用设备在精确度、专业性均高于家用设备，而家用设备具有可操作性强、微型化、便于携带等优点。现代医学的发展在很大程度上取决于医疗设备的发展。医疗设备按照其用途基本可分诊断类设备、治疗类设备和辅助类设备。

随着全球消费水平提高，人们对于健康管理愈发重视，医疗设备无疑是健康管理不可或缺的参与者，家用医疗设备或将成为未来具有发展潜力的子市场。欧、美、日等地区和国家的企业占据全球医疗设备最大市场，以中国为代表的创新性企业的异军突起或将在未来改变全球医疗设备市场的格局。

（四）体外诊断产品

体外诊断（*in vitro* diagnostic，IVD）主要是通过对采集的人体各类标本（譬如体液、细胞、组织等类型）进行检测从而获取诊断信息，进而对疾病或者机体功能进行判定的产品和服务。体外诊断产品（*in vitro* diagnostic products）主要包括体外诊断试剂和体外诊断设备两大类。

随着生物医药科技的突飞猛进以及整个诊断试剂产业的突破和发展，这一切无疑将给患者带来更多的新生机会。在经合组织国家中，最大的体外诊断试剂市场为北美地区，其次为欧洲，最大的单一市场是德国。经过几十年的发展，诊断试剂先后经历了化学、酶、免疫测定和探针技术四次技术革命。每次革命，都使临床诊断试剂的技术跨上了一个新台阶，其商业价值和投资价值也日益显现。

由于体外诊断方式能在疾病早期快速准确地诊断，在临床医疗和相关医学研究领域中发挥着越来越重要作用，IVD在全球医疗服务市场得到了快速发展。欧、美、日等发达地区和国家是IVD消费的主要市场，在中国、印度等国家市场也得到了迅速推广，市场增速较快。

二、发展现状

（一）不同区域医疗器械市场发展现状分析

医疗器械作为医疗领域的通用产品，其发展对世界医疗卫生水平的快速提高具有重要意义，从区域来看，欧、美、日等发达地区和国家的医疗器械产业发展较早，对医疗器械产品的技术水平和质量要求较高，市场需求以产品升级换代为主，市场规模庞大，增长稳定。

1.北美市场 北美市场一直保持稳定发展，在全球范围内具有不可忽视的地位。尤其是美国，作为医疗器械最主要的生产国和销售国，拥有强大的研发实力，技术水平世界领先，约占全球医疗器械市场份额的40%，美国的市场变化将对全球医疗器械的发展产生重要影响。

2.欧洲市场 欧洲是全球至关重要的医疗器械生产和销售地区，德国和法国是欧洲医疗器械的主要制造国。西欧地区作为全球范围内最具吸引力的商业化医疗器械市场，源于其较完备的医疗政策体系。东欧地区由于政策、经济和经营风险的限制，其市场发展水平低于全球平均水平。

3.亚洲市场 亚洲成为全球最具潜力的新兴医疗器械市场，源于近年来中国、印度以及东南亚国家的快速增长，该区域产品的普及需求与升级换代需求并存。尤其是近十年，中国已经成为全球医疗器械的重要生产基地和市场，在中低端医疗器械产品领域，产量已位居世界第一，其总体销售规模保持高速增长，约占全球市场份额的20%。

（二）医疗器械细分市场现状分析

医疗器械行业细分领域众多，具体来看，2017年全球十五大医疗器械种类销售额达3420亿美元，合计市场规模占比为84.4%，预计2024年可达5017亿美元。其中，前三类医疗器械类别是IVD、心血管类和影像类，2017年全球市场规模分别为526亿美元、469亿美元和395亿美元，到2024年市场规模预计将分别达到796亿美元、726亿美元和510亿美元。

（三）全球医疗器械行业发展集中度现状分析

医疗器械行业属于集中度较高的行业，尤其是医疗器械企业的兼并和收购对全球医疗企业市场格局的改变，使得该领域的集中度不断提升。以2017年为例，全球前10大医疗器械企业市场份额占比约为39%（图1-1），前20大器械企业市场份额占比约为54.5%，前30大器械企业市场份额占比约为64%。

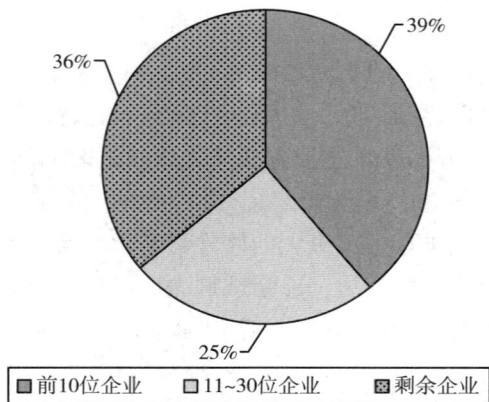

图1-1 2017年全球医疗器械行业集中度分布

（四）全球医疗器械市场的驱动因素

1. 全球经济形势对市场的驱动 全球经济的持续增长，大多数国家和地区稳定的政治局面和对医疗卫生事业的增长支出，为医疗器械市场的发展提供了基本保障。

2. 医疗卫生事业的发展对市场的驱动 全球老龄化程度的不断加深，导致心脑血管疾病、糖尿病、神经类疾病等慢性病高发，潜在消费主体数量增长。现代医护水平的提高、城乡医疗服务一体化、远程监护、发达医疗手段的出现等因素同样会刺激医疗器械市场发展的活力。

3. 行业本身及科学技术对市场的驱动 欧美市场的主导和以亚太一些国家为代表的新兴市场迅速成长为医疗器械全球化市场助力，尤其是国际、国内器械领域的兼并和重组方兴未艾，资本向着高质量的投资方向发展，为医疗器械企业发展增添了无限动力。互联网技术、3D打印技术、人工智能等技术的出现使更多创新性、人性化、智能化的医疗器械产品出现，为本行业的可持续发展奠定了基础。

（五）全球医疗器械市场的制约因素

医疗器械市场尽管保持着高增长的势头，但其发展仍然受到了一些不确定因素的影响和制约。

1. 全球社会形势对市场的影响 首先，欧美一些国家和地区政策的不确定性明显。譬如，英国"脱欧"、美国政府奉行医疗政策的非连续性都会拉低市场的增长势头。其次，跨太平洋伙伴关系协定未能获得美国通过、全球反恐压力的加剧、全球大宗商品的衰退、货币职能衰退导致通货膨胀等因素都会制约经济的发展，医疗器械市场同样会受到"创伤"。

2. 医疗卫生领域和社会对市场的影响 全球人口出生率下降，使市场消费主体数量增长趋势放缓；局部地区医疗专业人员数量与需求不匹配，导致医疗服务供给不够；一些国家和地区的医院负债增加；人们崇尚以饮食和运动为主导的健康生活方式导致医疗器械消费能力减弱等，都会对医疗器械市场产生一定的负面影响。

3. 市场自身的影响 某些高端的医疗器械带给市场较大的价格压力，进而导致一些低价格的通用型和替代型产品出现，会扰乱医疗器械市场的正常秩序。各个国家和地区保护主义政策的实施、进口医疗器械的限制、大力提倡本地制造、不定期出现的产品召回等同样会阻碍医疗器械行业的发展势头。

第三节　我国医疗器械市场

随着我国人民生活水平的逐步提高以及医疗卫生事业的发展与壮大，医疗器械产业也朝着多元化的方向发展。医疗器械作为医疗卫生事业的重要支柱，近年来也得到了迅速的发展。据全球医药市场预测机构Evaluate Pharma统计，全球医疗器械市场规模2016年为3870亿美元，2017年为4030亿美元，2022年将达到5220亿美元，2016~2022年年复合增长率为5.1%。我国受市场需求增长、制造能力加强、技术创新升级、国家政策扶持、资本市场推动等因素的综合影响，医疗器械行业已成为大健康产业中增长最为迅速的领域，同时也成为资本市场所关注的热点。

一、构成

（一）医疗卫生体系

医疗卫生体系是贯彻实施国家的卫生工作方针政策，领导全国和地方卫生工作，制定具体政策，组织专业人员和群众运用医药卫生科学技术，推行卫生工作的专业组织机构。中华人民共和国成立以来，公共卫生事业取得了显著的成绩，但也面临很多问题与挑战，现阶段我国公共卫生体系发展滞后于经济和其他社会事业发展，我国公共卫生体系存在的主要问题包括：公共卫生体系发展滞后，缺乏顶层设计，重治轻防的思想观念阻碍公共卫生体系建设，财政投入总量、结构及方式不适应公共卫生体系发展需要，公共卫生人才队伍不稳定、发展乏力，公共卫生信息化整体滞后、投入及人才缺口较大，法制建设不完善、行政赋权缺失。我国在此基础上提出了建立完善新时代公共卫生服务体系的策略建议，构建医防结合的卫生服务体系，优化财政投入模式，建立多渠道筹资机制，加强公共卫生体系人才队伍建设，完善公共卫生信息化建设，完善公共卫生法律体系等。

从机构组成来看，我国公共卫生服务体系由专业公共卫生服务网络和医疗服务体系的公共卫生服务职能组成。专业公共卫生服务网络包括疾病预防控制、健康教育、妇幼保健、精神卫生防治、应急救治、采供血、卫生监督、计划生育等专业公共卫生机构。乡镇卫生院、村卫生室和城市社区卫生服务中心/站等城乡基层医疗卫生机构免费为全体居民提供国家基本公共卫生服务项目，其他基层医疗卫生机构作为补充，专业公共卫生机构负责组织实施国家重大公共卫生服务项目。医院依法承担重大疾病和突发公共卫生事件监测、报告、救治等职责以及国家规定的其他公共卫生服务职责。

（二）医疗卫生组织

1.卫生行政组织　目前我国卫生行政组织的体制为：国家设卫健委，省、自治区、直辖市设卫生厅（局），地区、市、县设卫生局（科），乡镇或城市街道办事处设卫生专职干部，负责所辖地区的卫生工作。

2.卫生事业组织　具体开展业务工作的专业机构，按工作性能分为以下几类。

（1）医疗预防机构　主要承担诊疗和预防疾病的任务，目前是我国分布最广、任务最繁重、卫生人员最集中的机构。如各级综合医院、专科医院、门诊部、医疗保健院（所）、疗养院、康复医院、护理院等。

（2）卫生防疫机构　主要承担预防疾病的任务，对危害人体健康的影响因素，进行监测和监督。如各级卫生防疫站，职业病、地方病、寄生虫病防治机构及国家卫生检疫机构。

（3）妇幼保健机构　承担保护我国总人口2/3的妇女、儿童健康的任务。如妇幼保健院（所、站）、妇产医院、儿童医院及计划生育专业机构。

（4）其他机构　药品、生物制品、卫生材料的生产、供销及管理监测机构，医学教育机构，医学科学研究机构承担发展我国医药学和保证安全用药的任务。如药品检验所、生物制品研究所。

（三）医疗器械市场监督管理

医疗器械产业属于知识密集型科技制造领域，产品研发与生产涉及机械、电子、高分子材料等多个专业，其复杂性、多样性对监管工作的规范性与科学性提出了越来越高的要求。当前我国医疗健康产业发展迅速，公众对医疗器械产品的需求不断增加，对产品质量的要求也在不断提升，作为医疗器械制造和出口大国，我国2019年行业规模已达到近6000亿元。因此医疗器械监管方式的调整，会对产业和公众健康产生直接影响。

1.医疗器械监管政策法规　目前我国医疗器械监管实行分类管理，分为上市前管理和上市后管理与控制。并且实施风险管理模式，将医疗器械分为三类：具有低风险程度（第一类）、具有中等度风险（第二类）、具有较高风险（第三类），国家对第一类医疗器械实行备案管理，对第二、三类医疗器械实行产品注册管理，由此反映出对医疗器械监管的目标是保证医疗器械使用的有效性和安全性。医疗器械监管方式发生的改变，对医疗器械企业提出了新的要求，对医疗器械的产品分类、注册备案要求、生产环节监管、上市后监督等过程均有更高、更规范的要求。

2.医疗器械监管方式需适应市场变化　我国现有的医疗器械监管入门的门槛较高，但入门后监管力度不足。医疗器械监管信息化建设需要加强，现有的机构、企业的信息化监管无法满足当前医疗器械的监管需要。医疗器械检测能力需要进一步提升，现有的专业医疗器械检测机构少、检验成本高，基层的检测机构更是凤毛麟角，这些都严重影响了我国对医疗器械监管的力度。

二、发展现状

随着我国经济的不断发展以及生活水平的不断提高，人们对医疗保健的意识逐渐增强，因此对于医疗器械产品的需求也在不断地攀升，中国医疗器械市场规模近五年来一直保持稳步增长。根据全球医疗器械市场规模数据分析，2017年全球医疗器械市场规模突破4000亿美元，2018年全球医疗器械市场规模为4278亿美元，预计到2024年规模将接近6000亿美元，2017~2024年间复合增长率为5.6%。中国成为继美国后的第二大医疗器械市场。但相比于全球医疗器械市场，我国医疗器械市场的结构已趋向优化，但结构依然不平衡。对比发达国家，我国医疗器械产业起步较晚，技术基础较为薄弱，而医疗器械产业作为典型高新技术产业，其核心竞争力在于技术创新能力的高低，我国医疗器械制造业一直以中低端制造以及设备仿制为主，技术创新能力不足。

（一）国家政策扶持产业市场

我国医疗器械行业市场的活跃与国家政策的引导是分不开的。2017年以来，党的十九大报告提出了"实施健康中国战略"，推进"中国制造2025"，国务院及其各部门出台《关于深化审评审批制度改革　鼓励药品医疗器械创新的意见》《深化"放管服"改革　激发医疗领域投资活力的通知》《"十三五"医疗器械科技创新专项规划》《医疗器械经营监督管理办法》《医疗器械生产监督管理办法》《医疗器械注册人制度试点工作实施方案》《关于公布新修订免于进行临床试验医疗器械目录的通告》《医疗器械网络销售监督管理办法》等一系列文件，进一步加强监管，在保障我国医疗器械高质量和安全性的前提下，鼓励医疗器械创新、完善注册办法、加快审批流程，以摆脱目前我国依赖中低端产品获取微利的生物链底部的尴尬局面，推进医疗器械行业向快车道迈进。

（二）市场需求持续增长

目前，我国老龄化程度加深，社会支付能力提升、人民生活水平进一步提高，早在"十二五"规划中，政府在医改过程中的各种政策就不断地向基层医疗领域倾斜。而随着社会老龄化的提前到来，许多老年疾病的发病率呈逐年上升趋势。同时，人们就医的观念也从病患就医转向保健医疗方向，因此百姓对健康的需求促使国内医疗器械市场逐渐扩大。2009~2019年，城镇职工基本医疗保险乡镇居民基本医疗保险和新型农村合作医疗覆盖城乡全体居民，参保率均提高到90%以上，随着医疗体制改革的推进，我国医保制度的完善与健全也给医疗器械行业提供了更大的空间。

1.产业发展速度快，规模数量扩张大　目前，我国医疗器械市场迅速膨胀，已成为继美国后的世界第二大医疗器械市场，成为带动全球医疗器械市场增加的主要区域。近年来，每年的销售增速保持在17%以上，其中高端医疗器械平均每年保持20%左右的增长速度。

2.产品结构已发生变化　我国医疗器械市场产品结构发生了显著变化，由过去的医疗耗材与医疗设备平分市场，发展为医疗设备产品所占市场份额逐渐扩大，到目前为止已达到75%以上。

3.以中小企业占主导，高收益大规模企业少　与我国制药工业类似，我国医疗器械行业也存在数量多、规模小、行业集中度低、科研投入不足、创新能力弱的问题。实际上，医疗器械行业是一个多学科交叉、知识密集、资金密集型的高技术产业，进入门槛较高。目前我国登记在册的各类医疗器械生产企业超过1.4万家，但销售额过亿元的屈指可数。

4.产业地域集中度明显　从地域分布来看，我国医疗器械行业集中在东、南部沿海地区。市场占有率居前六位的省份占全国市场份额的80%，显示了医疗器械行业较高的地域集中度。从各地经济指标的排序图来看，医疗器械产业集中度高的地区主要分布在北京、上海、浙江、江苏、广东等地。以上海、江苏为代表的长江三角地区和以北京为代表的渤海湾地区主要是招商引资，以外资企业为主体而形成优势产业集群。长江三角地区以一次性注射和输液器等产品在全国占绝对优势，北京地区则CT机占绝对优势。深圳的医疗器械产业从无到有，在短短的10年内，已发展成为我国高端医疗器械产业重要的制造加工基地，如医用影像、血液分析仪、患者监护仪等产品，在国际市场上也占有一席之地，发展势头强劲。

（三）存在的问题与不足

我国医疗器械产业是一个新兴的健康产业，虽然发展速度逐渐增快，但是不论产能还是研发都远远不能满足市场需求，我国现阶段医疗器械与药品消费的比例差不多为1∶10，但是在发达国家，这个比例已经达到1∶1了，由此可见我国医疗器械产业还存在着很大的提升空间，并且我国医疗器械产品只占国内总量的六成左右，大多数产品依旧依赖进口。

1.国际市场份额较低，产业结构不合理　我国医疗器械总产值自改革开放以来一直保持快速增长，特别是20世纪90年代以来，平均增幅一直在12%~15%，我国是全球医疗器械十大新兴市场之一，已经成为除了日本以外亚洲最大的市场，但与发达国家相比，我国医疗器械在世界市场所占份额依旧很低，并且国内中小型医疗器械生产的起步较晚，产品质量不高，工艺水平落后，导致产品质量不过关性能不稳定，因此与国外产品相比较，档次偏低，缺乏一定竞争力。

2.中低端市场以国内企业为主，高端市场被国外企业占据　我国医疗器械企业虽然数量比较多，但多数都只能在中低端市场寻求生存，如医疗用耗材（如医用棉、纱布、绷带等）、一次性医用耗材（一次性注射器等）、按摩器、血压计、导管、插管、患者监护仪、生化分析仪等。而在高端产品中，国内产品处于中低档水平，如X射线机仍然有工频机，磁共振多为低场永磁磁共振，CT机为16层和32层等。在高科技产品方面，中国医疗器械的总体水平与国际先进水平的差距约为15年。国内中高端医疗（仪器）设备主要依靠进口，进口金额约占全部市场的40%，进口公司主要是国际知名公司，如GE、Siemens、Philips、Toshiba、Hitachi等。根据中国市场调查研究中心2017年对中国医疗器械市场的专项调查，约75%的CT市场、80%的超声波仪器市场、85%的检验仪器市场、90%的磁共振设备、70%的心电图机市场、80%的中高档监视仪市场、90%的高档生理记录仪市场以及60%的睡眠仪市场均被外国品牌所占据。跨国企业竞争的焦点是设计理念、产品质量和售后服务，而高质量的产品正是国内大型医院所青睐的，因此国外产品多销往国内的大型医院，尤其是三甲医院。

3.研发投入产出比较低，创新能力有待提高　相较于发达国家，我国医疗器械产业起步较晚，技术基础较为薄弱，而医疗器械产业作为典型高新技术产业，其核心竞争力在于技术创新能力的高低，我国医疗器械制造业一直以中低端制造以及设备仿制为主，技术创新能力不足。

4.专业人才缺乏　虽然我国在医疗器械的生产上取得了一些成绩，但由于医疗器械的高端人才主要由高校和科研机构进行培养，市场上专业培训机构的缺乏和空白，使得企业对中高端人才的需求从未得到缓解。科研院所与企业对市场的了解存在着严重的信息不对称问题，难以形成完善的研发体系和机构，致使产业发展的后劲不足。

三、机遇和挑战

现代医学对疾病的预防和治疗在很大程度上依赖于医疗设备的准确诊断。在发达国家，医疗器械产业和制药业的产值大体相当；而在我国，前者产值远低于后者，这种比例失调预示着医疗设备与器械产业在我国还有巨大的发展空间。

我国产品正向数字化、小型化、智能化、自动化方面发展：数字化应用可使原有众多医疗器械产品具有更可靠、更小巧，人机界面更好、性能更高、功能更强的特点。国内自主知识产权产品和知名品牌开始不断涌现。随着我国医疗器械市场的发展，企业将逐渐加大大型设备核心技术研发，一批拥有自主知识产权的产品已投放市场，并占据了一定的市场份额。如0.5T磁共振磁体、螺旋扫描CT装置、立体定位超声聚焦治疗系统、旋转伽马刀、低中能直线加速器、微创血管支架、数字式X射线系统等产品。未来产品开发趋势主要有：新型可吸收血管支架，其基本结构为微型网管，可留在患者体内支撑动静脉血管开启，之后完全消失；胶囊内窥镜，其体积与药物胶囊类似，检查时吞服胶囊内窥镜，用于消化道疾病的诊断；新型释药器械，包括胰岛素笔、无针注射器、透皮药膜、输液泵等；分子诊断设备，包括生物传感器、蛋白质基因组分析仪、纳米技术诊断产品等；移动救护设备，适合飞机、火车以及野外使用的袖珍呼吸机、除颤仪等小型便携式急救医疗器械；微创/无创手术器械、长效缓释药物血管支架；生物芯片，包括袖珍医用压力传感器、基因芯片、蛋白质芯片等；无创伤检测仪，包括腕表型电子血压仪、血糖监测腕表，能随时不间断监测患者的血压和血糖波动情况；新型生物材料，包括仿生人工肢体、仿生骨关节、生物水泥（骨水泥）、生物陶瓷材料、新型无菌创伤包扎材料（无菌敷料）、液体绷带、碳纤维绷带和其他无菌敷料等；植入式电子生物治疗仪，包括植入式电子耳蜗（人工耳蜗）、植入式尿失禁电刺激治疗仪、植入式癫痫病治疗仪、植入式电子生物治疗仪、植入式视神经点刺激仪；远程医疗系统，可利用无线通信技术实时传输医院诊断数据及可视图像。

1.抓住全球产业化形成的发展机遇　充分利用好国际制造产业大发展时期和全球化市场形成阶段的历史机遇，不断发挥我国长江三角洲、珠江三角洲和渤海湾的区域自主创新和产业互补发展等优势。通过承接国外企业产品供应，进一步提高加工制造业水平，逐步减少与国际先进技术标准的差距。

2.抓住机遇发挥行业协助优势　我国的医疗器械需求逐年增加，政策也在逐步倾斜，这都给产业发展带来了巨大的发展机遇和空间，要积极利用好企业在基础医疗方面的优势，积极开拓我国中低端的医疗器械产品市场。紧抓国家"一带一路"建设的机遇，大力推动"走出去"，强化科研院所在基础研究和技术开发等领域的主导地位和作用。同时，根据需要引入别国有竞争力的装备、生产线、先进技术、管理经验等，充分发挥各方优势，积极推动产业结构升级，提升现代化水平。

3.引进中高端人才　目前我国从事医疗器械研发的人才队伍不断发展壮大，一大批留学回国高端人才陆续加入骨干医疗器械公司，创新研发能力不断提高。我国医疗器械行业已经具有许多加快发展的有利条件。不断引进中高端科技人才，多层次、多方面、多领域地培育医疗器械专业的复合型人才迫在眉睫。同时，优化现有人才队伍，对其进行再教育培训，以高素质人才确保战略的顺利实施。因此我们可以预计在不久的将来中国必将成为全球最大的医疗器械市场，我国的医疗器械行业将继续保持快速健康发展的良好势头，未来十年仍将是我国医疗器械行业快速发展的"黄金时期"。

👤 岗位对接

本章属于概论部分，主要介绍了医疗器械经营与管理及其他医疗器械相关专业学生成为合格医疗器械销售及市场分析师应该熟悉的内容。

本章对应岗位相对宽泛，包括营销师、医疗器械购销员、医疗器械销售、医疗器械市场分析师等。上述从事医疗器械销售及服务等岗位的从业人员均需掌握医疗器械的定义、分类，以及国际、国内医疗器械市场的发展现状，医疗器械从业人员应对市场有整体了解和分析。

本章小结

医疗器械概论主要包括医疗器械的定义、分类和全球医疗器械市场的发展现状。医疗器械主要有六大功能，其涵盖的种类较为广泛，分类的标准也较多。我国最新的《医疗器械分类目录》将医疗器械分为22个子目录。

医疗器械市场习惯划分为高值医用耗材、低值医用耗材、医疗设备、体外诊断产品四大板块。国际医疗器械市场主要以欧、美、日等发达国家和地区为主导，呈现出集中度较高的特点。我国作为医疗器械产业发展的新兴市场，虽起步较晚，集中度较低，但发展速度迅速。医疗器械行业的发展既有促进因素的驱动，又有限制因素的制约，但从全球发展以及长远来看，医疗器械产业属于朝阳产业，总体呈现高速增长的状态。

习题

习题

一、单项选择题

1.以下不属于无源医疗器械的是（　　）。

A.引流导管　　　　　B.留置针　　　　　C.无菌手套　　　　　D.心电图机

2.以下不属于医疗设备范畴的是（　　）。

　　A.医用超声诊断仪　　　　B.针灸仪　　　　　　C.直线加速器　　　　D.一次性注射器

3.医疗器械产品的特点不包括（　　）。

　　A.安全性　　　　　　　　B.针对性　　　　　　C.随意性　　　　　　D.兼容性

4.以下不属于体外诊断设备的是（　　）。

　　A.尿沉渣分析仪　　　　　B.生化分析仪　　　　C.血糖检测仪　　　　D.直线加速器

5.现代医疗器械产品功能的实现与（　　）学科无关。

　　A.机械学　　　　　　　　B.电子学　　　　　　C.材料学　　　　　　D.历史学

6.高值医用耗材的特点不包括（　　）。

　　A.价格高　　　　　　　　B.一次性　　　　　　C.专科使用　　　　　D.安全性高

7.医疗器械产品主要通过（　　）形式发挥其功能。

　　A.药理学　　　　　　　　B.免疫学　　　　　　C.物理过程　　　　　D.代谢学

8.全球医疗器械市场发展的驱动因素不包括（　　）。

　　A.全球经济增长　　　　　　　　　　　　B.人口老龄化的加速

　　C.欧洲政策的不确定性　　　　　　　　　D.中国改革开放

9.以下属于低值医用耗材的是（　　）。

　　A.手术刀片　　　　　B.全自动分光光度计　　C.IP板　　　　　　　D.内窥镜

10.截至2019年底，全球医疗器械市场份额占比最大的国家为（　　）。

　　A.中国　　　　　　　　　B.美国　　　　　　　C.日本　　　　　　　D.马来西亚

二、简答题

1.简述几种医疗器械的分类方式。

2.根据医疗器械的发展现状，预测分析未来五年国际、国内医疗器械市场的发展趋势和方向。

（李　伟　张　博）

第二章　医疗器械市场营销环境分析

📖 **知识目标**

　　1. **掌握**　医疗器械市场营销宏观环境与微观环境的含义；顾客让渡价值的相关概念。
　　2. **熟悉**　医疗器械营销环境的特点及构成因素；顾客购买行为特点。
　　3. **了解**　如何应对各种营销环境；如何分析顾客购买行为。

👉 **技能目标**

　　1. **学会**　根据实际情况分析与鉴别营销环境，做出相应对策；分析顾客让渡价值和购买行为，提升顾客满意度。
　　2. **具备**　运用SWOT分析法分析企业营销环境，针对环境优势、劣势、机会、威胁做出及时的调整战略，适应新的市场挑战和机会的能力。

第一节　医疗器械市场营销环境

💬 **案例讨论**

　　案例　KJ医疗器材销售公司是国内大型的医疗器械供应商，该公司产品丰富、售后服务完善，获得了各药房、中小型卫生医疗机构青睐。受互联网的蓬勃发展，公司建立了自己的电子商务，成为全国唯一拥有互联网医疗器械交易许可的家用医疗器械商家。拥有良好的销售和渠道后，公司开始向医疗器械研发与制造进军，主要研发生产医用耗材、敷料康复设备等600多个品类的产品。2019年12月，武汉暴发了新型冠状病毒感染的肺炎疫情，随后蔓延至全国。由于病发突然、波及范围广，多地口罩等防御物质被抢购一空。KJ公司被湖南省病毒防控工作领导小组确定为重点联系企业，生产的所有电子体温计、口罩等被全部捐出。

　　讨论　该事件对KJ公司今后发展有什么样的影响呢？

　　任何企业都不能规避市场营销环境而独立存在，市场营销活动环境瞬息万变，企业若不能主动、尽快适应新的营销环境，就很有可能面临被淘汰的可能。只有及时、准确地把握营销环境的变化，掌握其动态特征，及时地调整战略，才能适应新的市场挑战和机会。

一、概述

　　医疗器械市场营销环境是指影响和制约医疗器械企业进行市场营销活动，实现其营销目标的各种因素和客观条件的总和，也是医疗器械企业赖以生存的内外部条件。医疗器械企业营销环境相比其他企业，具有特殊性。因为医疗器械企业的营销活动关乎人类生命与健康，因此它的市场营销活动受到政府相关部门监管和法律约束。从产品标准、临床试验、临床验证、产品检验检

测、质量管理体系考核，都有特别规定及严格要求。

（一）特点

1.客观性 医疗器械营销环境是不以人的意志而转变的客观存在，企业需要做出合理的预测和充分的准备，以应对医疗器械企业所面临的各项环境问题。医疗器械营销环境的客观性不仅对企业产生影响，也会以不同程度和广度影响顾客、市场营销中介和竞争者。

目前中国人口众多，社会人口老年化加剧，人们对高质量医疗产品需求不断增加，在基层医疗与临床诊疗服务等内需推动下，中国医疗器械市场空间巨大。加速吸引了各跨国医疗器械企业进驻中国医疗器械市场，而中国医疗器械产业整体实力较弱，医疗器械产品，特别是高端医疗器械还处于从仿制阶段过渡到自助研发的阶段，产品的创新性与质量规范化有待提升，势必会受到国外入驻产品的影响。

面对市场客观存在的威胁，中国医疗器械企业更应该在政策、经济和社会环境的推动下，加速医疗器械企业的技术革新，以适应不断变化的市场。

2.复杂性 医疗器械营销环境对市场营销活动的影响是多方面、多层次的。市场营销活动的影响有时候是单一的，有时候受多方因素共同影响。医疗器械企业的营销活动不单受到政策影响，经济、社会、顾客等诸多因素也会影响企业的最终发展。即使是单一环境因素，作用于同一地方、不同医疗器械企业，存在的差异也大不相同。

3.相关性 医疗器械营销环境像一只"木桶"，如图2-1所示。能装多少水取决于它最短的那块木板。木桶的"水"代表企业获取的利益，水桶的"木板"代表企业营销环境的各个因素，"木板"的长短与缺失，都会对企业营销活动产生影响。受各个因素影响，影响因素之间相互作用、互相制约并相互依存。一种社会现象的产生，受到一系列相关因素的影响，医疗器械企业要剥丝抽茧，理清头绪，找出影响因素之间的相关性，采取合理的应对策略。

图2-1 医疗器械营销环境

环境因素对企业产生的总体影响分析，不能单独研究某一种环境因素，要整体分析综合环境因素。例如，国内医疗器械企业存在产品结构单一、技术创新能力不足的问题，是由于技术水平相对落后、同质化竞争现象严重、高素质研究开发人员不足，资金短缺和融资困难等系列因素影响导致的，并非单一因素影响。

4.动态性 医疗器械营销环境并不是一成不变的，它处于不断变化的过程中，不同的是变化的快慢与大小不一样。因此，医疗器械企业需要不断适应环境的变化，快速调整和修正自身营销策略，不然将失去市场机会，被市场淘汰。医疗器械营销在很长一段时间内采取单一线下销售。互联网电子商务的迅速崛起，让医疗器械企业不得不考虑建立自身的电商平台，扩大产品销售渠道。2019年新型冠状病毒在中国肆意蔓延，为医疗器械市场也带来了新的机会。

医疗器械市场营销环境的影响因素复杂多变，根据影响力和制约力的不同，可分为宏观环境和微观环境两大类，如图2-2所示。

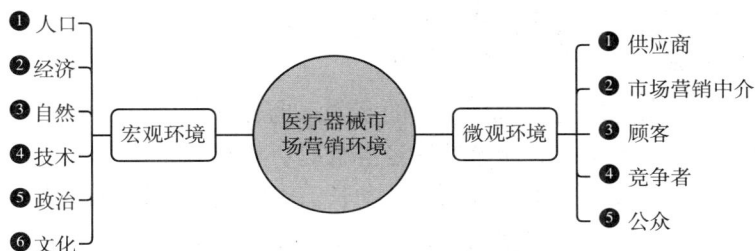

图2-2 医疗器械市场营销环境

（二）分析的意义

医疗器械市场营销环境具有客观性、复杂性、相关性及动态性。及时掌握市场动态，正确分析市场营销环境，设计良好的营销应对战略，是医疗器械企业发展的关键。

1. 有利于帮助企业发现"危机" 企业进行营销环境分析能够帮助企业识别"危机"。"危机"二字一分为二，既是机会也是威胁。最终的目的是发现新的营销机会；尽可能避免环境带来的威胁。企业应用积极的态度，主动适应环境，在不断变化的环境中寻找符合企业的发展机遇，将威胁给企业带来的损失控制到最少，以有效的策略迎接市场挑战。

2. 为企业市场营销活动指明了方向 受全球化经济和互联网信息技术等科技发展，营销环境发生了翻天覆地的变化。任何企业的市场营销活动都离不开环境分析，任何市场营销活动都需要市场营销环境的指引。多种营销环境因素相互制约企业营销活动，企业取得经济利益与社会效益都离不开企业营销环境影响。只有深入了解市场营销环境，并认真分析营销环境中存在和潜在的因素，找寻各因素存在的原因和环境变化规律，才能更好地把握市场，做出正确的判断和决策。

3. 有利于制定营销应对战略 对医疗器械市场营销环境进行有效的调查和研究，能够帮助企业制度适宜的营销策略和应对战略。营销管理者的营销决策并不是凭空制定的，而是针对市场环境变化，探寻市场变化规律，迅速调整和制定营销策略，让营销活动适应营销环境的瞬息万变。

二、宏观环境

宏观环境由人口、经济、自然、技术、政治和文化构成，是间接影响和制约医疗器械企业经营活动的外部因素。既是一种机会也是一种威胁，影响着企业的经营与发展，甚至一些经营良好的大企业，在市场营销的宏观环境冲击下，也会变得不堪一击。

（一）人口环境

人是人口环境的主要因素，人口环境关系着经济发展，是经济发展的核心主体，也是经济发展的服务目标。因此，经济学家对于人口因素给经济带来影响的研究，保持着持续而长久的关注。人口数量是市场容量的重要参数，人口数量越多，潜在市场容量就越大。随着经济水平的提高，人们对健康的关注度更高，医疗水平更好，世界人口正在不断增长，人口的增长给经济发展带来了机遇和挑战，人口环境越来越受到市场营销者的密切关注。

人口是构成市场的第一要素，人口的规模及其增长率、人口结构、地理分布、人口密度、教育水平、家庭类型、地区特征和迁移活动等，对市场营销的格局产生了深远的影响，直接影响市场的规模大小、主要结构、市场特征和变化。因此，要不断关注人口特征的发展及其变化，把握新的机会，预测和分析可能出现的威胁，做出正确的营销策略。

1. 人口规模与增长率

（1）人口规模　一个国家或地区人口数量的多少；也可以指在一个城市特定时间内人口发展的总数量，这与该城市的地理区域、城市发展经济状况、建设情况等条件有关。人口增长率是一定时期内（通常为一年）由人口自然增长和迁移增长而引起人口增长的比率，人口增长率也可以称为人口增长速度。一个城市的人口增长率始终处于不断变化中，主要受到自然增长和迁移增长的影响。人口机械增长率是指一年内人口因迁入和迁出因素的消长，导致人口增减的绝对数量与同期该年平均总人口数之比。

（2）人口自然增长率　在一定时期内（通常为一年）人口自然增加数（出生人数减死亡人数）与该时期内平均人数（或期中人数）之比。

人口增长率 =（年末人口数 − 年初人口数）/年平均人口数 × 1000‰

人口机械增长率 =（本年迁入人口数 − 本年迁出人口数）/年平均人口数 × 1000‰

人口自然增长率 =（年内出生人口数 − 年内死亡人口数）/年平均人口数 × 1000‰

据相关统计报道，发展中国家人口增长率为2.1%，远远高于发达国家的0.5%。在联合国2019年6月发布的世界人口预计发展人数中，预计现统计人口为77亿，未来30年将增长20亿，但中国的人口很可能降到11亿。在联合国的预测中，2050年人口预计达到97亿人，2100年将增长到110亿左右。世界人口众多，特别是发展中国家，是否证明发展中国家市场巨大？回答是不一定。因为市场规模和容量必须具备三要素：购买者、购买力、购买欲望。越来越多的国外医疗器械企业进入中国市场，如美国强生公司、西门子医疗等。并不仅仅是因为中国人口基数大，而是由于中国经济的迅速崛起，人们经济收入不断提高，购买能力增强。国民对于健康的关注与重视程度不断加强，间接提升了购买欲望。三者的结合，构成了庞大的医疗器械中国市场，中国也被国外医疗器械企业视为潜力最大的市场。

2. 人口结构对医疗器械市场营销活动的影响　人口结构主要包括人口的年龄结构、性别结构、家庭结构、城乡结构以及民族结构。

（1）年龄结构　不同年龄结构对产品的需求不同，企业在产品设计、生产、销售的过程中，需要充分考虑消费者的年龄结构。

在我国，《老年人权益保障法》第二条规定老年人的年龄起点标准是60岁，凡满60周岁的中华人民共和国公民都属于老年人。

中国人口结构特点：①中国人口总量较高，但开始出现增速下降的现象；②随着人们对健康的重视以及医疗条件的不断改进，中国人口的平均寿命在不断提高，人口低生育率和老龄化趋势日益呈现。当然，中国全面"二孩"政策使老龄化平均水平降低，但仅对远期下降明显，近期影响较小，对人口年龄结构有一定修复作用。年龄结构对医药器械市场营销活动有很大的影响。医疗器械与人的生命健康息息相关，人们健康意识不断加强，对于疾病的预防也愈加重视，从而带动医疗器械行业的高速前行。例如：家里有老人，特别是有慢性病患者（高血糖、高血压、高血脂），家中常常配备血压计、血糖仪、体温计等医疗仪器，可以随时掌握身体指标，尽早预防和治疗。社会老龄化影响很多产业发展，特别是医疗需求。

知识链接

中国人口老龄化对医疗器械需求的影响

中国已是世界老年人口最多的国家之一，据2019年国务院新闻办发布的信息，截至2019年年底，中国60周岁及以上人口25 388万人，占总人口的18.1%。老年人的医疗保健需求也在日益增加。根据日常护理和临床医疗需要，统计出以下几类医疗器械产品。

1. 心血管植入式器械（血管支架、心脏起搏器、除颤器等）。

2. 植入式矫形器械（人工关节、脊柱矫正器械等）。

3. 泌尿系统疾病专用器械（导尿管、膀胱插管、检查用内窥镜等）。

4. 眼科用医疗器械和眼科手术器械。

5. 个人护理用品（按摩仪、热疗仪、频谱仪等）。

6. 个人用电子检测仪器（电子血压仪、血糖仪、电子体温计等）。

7. 其他类医疗器械（轮椅、拐杖、坐便器、升降床等家庭护理用品）。

（2）性别结构　根据《中国2019年国民经济与社会发展统计公报》数据统计，2019年年底，全国大陆总人口14亿人，其中，男性人口71 527万人，女性人口68 478万人，总人口性别比为104.64（以女性为100）。人口性别对于市场需求结构和需求方式有着明显的差别，不同性别的消费需求、消费动机、购买力等都有所区别，见表2-1。

表2-1　性别对于消费因素的差异

因素	男性	女性
消费需求	较少	较多
消费动机	被动、求名、实用、价值	主动、灵活、情感
购买力	较少	很多
购买决策	时间短、迅速、理智	时间长、易冲动、易受暗示
购买过程	速度快、挑剔较少	速度慢、挑剔较多、细致谨慎
购买时机	使用时	平时

（3）家庭结构　很多产品的生产和销售都以家庭为参考因素，家庭是购买、消费的基本单位。目前，全球家庭出现规模减小的趋势，地区经济越发达，家庭的规模就越小。欧洲、美洲的国家，家庭基本人口平均为3人左右；亚洲、非洲等的中国家，家庭基本人口平均为5人左右。在中国，过去流传一个词语叫"四代同堂"，但现在这种现象比较少，"二孩"政策实施以来，中国的家庭从原来的"三位一体"慢慢转变为"四位一体"的家庭人口模式。随着人们家庭观念和生活方式的改变，离婚率增高，出现了很多单亲家庭或者丁克家庭，甚至有些人选择不组建家庭，做独身者。这些因素都将影响家庭数量，而家庭结构也会对房产、家电、家具及保健医疗器械等产品的销售产生影响。

（4）城乡结构　城乡经济结构可分成以社会化生产为主要特点的城市经济和以小农生产为主要特征的农村经济。城市经济主要以大工业生产为主，道路、通信、卫生和教育基础设施完善而发达，人均消费水平高。农村经济以小农经济为主，人口多，但整体基础设施落后，人均消费水平低。城市居民数量大，而且有很多来自农村的流动人口，市场规模大，给医疗器械产业带来了更多的市场机会。但并不代表农村没有市场，相反，农村市场有着巨大潜力，特别是医疗器械中小企业，在城市市场没有实力和大企业抗衡时，可以先从农村市场发展，开发出满足农村市场的物美价廉的产品。因此，医疗器械市场竞争日益激烈，越来越多的企业开始关注农村市场，很多企业开始深入农村第三终端市场，扩大产品销售，以期占领更多的农村市场份额。

（5）民族结构　中国有56个民族，每个民族都有自己的生活习性、文化传统及特色。因此各民族的市场需求有着很大的差异，营销者要尊重民族的文化，深入了解各民族的不同需求，设计与制造出适合民族特色的产品。

3. 人口流动对企业营销活动的影响　企业在制定营销活动前，要对该市场的人口进行估算，除了了解该市场区域的固定人口外，还需要了解该区域的流动人口。在发达国家，城市人口向农村流动，而在中国，是典型的农村人口大量涌入城市，特别是经济发达的一线城市，如北京、上海、深圳等。流动人口是市场环境不可忽视的人口环境因素，对各地市场需求量大小变化有着直接影响，同样对购买对象和需求结构产生影响。营销者要时刻关注人口的区域流动大小，制定出合理的营销策略。

（二）经济环境

经济环境是指影响消费者购买能力和支出模式的各种构成因素，其运行状况及发展趋势会直接或间接地对企业营销活动产生影响。经济环境是企业营销活动的外部社会经济条件，包括：消费者的收入水平、消费者支出模式、消费结构、消费者储蓄和信贷、经济发展水平、经济体制地区和行业发展状况、城市化程度等多种因素。评估一个市场规模的大小，人数多并不代表市场大，而是取决于人口、购买欲望和购买能力共同影响的作用。而购买力的大小则在很大程度上受到经济环境中各个因素的综合影响。医改政策的不断完善，医疗机构的不断发展，城市与农村医疗保障及支出的提高，都是医疗器械市场经济环境的构成要素。

1. 消费者收入　消费者个人从各种来源合法获取的全部货币收入，包括消费者个人的工资、奖金、其他劳动收入、退休金、助学金、红利、馈赠、出租收入等。消费者的收入是社会购买力的重要因素，一般情况下收入水平越高，购买力就越大，但并不代表消费者全部收入会用于消费。因此，对营销者而言，需要理解以下几种概念。

（1）个人可支配的收入　个人收入减去个人纳税（个人所得税等）和保障性待遇负担（五险一金：医疗保险、生育保险、养老保险、失业保险、工伤保险及住房公积金等）后的余额。该余额消费者可以用于消费也可以用于存储，具有实际的购买能力，但并非所有余额都用于购买。

（2）个人可任意支配的收入　个人可支配收入中减去用于维持个人和家庭生存的必需费用（衣、食、住、行等）和其他固定支出（学费、赡养费、医疗费等）后的余额。该余额是消费者可以任意支配的部分，也是营销者要努力争取的部分。

（3）家庭总收入　以家庭为单位，生活在一起的所有家庭成员通过合法劳动所得的收入，包括工资收入、经营净收入、财产收入、转移性收入的总和，不包括出售财物和借贷收入。产品的消费很多是以家庭为单位进行营销的，如有些女性因为需要家庭照顾，无法获取生活来源，但单从该女性了解个人可任意支配的收入进行营销策略，必然会造成营销环境预测的失败，导致营销策略不符合市场环境。

2. 消费者支出模式　消费者需求结构会受到消费者收入的影响，在稳定的收入下，消费者根据自身情况，做出消费项目选择，进行自我排序，这就是消费者的支出结构。如在一定收入下，优先消费的是温饱和医疗，第二可能是教育和住、行，第三可能是娱乐、锻炼等。

消费者的支出模式可以借用亚伯拉罕·马斯洛的马斯洛需要层次理论理解。亚伯拉罕·马斯洛认为人在特定时期会有特点需要，有的人在奋力地满足自我安全的需要，而有的人却在追逐他人的尊重。亚伯拉罕·马斯洛将人的需求分为五个层次，如图2-3所示，从低到高分别是生理需要、安全需要、社会需要、尊重需要和自我实现需要，随着最底层需求被满足，就会激发下一层次需求。如人们在购买汽车时，最开始仅仅为了满足基本的代步需求，后来会更加讲究品牌、外观、舒适度等，再后来会对品牌有更高的追求，希望通过购买汽车展现自我个性。这时候购买汽车需求不再是代步需求，而已提升到身份地位的追求和自我个性的展现。营销者要根据消费者支出模式需求，进行符合市场需求的营销活动。

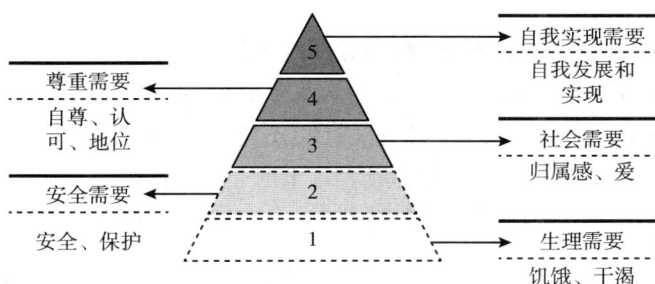

图2-3　马斯洛需要理论层次

3.消费结构　各类消费支出在支出总费用中所占的比重，是消费者在各类消费品和服务中，所消耗的比例关系。企业的营销活动参照消费者的消费结构，以此优化产业结构和产品结构。随着社会的发展与进步，人们的消费结构正在发生改变，营销者要时刻关注每一个变化，设计出适销对路的产品和服务，以满足消费者日益变化的消费需求。

经济学家经常引用恩格尔系数（恩格尔系数=食物支出金额÷总支出金额×100%）来反映消费者的收入变化影响消费结构。恩格尔系数是食物支出占个人消费支出总额的比重，一个家庭收入越少，家庭用来购买食物的比重占家庭总支出的比例就越大，反之亦然。家庭收入的整体增加直接影响食物在家庭支出的占比。恩格尔系数是衡量一个国家或地区的富裕程度的主要标准之一。恩格尔系数达59%以上为贫困，50%~59%为温饱，40%~50%为小康，30%~40%为富裕，低于30%为最富裕。

4.消费者储蓄和信贷　目前，消费者的储蓄一般有两种形式：银行存款和购买有价证券。作为个人收入的储蓄，是潜在的购买力，营销者应该充分挖掘消费者的购买欲望，实现消费者的现实购买。储蓄增多从表象看是增加了潜在购买力，但实际却是消费者的现实需求降低，购买力的极大降低。

储蓄能影响消费者的购买力，而收入水平、通货膨胀、市场供给情况以及消费者的消费观念都会对消费者储蓄产生影响。因为消费者只有在收入大于支出的情况下，才有剩余的收入用于储蓄。而在通货膨胀下，由于物价的涨幅超过或者靠近储蓄利率的涨幅，导致货币贬值，将会大大刺激消费者消费，从而减少储蓄。反之，当市场商品的供给不能满足消费者需求时，则储蓄增加。另外还有一个消费者的消费观念问题，不同国家或个人，对于消费观念的偏好程度存在偏差。大家耳熟能详的一个中国老太太和美国老太太进天堂的故事，就能很好地诠释部分中国人和美国人的消费观念。故事讲的是一个中国老太太和一个美国老太太进了天堂，美国老太太在临终前说："我终于还完了房子的按揭贷款。"而中国老太太则说："我终于攒够了买房子的钱。"事实上，当消费者注重提前消费，储蓄水平就会降低，消费能力更强；而消费者注重对未来消费，那么储蓄水平就会较高，消费能力更弱。这就要求营销人员要深入调查和了解消费者储蓄动机与目的，制定不同的营销策略，为消费者提供有效的产品和劳务。现如今，消费者不仅能以个人收入购买商品，也可以通过提前预支来购买商品，也就是消费者信贷。消费信贷是凭信用先获取商品的使用权，然后按某种方式和时间进行归还，对消费者的购买力和支出产生了重要影响。消费者信贷目前主要有以下三种类型。

（1）短期赊销消费者在购买商品时，无须马上付清货款，只要在一定期限内还清货款，则不需要支付任何利息，如果超过期限，要付利息。短期赊销在我国互联网平台也得到了很好的运用，很多互联网平台都推出了短期赊销业务，促进消费者提前消费，如支付宝平台上的花呗，京东平台的京东白条，微信平台的微粒贷借钱等。让消费者在购买时，不受实际储蓄约束，刺激消费者超前消费。

（2）住房按揭以及分期付款的大部分消费者在购买住宅时，都难以一次性支付全部房款，更多的是先支付一部分房款，也就是"首付"。再以购买的住宅作为抵押向银行借款，用于支付剩余的房款。而贷款人则需要在约定的时间向银行偿还贷款及利息，直到贷款和利息全部还清为止。另外，消费者在购买汽车、昂贵的家具或者家电时，通常也是先签订一个分期付款合同，先支付一部分货款，其他货款按计划逐月加利息偿还，如果顾客连续几个月不按合同付款，商店有权将原售物收回，同时也会对个人信用造成很大的影响。

（3）信用卡信贷的消费者通过银行的审核，银行根据评估给消费者发放不同额度的信用卡，消费者可以凭借该信用卡，在商场、超市、车站、机场等商业场所购买商品和消费，由发卡行先行垫付给商家，然后再向赊欠人收回。发卡银行作为消费者与商家的中间人，承担着担保的作用，企业因此也获得了更多消费者的光顾。因此，银行会向企业和商家收取一定的佣金，作为服务费用。在我国，随着支付宝与微信支付的迅速崛起，人们对信用卡的使用越来越少，这给银行带来了不少挑战。

一个国家的经济政策、经济发展水平，制衡着该国消费者信贷的施行。消费者信贷好比一根杠杆，调节着储蓄与消费、供给与需求。产业的发展离不开消费信贷的支持，消费信贷倾向哪些产业，势必促进该产业发展，带动相关产业的共同发展。

5.社会经济发展水平　消费者的个人收入与经济发展有着密切关系，经济发展水平对企业的营销活动起到牵制作用。社会经济水平高，消费者个人收入较高，购买能力也会增强，从而对企业的营销产生影响。一般经济发展水平较高的地区，消费者更注重产品品牌、款式、性能及特色等，消费者更注重产品品质；而经济发展水平较低的地区，消费者更注重产品价格、实用性、功能等，消费者更看重产品的价格。营销人员应该根据不同地区经济发展水平，提供不同类型产品供消费者选择。

6.地区与行业发展状况　根据全球老龄化、平均寿命、经济发展等趋势分析，全球医疗器械行业的市场需求仍处于上升趋势。从2016年全球医疗器械行业销售规模前十名企业排名情况看，美国企业占据了前十名企业中的七名，证明了美国在全球医疗器械市场中暂时领先。目前，影响全球医疗器械市场发展的有以下几点因素：①老龄化加剧，人均寿命延长，对于医疗器械市场而言具有正面影响；②新兴市场是全球最具开发潜力的市场，其医疗器械消费量远远未饱和，市场需求一旦暴发，将带来倍数级的增长；③全球政治局势不稳定，由这些政局变动引发的对自由贸易的争论，增加了全球贸易的不确定性，将对医疗器械市场的增量造成影响；④全球经济进入低增长区。近几年，全球几大经济体都面临经济发展放缓的挑战。全球经济放缓，将对医疗器械市场的增量造成一定不利的影响。

中国人口基数大，医疗器械行业乘着经济飞速发展的列车迅速增长，行业规模不断扩大，成为国家重点支持战略新兴产业之一。中国医疗器械行业正处于快速发展期，市场还有巨大的成长空间。随着医疗保障覆盖率不断加大，人口老龄化的不断加深，医疗需求将不断释放，从而推动医疗器械市场逐步发展壮大。中国医疗器械企业正朝着高技术、高附加值产业稳步前行，未来将在全球医疗器械产业中占有更加重要的地位。

从地域分布来看，我国医疗器械生产企业主要分布在长三角、珠三角以及京津唐等经济较为发达的地区；分省市来看，广东、江苏、浙江等六省市的医疗器械生产企业已经占到全国总数的50%以上，在医疗器械生产行业中有着重要的行业优势。从工信部获取的数据可以看出，医药在医疗行业总收入占比在逐步下降，而医疗器械行业收入逐步增高。中国医疗器械出口总量逐年增大，进口额增长速率降低。医疗器械进口方面由于医疗器械行业市场总量逐年增加，虽然进口产品金额在逐渐增大，但整体进口额增速降低。随着技术的增长，医疗器械进出口向高附加值转型。中国医疗器械相比国际前十名的医疗器械企业，还存在巨大的差距，但相较于传统发达国家，我国医疗器械行业仍有极大的提升空间。

7.城市化程度　城市人口占全国总人口的百分比，它是一个国家或地区经济活动的重要特征之一。城乡居民在某种程度上存在着经济与文化的区别，从而影响消费者的行为，因此城市化程度是影响营销环境的因素之一。营销者在制定营销策略时，要注意城乡消费者之间的经济水平、消费观念、文化差异。

（三）政治和法律环境

政治和法律环境是影响企业营销活动的重要的宏观环境因素之一，两者相互联系，共同影响和限制个人和组织的营销活动。

1.政治环境　国家政策方针、外部政治形势和政治状况都会对营销活动产生影响。

（1）政府方针政策　每个国家会在不同时期，根据国家不同需要颁布一些方针政策，对国家政治、经济、文化进行宏观调控。制定经济发展方针，颁布物价政策、财政政策、能源政策以及金融与货币政策等。这些政策既会对本国企业营销活动产生影响，同样也会对外国企业在本国的市场营销活动产生影响。例如"二孩"生育政策的全面放开，会直接关联很多产业，"二孩"的增加会在医疗、教育、房地产、食品产业、制造产业等产生长远的促进作用。

（2）政治局势　一个国家政局的稳定程度，与其他国家之间的关系、边界的安稳性、社会的安定性等。政权的频繁更替、政府人事变动、暴力事件、宗教势力、经济危机等，都会对医疗器械企业市场营销环境产生重大影响。反之，如果政治局势稳定，人们安居乐业，产业良性发展，就会给企业创造良好的营销环境。在国际贸易中，国家与国家之间也会出台有针对性的政策来干预外国企业在本国的营销活动，如限制进口、外汇管制、价格管制、税收政策等。

在当前局势下，2019年华为公司掌握的"5G"通讯先进技术，却在美国、日本等国推行受阻，究其原因和当下政治局势有关，华为受到当前政治局势的波及，致使公司营销策略发生改变。面对政治环境，医疗器械企业要采取有效的策略，应对当前的政治局势：①提前对国家、政府可能采取的行动做出预见，做出积极有效的应对措施，充分理解并主动争取政府给予的优惠条件；②顺应国家政策导向，把握住政策带来的机遇，调整企业的经营战略，与政府共谋发展；③认真解读现行政策，把握关键，顺应国家发展趋势，积极拓展可行市场，回避不利因素，尽可能地减少损失。

2.法律环境　国家或地方政府所颁布的各项法规、法令和条例等，它是企业营销活动的"高压线"，一经触碰可能给公司带来无法挽回的损失。企业只有严格遵守各项法律、法规，依法进行各种营销活动，才能受到国家法律的有效保护。涉及国际业务的医疗器械企业，不仅要遵守本国的法律制度，还要了解和遵守市场国的法律制度和有关的国际法规、惯例和准则。中国的医疗器械法规开始建立的时间较晚。但此后的几年内有了很大的发展和变化。中国的医疗器械管理要求归纳为如下：对医疗器械上市前的管理分为三段（医疗器械产品注册要求、生产企业许可要求和医疗器械经营管理要求），实施强制许可制度；与医疗器械上市前的市场准入相对应，医疗器械也面临着上市后的管理与控制，主要手段有质量监督抽查和许可检查。目前，对医疗器械质量体系和上市后的管理正处于立法起步阶段，经验不足；采用了集权和分权相结合的监管模式，对低风险产品采用分权模式管理，高风险产品实行集权管理。在美国，医疗器械法规是药品法的一个附属部分，对器械的要求自然也采用了与药品法规相同的模式，其管理更是建立在具体的产品数据库之上。而中国和欧洲则是为医疗器械单独立法，根据器械特点采纳了工程管理模式，并以原则为导向配合标准的应用。

《医疗器械监督管理条例》经过2014年、2017年的两次修订后，我国法律体系框架已经基本构建完成。另外，根据产品全生命周期管理的需要，管理部门对相关配套规章做了较大的修改，还发布了《创新医疗器械特别审批程序》《医疗器械优先审批程序》《医疗器械生产质量管理规范》《医疗器械经营质量管理规范》等多部规范性文件。另外，为了大力推动和落实这些管理规范，原国家食品药品监督管理总局先后出台规范性文件近百项，通过公告、通知、通告等形式广而告之。通过立法工作构建了以行政法规、部门规章、规范性文件为主体框架的三级监管体系。政策法规的不断完善，对生产经营主体提出了进一步的要求，对医疗器械产业获得资质的主体产生量的变化。医疗器械生产企业和经营企业数量均有减少，一些不符合医疗器械GMP要求的生产企业，以及不符合医疗器械GSP要求的经营企业被淘汰出局，表明新规对行业产生了立竿见影的效果。

（四）自然资源环境

自然环境是指自然界提供给人类的自然资源和物质环境，市场营销活动会受到自然环境的影响。所以，越来越多的企业意识到并努力做好对环境负责，良好的生态环境和良性发展的经济之间存在必然的关系。

1.自然资源短缺　人类的需求是无限发展的，而地球的自然资源是有限存在的，很多资源已经面临短缺，诸如不可再生的石油、煤和各种矿藏，资源的稀缺必然给产品制造的原料获得增加成本。促使企业不断探寻新的资源或替代品，这势必会提供新的营销机会，也会带动相关产业的进步。

2.环境污染严重　现代工业的发展，对环境产生了重大影响。森林在消失，淡水资源日益短缺，人们已经认识到环境污染引起的一系列问题，但各个国家和政府对环境的保护和行动不一致，发达国家在环境质量上更加注意，并付诸有效政策和投入。而有些国家，特别是经济水平低下的国家，对环境污染无动于衷，甚至为了经济利益不断透支生态环境。主要原因也是它们缺少必要的资金或政治意愿。公众对环境问题的关注，促使企业设计和开发无污染的新能源环保产品，为企业创造了新的市场机会和政策支持。如我国现在掀起的新能源电动汽车热，因其绿色、节能、无污染，受到很多汽车企业纷纷投入产品研发与生产，国家也相继出台相关政策扶持新能源电动汽车产业。但同时，也会给传统汽车业带来不小的威胁。

3.政府干预加强　环境污染问题日益严峻，引起了国家和政府层面的高度重视。2019年6月上海市实行强制垃圾分类以来，全国各个城市先后开展了垃圾分类举措。国家发改委、生态环境部印发《关于进一步加强塑料污染治理的意见》：到2020年年底，全国范围餐饮行业禁止使用不可降解的一次性塑料吸管；地级以上城市建成区、景区景点的餐饮堂食服务，禁止使用不可降解的一次性塑料餐具。商家必须为控制污染付出一定的成本和代价，但这也蕴涵着开发新产品的若干机会。

（五）科学技术环境

科学技术环境指的是企业所处环境中的技术要素及与该要素直接相关的各种社会现象的集合。李克强同志在2015年的国家科学技术奖励大会上强调，一个国家掌握的核心技术越多，它的创新能力就越强。科学技术的发展，能增强国家竞争实力。企业的发展也离不开科学技术，对原有的先进技术继承与改进，能帮助企业挑战新的技术，制定适合企业的技术创新发展战略。

1.科学技术发展的直接影响　企业的经济活动、科学技术的发展，对企业的设计、生产材料、生产工艺及流程等都有新的要求。传统的医疗器械产品，在"互联网+医疗"模式的浪潮中发生了翻天覆地的变化。企业正在朝着互联网、云计算、大数据云平台的方向发展，通过可穿戴医疗器械设备为媒介，以O2O的方式为人民提供健康管理和服务。围绕该新兴技术，催生了大批新的技术产业。未来，企业研究的重点很可能是如何通过医疗器械在互联网"远程诊断"系统，通过数据共享进行远程会诊，让消费者不用再跑去大医院看病。该技术一旦实现，将会影响许多相关产业，也许是机会，也许是威胁。

医疗器械新材料为医疗器械产品升级提供了物质保障。医疗器械产业中最重要的化学材料技术，不断涌现出具有技术含量的新材料应用于产品之中，帮助企业突破了很多产品技术难题。如轮椅的发展，最开始选择铁生产轮椅，缺点是铁容易生锈而且重；考虑到不容易生锈，后选择钢作为轮椅材料，但发现虽然钢不容易生锈而且耐用，但依然比较重，使用不方便；再后来人们想到铝合金，很轻巧，但是称重有限；直到现在人们选择钛作为轮椅材料，因为钛重量轻，不容易生锈，而且非常耐用。未来也许会研究出更新的材料，对产品做出升级。所以企业不能及时掌握最新技术和材料等，就会被别的企业所超越。

2.企业人才对科技环境产生影响　医疗器械行业涉及医药、机械、电子、塑料等多个行业，是一个多学科交叉、知识密集、资金密集的高技术产业。而高新技术医疗设备的基本特征是数字化和计算机化，是多学科、跨领域的现代高技术的结晶，其产品技术含量高，利润高，因而是各科技大国、国际大型公司相互竞争的制高点，介入门槛也较高。所以对综合人才的需求就显得额外重要，综合人才的实力决定科技实力。

我国目前高端技术产品发展依旧较弱。医疗器械产业结构不合理，竞争力薄弱。最主要的原因就是核心专业人才持续短缺。不但如此，我国医疗器械从业人员到研发人才一直欠缺，导致创新医疗器械产品、服务产业发展也出现滞后现象。高端技术产品市场占有率比较低，售后服务水平较低，严重约束了企业的生存发展。以大型医疗设备为例，售后维修、服务的利润往往占有很大的比例。而我国医疗器械长期处在外资企业垄断以及第三方服务机构能力不足的情况下，售后服务水平较低，参与医疗设备售后服务市场竞争力不足等现象一直存在。

3.科学技术发展使得产品更新换代速度加快，产品的市场寿命缩短　人们经常会讲一句玩笑话："技术发展太快，我的灵魂都跟不上！"以此来形容技术的突飞猛进。新原理、新工艺、新材料等不断变换，昨天人们还在感叹支付宝、微信刷二维码支付的便捷，今天很多超市和商场已经开始"刷脸"支付。面对这样的技术环境，企业必须不断地进行技术革新，赶上技术进步的浪潮。否则，产品跟不上时代奔跑的步伐，跟不上技术发展和消费需求的变化，就会被市场无情地淘汰。

产品的生命周期是指产品的市场寿命，即某种新的产品从进入市场，一直到被市场淘汰的全部过程。以互联网、通讯等为代表的高科技产业快速发展，产品更新换代步伐迅速，产品从创新到上市，再从普及到被市场淘汰的生命周期大大缩短。企业不能安于现状，要居安思危，走在科学技术的前沿。当一项新的科学技术面市，其他企业再去模仿时，就已经失去了大部分市场。

（六）社会文化环境

社会文化环境是指一个国家或地区的社会性质、教育水平、价值观念、伦理道德、风俗习惯、审美观、宗教信仰等的总和。人们在特定的地区成长，当地的文化环境会对个人的价值观和基本信念产生影响。营销者要提前了解该市场的社会文化，因为这对消费者的购买行为和方式影响深刻。社会文化环境主要由以下几方面组成。

1.教育水平 教育是衡量一个国家综合实力及国际竞争力的重要指标，教育水平与国家政治环境、文化环境及经济制度密切相关。教育水平的评价方式，可以是一个国家或地区受基础教育、中等教育、高等教育的人口在总人口中所占比例，也可以是高等教育的毛入学率。教育使消费者获得消费获得感，对消费水平产生积极作用。

（1）对生产力的影响 教育本身具备生产性，通过提高教育对生产力的投入，产品的价值提高，生产力也不断提升。

（2）对消费行为的影响 教育水平高低，致使消费者在劳动收入上产生差异。消费者劳动收入的增长，致使消费者把潜在购买力转变为具备支付能力的购买行为。受教育水平越高，消费水平程度也越高，教育对消费者培养健康的消费心理和高品质消费理念起到了引导和调节作用。

（3）对产业的影响 针对医疗健康产业，一方面，受教育水平高的消费者对医疗、健康保健等产品积极了解，主动接受产品，势必给医疗产品带来机遇。另一方面，由于人们健康意识加强，降低了患病的概率，潜意识里降低了对医疗产品的需求。

2.宗教信仰 信仰中的一种，指信奉某种特定宗教的人群对其所信仰的神圣对象（包括特定的教理教义等），由崇拜认同而产生的坚定不移的信念及全身心的皈依。不同的宗教有自身的教义、礼义、禁忌等，也与宗教信徒自身文化背景、生活环境、信仰程度等有直接关系。企业如果忽视消费者的宗教信仰，特别是影响力较大的宗教组织，就很可能使自己陷入举步艰难的地步。著名的快餐企业麦当劳，因在薯条的炸制的过程中使用了牛油，这在中国、美国等国家肯定是不受影响，却在印度被告上了法庭。原因是在印度，牛被印度教视为"母亲"，杀牛是对印度教的亵渎。在法庭辩论的过程中，麦当劳公司承认自己有使用一点牛油，激起了印度声讨的浪潮。麦当劳公司在新德里的总部被抗议者包围，餐厅被投掷牛粪块，甚至孟买的一家麦当劳门店被洗劫。事实证明，企业不注意不同宗教信仰文化背景和戒律，将会给企业的营销活动带来或大或小的营销阻碍。

3.审美观 人们对某种美学的观点，也是人们对于事物好坏、美丑、善恶的评价。审美观存在明显的差异性，有变化特点。不同国家、地区对审美观念差异性较大，如东方与西方对于人体的审美就存在很大差异，东方人喜欢窈窕淑女、才子佳人；西方人则更喜欢身材健美型。另外，人们的审美观并不是一成不变的，随着时代的变化而变化。这点可以从外国建筑史上找到答案，从最开始的古希腊、古罗马等代表性建筑柱式风格；到中古时代哥特建筑的建筑风格；再到后来文艺复兴后期出现的运用矫揉奇异手法的巴洛克和纤巧烦琐的洛可可等建筑风格等。人们对美的定义不断改变，企业要站在消费者的角度，对美重新认识，开发出更多的符合消费者审美的产品。

4.消费习俗 一个国家或一个地区的消费者，共同参加的群体消费行为，是人们传统沿袭的一种消费风俗习惯。在习俗消费活动中，人们有特殊的消费模式。消费习俗具有群众性，若是一种消费习惯被大多数人接受，并形成一定的从众心理，成为某种固定模式，一经形成，就不易消失。消费习俗常带有浓厚的地域色彩，甚至成为某一地区的特色产物。如端午的粽子、中秋的月饼、元宵节的汤圆等，都是一种消费习俗。在特定的时节，市场对某一产品或者服务需求加大，企业可以依次开展各种促销活动，但也需要对销量进行合理预估，销售时令错过，再好的东西也卖不出去或只能低价销售。针对不同民族的传统节日，企业应组织好节日商品供应，掌握商品主销地的地理环境、风俗习惯、生活方式、价值观念等主要因素，据此进行节日商品设计、生产和销售，更好地满足各民族多方面的节日习俗爱好。

当然，企业在进入市场时，首先应做到"入境问俗"，适应市场需求。联盟航空公司因空乘人员在环太平洋航线上，为头等舱的客人举行欢迎仪式，而震惊了头等舱的中国商务团。原因是在这次欢迎仪式上，每位空乘人员胸前都佩戴了一朵白色的花，在西方白色代表圣洁、坚贞，而在中国代表的是死亡。故事告诉我们，企业对目标市场消费者的禁忌、习俗、避讳、信仰、伦理等要提前掌握。

三、微观环境

微观环境是与医疗器械企业紧密相连、直接影响企业营销能力和效率的各种力量和因素的总和，主要包括：企业内部环境、供应商、营销中介、顾客、竞争对手及社会公众等。

（一）企业内部环境

企业内部环境就像一辆高速行驶的列车"零部件"，缺失任何一个零件——部门，都会对整体运行产生或大或小的影响。只有各部门之间团结一致，紧密配合，企业才能高效地运营。当然，一个再大的企业，资源都会有限，资源的争取势必会引起企业内部矛盾。所以企业在制订营销计划、开展营销活动时，必须考虑到与内部其他各部门的合作和协调，共同服务于营销目标。企业管理如果不能很好地协调企业内部矛盾，就会造成内耗与相互摩擦。因此，实现营销目标的关键因素，就是进行有效沟通，协调企业各职能部门和营销管理的内部关系。企业整体的资源，对企业营销产生的效果意义深刻。

（二）供应商

供应商是指向企业提供产品或服务的企业或个人，包括原材料、设备、能源、劳务、资金等，为企业的正常运行提供有力保障。供应商对企业营销活动的影响主要表现在时间、价格与质量上，只有供应商按时提供产品或服务，才能保证企业营销活动的顺利开展，供应的货源短缺或者未能按期交货，都会给供应企业造成严重损失，也会对自身信誉度产生影响。而供应产品或服务价格变动，将直接对供给企业产品成本产生影响，进而影响企业的利润和营销量。供应商的产品质量，更是医疗器械企业产品的生命线，无论是供给产品的本身还是相关服务出现质量问题，都会使目标顾客陷入被动。原材料的不合格供应，致使企业产品出现质量问题，将影响消费者心理的品牌效应。如医疗器械的售后定期维护和故障维修的水平就直接影响医院是否能为患者提供合格的服务，消费者对医院服务的不满意势必会影响医院整体信誉度。

（三）营销中介

随着经济发展，社会分工细化，营销中介由此产生。企业通过营销中介把产品转移到消费者，是市场营销不可或缺的必要环节。营销中介包括中间商、实体分配机构、营销服务机构和金融机构。通过这些中介机构将产品集中或分散，扩大企业发展。

1.**中间商**　分为批发和零售两种，帮助企业把产品从中间商流向消费者的中间渠道。企业可以采取一系列措施，激励中间商拓宽销售渠道，开展营销活动，让产品流动起来，最终到消费者手中。

2.**物流公司**　协助企业把货物从产地运送到目的地的专业企业。成本、服务能力是考核物流公司的重要指标，物流公司工作效率将对营销效果产生重要影响。以此，企业选择物流公司一定要慎重，尽量选择专业、信誉高的物流公司。曾经很多消费者在某宝购物时，会对商品给予评价，很多商家收到消费者的差评都觉得很冤枉。原因是消费者的差评，并不是针对商家销售的产品，而是把对商品运送物流过程中，收到不满意的物流服务转嫁到商家身上，导致商家被差评。后来某电商平台，发现物流公司中介的重要性，坚持建立自己的物流公司，因其速度快、配送服务好，深受消费者信赖，对产品的潜在满意度也有所提升。

3.营销服务机构　包括营销调研公司、广告公司、传播媒介公司和营销咨询公司等。营销调研公司能帮企业准确掌握市场营销环境；广告公司、传播媒介公司能让企业和产品广而告之，提升企业和产品知名度。企业选择这些服务机构同时，必须制定一套行之有效的评估方法，对营销服务机构提供的服务、质量、创造力等方面进行合理评估，定期考核业绩，及时淘汰那些推广水平和效果低的机构，以此节约成本，提高经济效益。

4.金融机构　包括银行、信托公司、保险公司和其他协助融资或保障货物的购买与销售风险的公司。医疗器械企业与金融机构都有着密切的联系，因为大多数企业的发展壮大，都需要借助金融机构提供的资金。

（四）顾客

顾客是医疗器械企业营销环境中的核心因素，企业的营销活动都是以满足顾客为中心而开展的，企业的产品与服务都是为了获得顾客的认可与青睐。深入了解与分析顾客，是企业营销的核心工作，对顾客进行类别分组，主要可以分为以下五种。

1.消费者市场　购买商品和服务的个人或家庭。
2.生产者市场　以赚取利润为目的，生产商品和提供服务的组织。
3.中间商市场　为获取利润而购买商品和服务，之后用以转售的组织。
4.政府市场　购买商品和服务的政府机构和非营利机构。
5.国际市场　购买商品和服务的外国组织。

（五）公众

公众是指对企业营销活动具有潜在和直接影响的利益关系组织或个人。公众对企业的态度，会使消费者对企业的态度产生直接影响。该影响会带来正面或负面的效应，引导消费者与企业的关系。企业面临的公众主要有七种，具体见表2-2。

表2-2　企业面临公众

公众	影响因素	相关组织
金融公众	影响企业取得资金	银行、投资公司、证券公司、保险公司等
媒介公众	联系企业和外界	网络、杂志、电视台、电台等
政府公众	监控企业的生产、经营活动	食品药品监督管理部门、卫生部门、税务部门等
公民行动公众	监督、督促企业是否破坏环境质量，损害消费者利益，不符合民族需求特点	消费者协会、环境保护团体等
地方公众	企业的"邻居"，对企业的态度会影响医药企业的营销活动	周围居民、当地团体组织
一般公众	影响消费者对企业及其产品的看法	产品代言人、明星、慈善团体等
内部公众	对企业营销活动产生直接或间接影响	企业内部全体员工

（六）竞争者

在商品经济条件下，企业营销活动不可避免地会遇到竞争对手，或者潜在竞争对手。竞争者的营销活动及策略，包括产品、价格、渠道、促销等，将直接影响企业营销活动，甚至威胁企业生存。知己知彼，百战百胜。营销者必须尽快了解竞争者的生产经营情况，有针对性地开展营销活动。

对竞争者的了解，具体可从以下几个方面进行：①竞争者目标市场策略；②竞争者产品策略；③竞争者产品定价策略；④竞争者分销渠道策略；⑤竞争者产品促销策略。

四、环境分析和应对方法

医疗器械市场营销环境复杂多样，营销者经常会用到SWOT分析。SWOT分析法，就是运用内部和外部竞争环境和条件进行分析，依照矩阵式排列，将机会、威胁、优势、劣势一一列举，然后把各个因素综合起来进行系统的分析，得出带有决策性的结论，如图2-4所示。SWOT分析方法从某种意义上来说隶属于企业内部分析方法，即根据企业自身的条件在既定内进行分析。

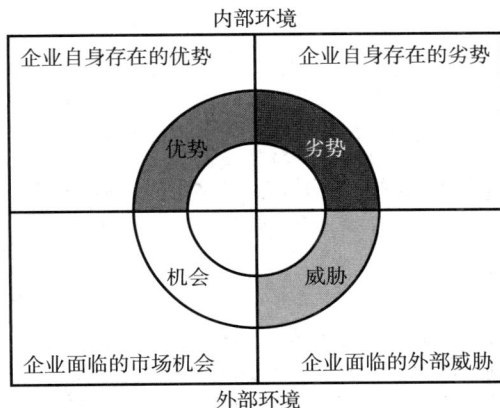

图2-4　SWOT矩阵图

（一）外部环境分析

企业的外部环境由机会和威胁组成，它可能受宏观环境影响，也可能受微观环境影响。经济的发展影响消费者的需求在不断变化，医疗器械产业技术的不断创新，导致产品加速更新迭代，没有及时更新的产品就会被市场淘汰，给市场带来新的营销机会。

1.外部环境机会　机会对于不同的企业存在差异，同一个环境机会，对有些企业可能是机会，而对有些企业可能是威胁。在环境机会面前，企业能否最大化利用机会，关键看此环境机会是否和企业的目标方向一致，资源是否匹配，以此实现利益最大化。具体的机会包括：新兴产品、新市场、新需求、壁垒市场的解禁、竞争对手失误等。

2.外部环境威胁　威胁是指外部环境中的不利因素，对企业发展趋势所形成的挑战，如果不及时付诸战略对策，这种不利趋势很可能导致公司的竞争地位受到削弱。具体的威胁可能来自新的竞争对手、替代产品增多、市场紧缩、行业政策变化、经济衰退、客户偏好改变、突发事件等。

（二）内部环境分析

企业内部环境优势是指企业产品或服务等，相对于其他竞争对手有较强的优势方面。企业的优势并不是指单一部门，而是一个整体。在做优劣势分析时必须从整个价值链来分析。具体的优势包含有利的金融环境、消费者认可的品牌、产品成本优势、优质的产品及服务、先进的生产技术、完善的服务体系、广阔的销售渠道等。企业要善于认识和总结自身优势，扬长避短才能更好地发挥自身优势。

如果一个企业具备的一个或几个方面优势，是行业领先的核心要素，那么该企业的竞争优势就会更强，但前提是衡量企业的竞争优势，需要从消费者的视角而不是企业的角度评价。同时，企业优势为企业带来的市场获利也会吸引大批的竞争者，参与到优势领域的角逐中来。企业能否继续维持该领域竞争优势，除了自身的不断超越，也需要参考竞争对手的优势、劣势。

（三）营销环境分析及应对方式

通过调查将医疗器械企业的内部环境和外部环境根据重要性罗列出来，特别是将对企业发展有直接的、重要的、大量的、迫切的、久远的影响因素优先排列出来，而将那些间接的、次要的、少许的、不急的、短暂的影响因素排列在后面。将各环境因素构建出四种不同类型的组合：优势-机会（SO）组合、劣势-机会（WO）组合、优势-威胁（ST）组合、劣势-威胁（WT）组合。企业应根据具体情况具体分析，做出应对策略，具体方法见表2-3。

表2-3　SWOT分析矩阵表

	内部优势（S） 有利的竞争态势、充足的财政来源、良好的企业形象、技术力量、规模经济、产品质量、市场份额、成本优势、广告攻势等	内部劣势（W） 设备老化、管理混乱、缺少关键技术、研究开发落后、资金短缺、经营不善、产品积压、竞争力差等
外部机会（O） 新产品、新市场、新需求、外国市场壁垒解除、竞争对手失误等	SO战略 依靠内部优势，抓住外部机会 发展企业内部优势与利用外部机会的战略，是一种理想的战略模式。当企业具有特定方面的优势，而外部环境又为发挥这种优势提供有利机会时，可以采取该战略	WO战略 利用外部机会，克服内部劣势 利用外部机会对内部劣势做出弥补，使企业利用优势战胜劣势。当企业获得外部机会，但企业内部劣势妨碍机会的利用时，可采取措施先攻克这些弱点
外部威胁（T） 新的竞争对手、替代产品增多、市场紧缩、行业政策变化、经济衰退、客户偏好改变、突发事件等	ST战略 利用内部优势，抵制外部威胁 企业利用自身优势，避开或减少外部威胁所造成的影响	WT战略 减少内部劣势，回避外部威胁 减少内部弱点，回避外部环境威胁的防御性技术。当企业存在内忧外患时，往往面临生存危机，这个时候企业主要是为了维持生存而做出防御

SWOT分析报告撰写

一、前言

1.介绍或者说明分析目的

2.介绍企业自身发展的状况

3.企业的内外部环境变化及其发展趋势

4.运用SWOT分析法进行分析

二、总结

1.确定企业的发展规划

2.企业营销策略

医疗器械市场营销环境复杂多变，SWOT分析是相对而言的，企业面对的机会和威胁时刻发生着变化，需要企业时刻关注，并做出相应的营销策略。

第二节　购买行为分析

💬 案例讨论

案例　宝宝生病是家长最担心的事情，一般都是发烧、感冒、咳嗽等疾病。生病时，首先要做的就是给宝宝测量体温，传统测量温度的就是水银温度计。但水银温度计是玻璃产品，容易破碎且其中的水银有剧毒，破碎后若处理不好非常麻烦。水银温度计需要被测者将体温计放置在腋下、肛门，长时间的测量会让本就生病的宝宝产生不适而哭闹。欧姆公司根据消费者的诉求，设计出红外线电子体温计，一秒快速测温让宝宝不哭闹；带有的记忆功能，能更好地了解宝宝的温度变化；贴心设计的发烧报警功能，在测量温度过程中超过37.5度就会报警，提醒受测者已经发烧，应引起注意。欧姆红外线电子体温计抓住了消费者对快捷、方便、有效的使用需求，很快获得了消费者的青睐。

讨论　妈妈们在购买宝宝用体温计时，购买的过程是怎么样的？

一、顾客让渡价值和顾客满意

（一）顾客让渡价值

菲利普·科特勒最先提出顾客让渡价值理论，该理论指出：顾客倾向于选择能提供顾客最大让渡价值的企业，从而使自己获得最大利益——商品或服务。顾客让渡价值要充分、全面地考虑顾客所付出的成本和所获得的总价值，顾客让渡价值 = 总顾客价值 – 总顾客成本。顾客让渡价值越高，顾客满足程度越高，顾客越满意；顾客让渡价值越低，顾客满足程度越低，顾客越不满意。

1.顾客总价值　顾客购买产品与服务所期望或实际获得的利益，包括产品价值、服务价值、人员价值、形象价值。

（1）产品价值　顾客购买产品和服务的核心内容，也是顾客购买的主要因素，包括产品的功能、款式、质量等。产品价值是顾客总价值的中心要素，企业要充分了解消费者需求，并研发、制造出符合顾客需求的产品。

（2）服务价值　企业的竞争不仅仅依靠产品，服务价值也是企业关注的焦点，是消费者购买产品随之附加的服务，如产品安装、维修、售后服务等。良好的服务价值是顾客再次购买的主要原因之一，很多企业也深谙其道，不断提升产品服务价值，如海底捞火锅以服务特别周到，成为行业的标杆，很多人光顾海底捞火锅除了吃火锅，更多的是享受海底捞火锅提供的附加服务，包括为顾客免费美甲、擦皮鞋、手机贴膜，甚至照看小孩等一系列服务，深受消费者喜欢。

（3）人员价值　企业成员的个人能力，包括知识水平、业务能力、工作效率、沟通能力、应变能力等所产生的价值。企业员工的能力对产品和服务的质量起着决定性作用，并直接影响顾客购买总价值大小。如在医疗器械的生产过程中，员工的错误操作，导致产品的某项功能不能使用，轻者使产品报废，加大企业生产成本，重则在患者或医生使用过程中，发生医疗事故危害人性命。因此人员价值对企业和顾客的影响作用都是巨大的。

（4）形象价值　企业和产品在消费者中形成的总体形象所产生的价值，是企业的无形资产。良好的企业形象，能够帮助企业提高知名度及影响力，进而在消费者市场占有一席之地。

2.顾客总成本 顾客购买某一产品或服务时，所花费的货币、时间、精力、体力等成本。

（1）货币成本 顾客为购买某一产品或服务所花费的货币数量。

（2）时间成本 顾客为购买某一产品或服务所消耗或等待的时间。时间成本越低，顾客总成本越低，顾客让渡价值更高，更容易获得消费者的满意度。如现在有很大一部分人选择在网络平台购买医疗器械，原因是不需花时间去药店或医疗器械门店购买商品，随时都能在网络平台购买想要的商品，价格更加透明，为消费者节约了更多的时间成本。

（3）体力成本和精力成本 顾客在购买某一产品时，所耗费和支出的体力与精力。

3.顾客让渡价值的意义 顾客让渡价值是企业转移的，顾客感受得到的实际价值。每个顾客都希望花最低的成本购买产品或服务，以此获得最高的价值。顾客的让渡价值越高，顾客就越容易得到"满意"，特别是超出顾客的预期产生的顾客让渡价值。

4.顾客最希望购买到"物美价廉"的产品 即以最低成本获得最大价值，因此当顾客让渡价值高时，就会产生"满意"，反之，则"不满意"。企业应加强对顾客让渡价值的理论与实践研究，从而提升企业在市场中的竞争实力，如图2-5所示。

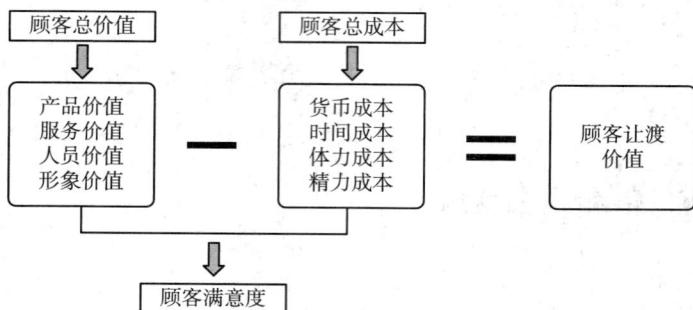

图2-5 顾客让渡价值

（二）顾客满意

顾客的满意是企业一直以来奋斗的目标，人们在对顾客满意度分析的同时，通常借助于顾客让渡价值来体现。因此，通过顾客让渡价值概念能够真实诠释顾客满意这一虚化概念的实质，即顾客满意度 = 顾客让渡价值，获得顾客满意度，就是提高顾客总价值，减少顾客总成本。

二、顾客购买行为分析

（一）顾客购买行为

顾客购买行为是消费者为了购买某一产品或服务，所发生的与消费有关的个人行为。这一心理、生理活动，一般表现为五个阶段，如图2-6所示。

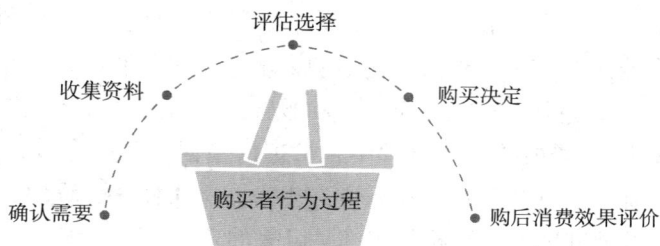

图2-6 消费者购买行为过程

1.**确认需要** 消费者在外界的营销刺激和环境刺激，以及内部的生理、心理活动的暗示下，产生某种购买需求。

2.**搜集资料** 消费者通过相关群众影响，大众媒介物宣传以及个人经验等渠道获取商品有关信息。

3.**评估选择** 对所获信息进行分析、权衡，做出初步选择。选择的内容包括：产品、品牌、经销商、购买时机及购买数量，当然评估选择能指导购买决定，但不代表最终购买。

4.**购买决定** 消费者最终决定购买的心理和生理行为。

5.**购买后消费效果评价** 购买后或者使用后对商品的整体评价，以及产生是否会重购的态度。

（二）影响购买行为的因素

影响消费者购买行为的因素十分复杂，相互影响，主要影响因素有心理因素、个人因素、文化因素、社会因素，企业应该正确认识影响消费者购买行为因素，主动把握市场顺利开展营销活动。

1.心理因素 消费者心理因素是消费者在购买商品的整个过程中的心理活动，影响消费者购买的心理因素有动机、感知、学习、态度与信念。

（1）动机 消费者的需要常常来自两个方面：心理和生理需要。心理需要主要表现在认可、尊重或归属等方面；生理需要主要表现在衣食住行等方面。当需求达到一定程度时，就会转变成动机，促使消费者去进行自我满足。如消费者因高血压疾病的刺激，产生对身体状况及时了解的需求和欲望，所以产生了购买血压计的动机。消费者对自己的动机不一定完全清楚，潜意识里选择某件产品只是感觉，如一位女性消费者在商场众多品牌包里，最终选择了奢侈品牌爱马仕的包，虽然可能解释说是自己喜欢的类型，但事实上她选择购买，是为了向人们展示地位和富裕。营销者要学会深入探究，消费者隐藏的潜意识动机，究竟是求实、求廉、求安、求新还是炫耀等。企业应针对消费者的不同购买动机，在产品设计和后续营销活动中，凸显消费者需求表象，并设计不同的市场营销组合策略。

（2）感知 人脑对直接作用于感觉器官的客观事物个别属性的反映，感知是人们通过收集、整理并解释信息，形成有意义的世界观的过程。对消费者的评估选择、购买决定和购买后消费效果评价，都有着直接影响。在不同情境的刺激下，消费者感知不同，购买行为也会产生偏差，因此影响较大。如商场播放背景音乐，能烘托商场购物氛围，不仅影响营业员工作心情，也会影响消费者的购买情绪，进而影响商场销售。单音乐节奏的快慢，就会对顾客购买停留时间产生影响。研究发现慢节奏的音乐，能够使人放松、愉悦地轻松购物，因而在平时客流较少的情况下，商场经常播放慢节奏的音乐可以延长顾客在商场内停留的时间，增加顾客的消费。相反，节奏稍快的音乐，会加快人的运动节奏，提高人的购买欲望，所以客流量高峰时期适当播放快节奏的音乐，能促进顾客缩短决策时间快速购物，减少停留时间。

（3）学习 由经验引起的个人行为的改变，消费者在实践中积累经验，这些经验经过消费者的自我评估和辨识，指导消费者购买行为的过程。学习是通过驱策力、刺激物、提示物、反应和强化的相互影响、相互作用而进行的。可以理解为，企业通过给消费者提供信息，如广告、促销信息等刺激物，对消费者形成购买的驱策力，当消费者看到产品、促销信息等提示物时，产生了反应购买产品或其他行为。

（4）态度 个人对事物所持有的喜欢与否的评价、情感上的感受和行动倾向。态度在很大程度上影响消费者的购买行为，主要表现为喜欢或不喜欢，从而反映出顾客是否会选择和考虑某一商品的可能。消费者的态度积极，能使消费者主动了解产品并购买产品；消费者态度消极，对产品产生抗拒，则导致企业失去大好的营销机会。企业应该与消费者建立情感互动，培养消费者对企业商品与服务的感情，引导消费者的态度朝着对企业有利的方向转变。

2.个人因素 消费者购买行为在很大程度上会受自身因素的影响，特别是受消费者经济状况、年龄、职业、生活方式、个性以及自我观念的影响。

（1）经济状况 消费者消费水平、消费结构会受到消费者自身经济状况影响，消费者经济状况越好，购买能力越强，对产品层次需求也越高。一般情况下，经济状况高的消费者倾向于产品质量、外观、售后服务与附加值等；而经济状况较低的消费者，更注重产品价格、功能、实用性等。

（2）职业 个人职业对消费者购买倾向有着间接影响，如从事设计行业的人，往往比较在意产品的外观设计；而从事IT行业的人更在意产品是否与互联网产生更多联系等。当然这不能代表全部，营销者应该分析职业类别对产品和服务的偏好，分析职业对消费者需求的影响。

（3）年龄与性别 不同年龄消费者对产品的需求各不相同，年龄对消费者需求结构存在差异性。年龄越大的人对家庭护理医疗器械需求量更大，如轮椅、拐杖、血压计、血糖仪等。不仅年龄会导致消费者需求不同，性别差异同样会对消费者购买行为、消费习惯产生影响。就保健药品而言，男性消费者对于补肝、补肾的产品需求量较大，而女性消费者对于补血、补钙的产品需求量较大。营销人员应针对消费者不同的年龄和性别，采取不同市场细分标准，制定不同的营销策略。

（4）性格与自我观念 性格是指人对现实的态度和行为方式中的比较稳定的，具有核心意义的个性心理特征。性格通过人的外在行为表现出人的动机和对事物的态度。不同性格的消费者具有不同的购买行为：①外向型消费者，在购买过程中一般表现活跃，主动与营业人员沟通表达自我需求，容易受广告、人员推销感染，购买决定比较果断，购买过程也非常爽快；②内向型消费者，在购买过程中比较沉默，不善于与营业员沟通、攀谈，一般凭借自我认识购买商品；③理智型消费者，在购买中一般会对购买产品进行详细的了解，不容易受营业员或者其他信息的影响，购买时间相对较长，挑选商品仔细；④情绪型消费者，在购买产品时容易受购物现场的各种因素的影响，对店面装饰、配套设施、广告信息及营业员的服务态度比较敏感，消费者最后购买产品很可能与之前购买目的有所出入，是否购买及买什么，容易受现场情绪支配，稍有不满意就会马上改变购买决定；⑤意志型消费者，在购买过程中目标明确，主动购买及接近产品，但不容易受周边环境影响而改变购买决定；⑥顺从型消费者，在购买活动中，购买的态度和方式容易受营业员影响，积极听取营业员购买意见，缺少自我主见。

3.文化因素 对消费者有着深远影响，文化、亚文化和社会阶层对消费者都有直接或间接影响，营销人员应该深入了解对消费者所起的作用。文化深深地影响消费者的价值观、认知、行为以及喜恶，不同国家文化对消费者的影响也存在差异性。营销者要发现文化的变迁，善于发现顾客潜在需求。如顾客因为糖尿病会购买血糖仪，但相关的护理产品（血糖仪试纸、棉球、碘伏等）、低糖食品、血压计等产业需求也应引起营销者注意。亚文化有着相同的生活经历和文化背景，具有共同价值体系的人群，包括民族、种族、宗教或地域等。企业可以针对亚文化进行市场细分，根据消费者需求制定产品与营销策略。如现在就有针对宗教或者吃素需求消费者开设的素食餐厅，深受部分消费者青睐。社会阶层也是影响消费者行为的因素之一，是拥有相同价值观念、喜好和行为，而稳定存在的、有序的组成部分。不同国家的社会阶层不同，社会阶层并不能单一用金钱衡量，是职位、收入、教育、财富和其他变量的共同作用结果。社会阶层的成员是可以上下变动的，人们可以从下层进入上层，也可能从上层跌入下层。营销者可以依据阶层的不同，制定产品及营销策略。

4.社会因素　人并不是脱离社会而单独存在的，因此，消费者的购买行为也会受到诸多社会因素影响或综合影响，比如相关群体、家庭、社会角色与地位等。相关群体对个人的行为起到直接或间接影响，个人也可能模仿群体，在态度和行为中受群体影响，特别是崇拜性群体。个人潜意识想要模仿崇拜群体，无形中会在很多行为方面参照崇拜群体。如2019年暴发的新型冠状病毒感染的肺炎疫情，使得人人出行都佩戴口罩做好防护，很多专家回答记者问题时都佩戴某品牌的口罩，导致消费者争相购买该品牌口罩。消费者心理对该品牌口罩产生信赖的原因是，他们认为最有信服力的专家群体都使用该品牌产品，于是产生了从众心理。家庭成员同样会对消费者的购买行为产生影响，很多营销策略是依据家庭消费而制定的。消费者的家庭生活对购买角色产生影响，不同产品夫妻在购买决策者上存在差异。在一般情况下，购买汽车、房产等，丈夫作为主要决策者比较多；购买小家电、衣服、生活用品等，妻子作为主要决策者比较多。影响消费者行为因素在营销活动中复杂多变，这些因素不仅影响和在某种程度上决定消费者的决策行为，而且对外部环境与营销刺激的影响起着放大或抑制作用。

👤 岗位对接

本章主要介绍了医疗器械经营与管理、医疗器械维护与管理、医疗设备应用技术、精密医疗器械技术及其他医疗器械相关专业学生成为合格医疗器械销售人员、维修维护人员和经营管理人员必须掌握的内容。

本章对应岗位包括医疗器械管理员、医疗器械经营员、医疗器械销售、医疗器械维修员等。上述从事医疗器械管理、销售及维修等岗位的从业人员均需掌握医疗器械市场营销环境及顾客让渡价值与顾客满意基本概念和内容。能够正确分析医疗器械营销环境，并做出适合的应对方法。能够正确分析顾客购买行为，并为目标客户制定恰当的营销策略。

本章小结

医疗器械营销环境主要分为宏观环境和微观环境，宏观环境由人口、经济、自然、技术、政治和文化构成，是间接影响和制约医疗器械企业经营活动的外部因素；微观环境是与医疗器械企业紧密相连、直接影响企业营销能力和效率的各种力量和因素的总和，主要包括：企业内部环境、供应商、营销中介、顾客、竞争对手及社会公众等。通过对营销环境内容的掌握，能够正确分析营销环境，本章采用SWOT分析法，对当前营销环境做出了优势、劣势、机会、威胁四个维度的分析，以期了解营销环境并做出正确的策略。当然，除了营销环境分析，消费者购买行为分析也是营销不可或缺的重要部分。正确掌握顾客让渡价值顾客让渡价值就越高，顾客就满足程度越高，顾客越满意。让顾客满意势必需要了解顾客购买行为，熟悉影响购买行为因素，制定消费者满意、适应营销环境的营销策略。

医药大学堂
WWW.YIYAODXT.COM

习题

一、单项选择题

1. 与企业紧密相连，直接影响企业营销能力的各种参与者，被称为（　　）。
   A. 营销环境　　　　　B. 宏观营销环境　　　　C. 微观营销环境　　　　D. 营销组合

2. 企业的外部环境由（　　）组成。
   A. 威胁与劣势　　　　B. 机会与优势　　　　　C. 优势和劣势　　　　　D. 机会和威胁

3. 医疗器械营销环境的特点主要有客观性、复杂性、相关性及（　　）。
   A. 动态性　　　　　　B. 稳定性　　　　　　　C. 变化多端　　　　　　D. 真实性

4. 中国人口众多，代表市场规模大吗？（　　）
   A. 是　　　　　　　　B. 否　　　　　　　　　C. 不一定

5. 全球家庭出现了规模减小的趋势，地区经济越发达，家庭的规模越（　　）。
   A. 小　　　　　　　　B. 大　　　　　　　　　C. 增长　　　　　　　　D. 减少

6. 恩格尔系数低于30%，代表一个国家或地区（　　）。
   A. 贫困　　　　　　　B. 小康　　　　　　　　C. 富裕　　　　　　　　D. 最富裕

7. 一些不符合医疗器械GMP要求的生产企业被淘汰出局，主要是受（　　）因素影响。
   A. 政治环境　　　　　B. 法律环境　　　　　　C. 经济环境　　　　　　D. 科学技术环境

8. 衡量一个国家综合实力及国际竞争力的重要指标是（　　）。
   A. 经济富裕　　　　　B. 市场规模　　　　　　C. 教育水平　　　　　　D. 领土广阔

9. 顾客让渡价值＝总顾客价值－（　　）。
   A. 商品成本　　　　　B. 总顾客成本　　　　　C. 成本　　　　　　　　D. 价值

10. 顾客满意度越高，顾客让渡价值（　　）。
    A. 越高　　　　　　　B. 越低　　　　　　　　C. 相等

二、简答题

1. 顾客购买行为一般表现为哪五个阶段？
2. 影响消费者购买的心理因素有哪些？

（鲍　娜）

第三章　医疗器械市场调查

> **📖 知识目标**
>
> 　　**1. 掌握**　各种市场调查内容；常用调查方法的基本知识；问卷设计的基本知识；市场调查报告的内容及撰写。
> 　　**2. 熟悉**　市场调查活动的流程与各阶段的工作要点；市场调查的不同类型及其适用场合；基本的抽样知识。
> 　　**3. 了解**　市场调查前的准备工作内容；市场信息系统的构成。
>
> **👉 技能目标**
>
> 　　**1. 学会**　围绕确定主题的市场调查方案书的设计与撰写；调查问卷的设计；使用各种调查方法并能够独立完成相应调查活动；调查资料数据整理与分析的工作步骤与要点；调查报告的撰写，并能够根据不同对象进行调查结果汇报工作。
> 　　**2. 具备**　根据医疗器械企业面临的问题确定市场调查主题的能力；根据调查项目完成调查实施前的准备工作，以及基本的数据处理、分析方法的能力。

第一节　市场信息系统

💬 案例讨论

　　案例　某公司从婴儿奶瓶的结构及奶嘴的特点中意识到婴儿的需求及特点。于是，他们根据这一信息，研发了婴儿奶嘴式电子体温计，主要针对婴幼儿的生理特点，部分设计全部采用圆滑弧线，曲率依据宝宝口型，硅胶奶嘴内含温度传感器。投入市场后已获得较好的经济效益。
　　讨论　该公司通过市场调研，发现婴儿奶瓶有哪些特殊需求？

一、定义和来源

（一）定义及特征

　　信息是事物的存在方式、运动状态以及运动方式的表现，它由数据、文本、声音和图像等形态组成，具有可扩散性、可共享性、可存储性、可扩充性和可转化性等特征。信息大体可以分为自然信息和社会信息两类，其中社会信息包括经济信息、军事信息等。
　　市场营销信息是指在一定时间和条件下，与企业的市场营销有关的各种内部和外部环境的状态、特征以及发展变化的各种消息、情况、资料、数据的总称，它一般通过语言、文字、数据、符号等形式表现。市场营销信息除了具有一般信息的特征外，还具有自己的特征，主要如下。

1.时效性　由于市场受到错综复杂的要素的影响和制约，处于高频率的不断变化中，信息一旦传递加工不及时，就很难被有效地利用，特别是在竞争激烈之际，企业采取对策如果慢了一步，就会遭到覆灭。

2.更新性　市场营销信息随市场的变化与发展处于不断的运动中，为了更准确地利用市场营销信息，企业营销部必须不断地、及时地收集，分析各种新信息，以不断掌握新情况，研究问题，取得营销主动权。

3.双向性　市场营销信息的流动带有双向性：一方面是信息传递给营销决策者；另一方面营销决策者做出决策反馈于营销信息。

4.系统性　市场营销信息多种多样，包括内部信息、外部环境信息、竞争对手信息等。营销管理者收集和决策时，要进行全面的考察，否则会遗漏重要信息。

5.针对性　在收集市场营销信息的过程中要具有针对性，明确所需信息，不能盲目收集，否则会有很多无效信息，加大决策难度，且会造成资源浪费。市场营销信息是企业的重要资源，形成了企业的战略性经营信息系统的基础，有利于企业开展营销活动、制订计划和策略以及实施营销控制，有利于企业获取市场竞争优势，而且对企业的未来发展具有重要的作用。

（二）类型及来源

市场营销信息所包含的内容很广，各种与企业营销有关系或可能对企业的营销产生影响的因素及其变化，都属于市场营销信息的范畴。依据不同的标准，市场营销信息可以进行不同的分类。依据决策的级别，市场营销信息可分为战略信息、管理信息和作业信息。战略信息是指用于企业最高层领导对经营方针、目标等方面决策的有关信息；管理信息是指企业一般管理人员在决策中所需要的信息；作业信息是指企业的日常业务活动的信息，主要包括商品的生产和供应信息、商品的需求和销售信息、竞争者动态信息等。

依据信息来源，市场营销信息可分为外部信息和内部信息。外部信息是指来源于企业外部，与企业的市场营销有关的信息，包括市场环境信息、市场需求信息、市场竞争信息等。外部信息涉及的内容广泛，但对于不同的企业，影响其营销活动的外部信息又有所不同，因此，不同企业应根据自身的特点，收集与自己相关的外部信息。内部信息来源于企业内部，可以帮助企业及时取得有关部门积累的资料，从中可以发现问题和机会，是获取营销信息的重要来源，主要有企业资源信息、企业运营信息、企业财务信息等。

此外，市场营销信息还可以根据信息的表示方式不同，分为文字信息与数据信息；根据信息的处理程度，分为原始信息和加工信息；根据其稳定性，分为固定信息和流动信息等。

（三）功能

1.企业经济决策的前提和基础　企业营销过程中，无论是对于企业的营销目标、发展方向等战略问题的决策，还是对于企业的产品、定价、销售渠道、促销措施等战术问题的决策，都必须建立在准确地获得市场营销信息的基础上，才可能得到正确的结果。

2.制订企业营销计划的依据　企业在市场营销中，必须根据市场需求的变化，在营销决策的基础上，制订具体的营销计划，以确定实现营销目标的具体措施和途径。不了解市场信息，就无法制订出符合实际需要的计划。

3.实现营销控制的必要条件　营销控制是指按既定的营销目标，对企业的营销活动进行监督、检查，以保证营销目标实现的管理活动。由于市场环境的不断变化，企业的营销活动中必须随时注意市场的变化。进行信息反馈，以此为依据来修订营销计划，对企业的营销活动进行有效控制，使企业的营销活动能按预期目标进行。

4.进行内、外协调的依据 企业营销活动中，要不断地收集市场营销信息，根据市场和自身状况的变化，来协调内部条件、外部条件和企业营销目标之间的关系，使企业营销系统与外部环境之间、与内部各要素之间始终保持协调一致。

二、构成

（一）子系统

市场营销信息系统是一个由人、设备和程序组成的复合系统，它连续有序地收集、挑选、分析、评价和分配需要的、及时的和准确的市场营销信息，供企业营销决策者制定规划和策略。市场营销信息系统由内部报告系统、营销情报系统、营销调研系统和营销分析系统四个子系统组成。

1.内部报告系统 营销信息系统中最基本的子系统。内部报告系统主要提供有关订货数量、销售额、产品成本、存货水平、费用、现金余额、应收账款、应付账款等各种反映企业经营状况的信息。通过对这些信息的分析，营销管理人员能够了解到企业的经营效果和各方面条件的变化，发现市场机会，找出管理中存在的问题。

内部报告系统的核心是订单—发货—账单的循环。销售人员把订单送至企业，负责管理订单的机构把有关订单的信息送至企业内的有关部门，然后企业把账单和货物送至购买者的手中。这是一般营销企业的常规操作程序，然而是否具有措施以保证这一循环中的各个步骤快速而准确地完成，则明显地反映着企业不同的营销能力和营销效率。

内部报告系统还包括及时、全面、准确的销售报告。这个功能应该主动地为决策者提供他们认为需要的，以及他们暂不了解但实际需要的信息，以帮助决策者把握最佳的决策时机，提高企业的竞争优势。通过分析内部报告系统所提供的信息，能发现重要的机会和问题。但应注意尽量避免该系统提供重复信息，那样会造成营销成本上升和相关人员陷入烦琐的销售资料堆中。

2.营销情报系统 内部报告系统的提供事件发生以后的结果数据，而营销情报系统提供正在发生和变化中的数据。营销情报系统是指营销人员为获得企业外部有关环境发展变化的营销资料而使用的一整套程序或信息来源渠道。它的任务是利用各种方法收集、观察和提供企业营销环境最新发展的信息。营销人员一般可以通过查阅有关资料，与企业内外部有关人员交谈，通过销售代表、分销商、情报供应商等来获取情报信息，并可建立内部的市场营销信息中心来接收和传递市场营销情报。

营销情报系统的建立和使用，使企业情报处理的重点由围绕生产数据统计转变为以市场为主体，越来越重视营销情报的搜集及其管理，同时增加与外部市场环境的情报交换，增加营销情报的总量，提高公司营销情报处理的能力。

营销情报系统的目的就是对市场诸要素的控制和决策提供支持，帮助企业认清市场需求的导向，以不断提高企业的市场占有率，增加企业对市场环境的适应能力。

3.营销调研系统 在企业的营销决策中，除了要充分利用内部报告系统和营销情报系统外，还常常需要对企业特定的问题进行更全面深入的专门研究。营销调研系统的任务是设计、收集、分析和提供与特定的营销问题相关的数据资料，提出相应的研究报告，帮助管理者进行决策。

营销调研系统与上述两个子系统最本质的区别在于它的针对性强，是为解决营销活动中出现的某些特定的问题而从事信息的收集、整理和分析，比如市场调查、产品偏好测试、广告效果研究等。这类特定的问题往往需要专门的组织来解决，有时甚至企业自身也缺乏获取信息以及进行这类研究的人力、技巧和时间，需要委托外部的专业市场营销研究公司承担，以保证研究结果的客观性。

4. 营销分析系统 又称营销决策支持系统，是指企业以一些先进技术对市场营销资料进行科学分析，帮助营销管理人员分析复杂的市场营销问题，为决策者提供量化分析结果，进而提出多种决策建议，供决策者参考。

营销分析系统通常由两个部分组成：统计库和模型库。其中统计库是一组统计方法，用来从所收集的各种数据资料中抽取有意义的信息，以供营销决策的需要。统计方法本身就是一门专业技术，在营销分析系统中常用计算平均数、测量离散度、资料交叉列表等统计方法。另外，也常运用各种多变数统计技术去发现资料中的重要关系，如回归分析、相关分析、因素分析、聚类分析等。模型的设计是用来表达某些系统或过程的一组变量及它们之间的相互关系，模型库包含了由管理科学家建立的解决各种营销决策问题的数学模型，如产品设计模型、定价模型、选址模型、广告媒体组合模型等。

（二）职能

市场营销信息系统作为一种信息的收集、管理、提供机构承担着以下职能。

1. 数据资料的收集 实际上包括两种情况：一是作为一种常规性工作，经常收集相关的数据资料，以便需要时调用；二是在特殊需要时的收集。例如，市场营销管理者明确了问题的所在后，信息担当者就要进行确认，信息库是否输入了与其问题有关的信息。如果找不到适合的信息，就要决定是否花成本收集。如果认为不值得花成本，就只好利用现有信息进行市场营销决策。相反，如果认为有必要花成本收集新的信息，那就开始在企业内外收集其数据资料，并将其输入数据资料库。

2. 数据资料的处理 收集、输入数据资料库的都是未加工的原始数据资料对其进行整理、编辑、建档等处理。

3. 数据资料的分析和评价 数据资料要成为某种决策或特定目的的有价值的信息，还必须用科学方法及结合经验和悟性对其进行统计分析和评价。

4. 储存和检索 至少应包括两个层次：其一是原始数据资料的储存和检索；其二是经加工，即统计分析和评价后的作为某种决策信息的储存和检索，并要做成报告等一定的表现形式，以便提供或随时准备提供给市场营销管理者和经营者。

5. 传递信息 作为一种日常性工作，将有关市场营销信息及时提供给市场营销管理者和经营者，或者根据其需要随时向市场营销管理者和经营者提供某种特定的信息。

第二节 市场营销调研

某医疗器械有限公司生产血糖仪系列产品已有多年。随着市场竞争的日益激烈、竞争者不断加入，使得该医疗器械有限公司产品的市场份额日趋减少。此外，公司对产品的定位相对模糊，既不是高端产品，也没有明显的产品特色差异，因此在消费者的心目中常被忽视，不但无力争取高层次的消费者群体，也无法取得相当数量的中低端消费者群体。该医疗器械有限公司在市场夹缝中的生存也受到了严重的威胁。为了避免陷入价格战的困境，公司并没有采用低价来进行销售，而是在深入进行市场调研之后，推出了全新产品"无痛采血"血糖仪。该产品从消费者心理出发，使产品技术、制造技术得到升级，独具特色，从而抢占了大部分的市场份额，扭转了低迷的市场状态。

PPT

一、定义

菲利普·科特勒认为，市场营销调研（marketing research）是系统地设计、收集、分析和提出数据资料，以及提出与公司所面临的特定的营销状况有关的调查研究结果。根据美国市场营销协会的定义，市场营销调研是通过信息的运用，把消费者、公众和营销人员联系在一起的一种职能，是为了提高决策质量以发现和解决营销中的机遇和问题而系统地、客观地识别、收集、分析和传播信息的工作。

一般而言，市场营销调研是指个人和组织为了给市场营销决策提供依据，针对某一特定的市场营销问题，运用科学的方法和手段，系统地判断、收集、整理和分析有关市场的各种资料，反映市场的客观状况和发展趋势的活动。

公司可以用自己的调研部门进行营销调研，也可以借助其他公司。公司是否利用其他公司调研取决于他自己的调研技术和资源。一般来说，大企业大多自设营销调研部门，而中小规模的公司资源有限，可委托专门的咨询公司或市场调研公司进行调研。当然，营销调研部门也经常利用外部公司来做专项调查或研究。

调研公司一般有四类：①综合性调研公司，他们经常定期搜集消费者和贸易的信息，开展收费出售信息的业务；②接受顾客委托的营销调研公司，这些公司接受企业委托，进行将定的项目调研，这些公司参与设计调查研究，调查产生的报告成为委托单位的财产；③特定专业营销调研公司，这些公司为其他的营销公司或企业营销部门提供特定的专业服务；④高等院校经济学科的教师，他们出于更好地服务于教学的目的，也经常接受企业的委托，从事这方面的调研工作。当然不同的调研公司水平参差不齐，要取得良好的调研效果，还要寻找调研公司中的名牌。

市场营销调研作为一项职能活动，具有目的性、系统性、科学住、不确定性、时效性等基本特征。

1.目的性　市场调研是针对特定营销问题的科学系统的调研活动，有明确的目的性。这一目的既是设计市场调研方案的前提，也是衡量市场调研是否有价值的基础。

2.系统性　市场营销调研是一项系统工程，调研人员应全面系统地收集有关市场的信息，要对影响市场的经济、社会、政治、文化等因素进行结合，要做到定性与定量相结合，否则将得到不准确的信息。此外市场营销调研有规范的运作程序，包括调研立题、调研设计、资料收集、资料分析、调研报告等阶段。各个环节密切联系，形成一个有机的系统，任何一个环节出了问题，都将难以得到正确的调研结果。

3.科学性　在进行市场营销调研时，调研目标的确定、方案的设计、资料收集的方法、资料的整理与分析都必须以经济学、市场营销学、管理学、组织行为学等相关学科的理论和方法为指导，调查资料数据必须真实地来源于客观实际。而非主观臆造。依据抽样推断、误差控制等理论以及统计整理、统计分析等方法对调研资料进行科学分析，不要受到感情因素的影响，应极大地克服个人偏见和主观影响。

4.不确定性　市场是不断发展变化的，政策法规的改变、需求供给的改变、竞争对手的改变等多种因素的影响，使得市场营销调研的结果具有不确定性的特点。市场营销调研就是要通过系统的调查，科学的分析，将误差控制在一个允许的范围内，获取尽可能接近市场事实或反映市场状况的信息，以减少信息的不确定性，降低营销决策的失误率。

5.时效性　市场营销调研是在一定时间范围内进行的，反映的只是特定时间内的信息和情况，因此在一定时期内调研结果是有效的。但随着市场的不断变化，新情况和新问题的出现，以前的调研结果不能反映新市场的现实状况，会使企业的决策滞后，导致失败。

二、类型和内容

（一）类型

区分不同的市场营销调研类型，是为了正确设计不同的市场营销调研方案。根据调研的目的不同，可将营销调研分为探索性调研、描述性调研、因果性调研和预测性调研。

1.探索性调研（exploratory research） 在情况不太清楚时，为了找出问题的症结和明确进一步深入调查的具体内容和重点而进行非正式的初步调查，用于探寻企业所要研究问题的一般性质。研究者在研究之初对所欲研究的问题或范围还不很清楚，不能确定到底要研究些什么问题。这时就需要应用探索性调研去发现问题，形成假设，至于问题的解决，则有待进一步的研究。

探索性调研不如正式调研那么严密、详细，一般不制定详细的调研方案，尽量节省时间以求迅速发现问题。它主要利用现成的历史资料、业务资料和核算资料，或者政府公布的统计数据、长远规划和学术机构的研究报告等现有的二手资料进行研究，或者邀请熟悉业务活动的专家、学者和专业人员对市场有关问题做初步的研究。

2.描述性调研（descriptive research） 通过详细的调查和分析，对所研究的问题进行客观的描述。它要解决的问题是说明"是什么"，而不是"为什么"。它主要描述调研现象的各种数量表现和有关情况，为市场研究提供基本资料，如产品市场占有率、产品的消费群结构、竞争企业的状况等的描述。

与探索性调研相比，描述性调研要求有详细的调研方案，要进行实地调研，要求掌握第一手原始资料和二手资料，尽量将问题的来龙去脉、相关因素描述清楚，要求系统地收集、记录、整理有关数据和有关情况，为进一步的市场研究提供市场信息。

描述性调研具有6个要素（5W1H），即为何调研（Why）、向谁调研（Who）、调研什么（What）、调研何时的信息（When）、在何地调研（Where）和调研方式（How）。

3.因果性调研（causal research） 调查一个变量是否引起或决定另一个变量的研究，目的是识别变量间的因果关系。它所回答的问题是"为什么"，其目的在于找出事务变化的原因和现象间的相互关系，找出影响事物变化的关键因素，如销售额的变化究竟是广告花费，还是包装或者价格变化引起的。

因果性调研试图认定当我们做一种事情时，在另一种事情会接着发生的指导下，全面收集有关因素的资料，在此基础上通过对资料的科学分析，检验原有的理论和假设，从而对客观现象给予理论解释和证明。

4.预测性调研（predictive research） 运用科学方法对过去、当前的市场信息进行综合分析研究。预测未来一定时期内某一环节因素的变动趋势及其对企业市场营销活动的影响。它所回答的问题是"未来如何"，如市场上消费者对某种产品的需求量变化趋势调研，某产品供给量的变化趋势调研等。这类调研的结果就是对事物未来发展趋势及变动幅度进行科学估计。对企业制订有效的营销计划及避免较大的风险和损失有着重要的意义。

预测性调研可以充分利用描述性调研和因果性调研的现成资料，但预测性调研要求收集到的信息要符合预测市场发展趋势的要求，既要有市场的现实信息，更要有市场未来发展变化的信息，如新情况、新问题、新动态等。

上述四种类型的调研并不是相互独立的，有些调研项目需要设计一种以上的研究类型。例如，如果对调研问题的情况几乎一无所知，就可以先从探索性调研开始，一般来说探索性调研之后还应继续进行描述性或因果性调研，但有时探索性调研也可在之后进行；并不是所有调研方案都要从探索性调研开始，经常进行的、清楚明确的调研问题可以直接进行描述性或因果性调研；预测性调研常在其他调研之后进行，是调研的进一步深化和拓展。

此外，按照调研的内容不同，可分为定性调研和定量调研；按照调研方法不同，可以分为文案调研和实地调研；按照市场营销调研的主体不同，可以分为政府部门调研、企业调研和个人调研；按照调研的范围不同，可以分为全国性调研、区域性调研和地区性调研；按照调研频率不同，可以分为一次性调研、定期调研和经常性调研；按照调研的对象不同，可以分为消费者调研和生产者调研等。

（二）内容

市场营销环境由微观环境和宏观环境构成。微观环境（micro environment）由影响企业顾客服务能力的联系紧密的组织和个人，如企业、供应商、市场营销中介、顾客、竞争者和公众等构成。宏观环境（macro environment）由影响微观环境的较大的社会力量，如人口、经济、自然、技术、政治和文化等构成。

市场调研的内容主要涉及影响营销策略的宏观因素和微观因素，大致分为以下几个方面。

1.宏观环境调研 一切组织和个人均处在宏观环境中，亦不可避免地受到其影响和制约，因此，需要分析宏观环境的现状及发展趋势，从而采取相应决策，主要包括政治法律环境、经济环境、社会文化环境、技术环境、人口环境、自然环境，如图3-1所示。

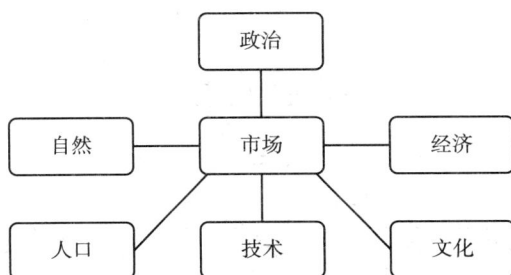

图 3-1 宏观环境中的主要因素

（1）政治法律环境（political） 影响企业营销的重要宏观环境因素，政治环境引导着企业营销活动的方向，法律环境则为企业规定经营活动的行为准则，政治与法律相互联系，共同对企业的市场营销活动产生影响和发挥作用。政治法律环境主要调研国家的政治主张、政治形势以及变化情况，掌握国家关于产业发展、财政、金融、税收等方面的政策方针、法律法规，调查和分析在这些市场政策法令影响下市场的变化情况。

（2）经济环境（economic） 由各种影响消费者购买能力和支出模式的因素构成，经济环境调查主要包括各种重要经济指标的调查，例如国内生产总值、经济增长率、通货膨胀率、就业率、消费者收入、储蓄水平、消费结构与消费者支出模式及物价水平等，这些主要经济变量的变化会对市场产生重大影响。市场营销者必须密切关注经济发展态势，及时调整企业战略，适应经济的发展。

（3）社会文化环境（social） 在某一特定人类社会的长期发展历史过程中形成。主要由特定的价值观念、行为方式、伦理道德规范、审美观念、宗教信仰及风俗习惯等内容构成，它影响和制约着人们的消费观念、需求欲望及特点、购买行为和生活方式。任何企业都处于一定的社会文化环境中，企业营销活动必然受到所在社会文化环境的影响和制约，为此，企业应了解和分析社会文化环境，针对不同的文化环境制定不同的营销策略，组织不同的营销活动。

（4）技术环境（technology） 一个国家和地区的技术水平、技术政策、新产品开发能力以及技术发展动向等。技术对企业经营的影响是多方面的，企业的技术进步将使社会对企业的产品或服务的需求发生变化，从而给企业提供有利的发展机会。如今互联网与人工智能的迅速发展带动了很多新生的产业，也改变了消费者很多消费习惯。市场营销者应该密切关注技术环境，否则公司很快就会被市场所淘汰。

（5）人口环境（population） 与人相关，市场是由人口构成的，因此需要对人口的规模、密度、年龄、性别、民族、家庭类型、受教育程度等方面进行调研。如中国的"80后""90后"等，不同年龄结构的人有不同的生活背景，也导致了不同时代的人不同的特点。性别的不同也导致了不同的市场需求，市场营销者需要考虑不同的消费群体的需求以及男女消费习惯的差异，民族的不同，生活习惯的不同，也存在着不同的市场需求等。

（6）自然环境（natural） 市场营销者需要投入的或受到市场营销活动影响的物质环境和自然资源。如今，人们越来越关注环境保护问题，市场营销者应该意识到自然环境中的主要趋势，原材料的短缺，污染的不断增加，政府对环境保护的日益关注，企业应该推出更加环保的产品以应对消费者需求，承担更多的社会责任，建立良好的生态环境与健康的经济发展。

2.行业及竞争状况调研 行业直接影响企业的发展，因此企业要对行业的整体水平以及竞争状况有一定程度了解。波特五力模型（Five Forces Model）用于竞争战略的分析，可以有效地分析客户的竞争环境。五力分别是：供应商的议价能力、购买者的议价能力、新进入者进入的能力、替代品的替代能力、行业内竞争者现在的竞争能力，如图3-2所示。

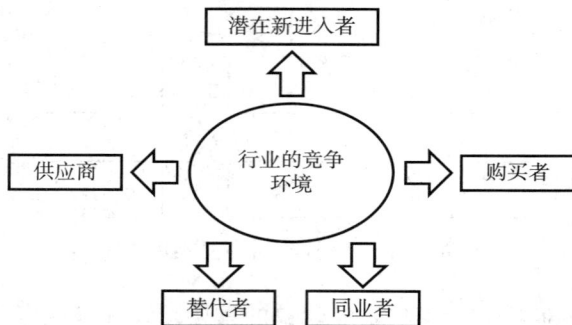

图3-2 波特五力模型

（1）供应商的议价能力 供方主要通过其提高投入要素价格与降低单位价值质量的能力，来影响行业中现有企业的盈利能力与产品竞争力。供方力量的强弱主要取决于他们所提供给买主的是什么投入要素，当供方所提供投入的要素价值构成了买主产品总成本的较大比例、对买主产品生产过程非常重要或者严重影响买主产品的质量时，供方对于买主的潜在议价力量就大大增强。

（2）购买者的议价能力 购买者主要通过压低价格、要求较高的产品质量或索取更多的服务项目等竞争手段，从卖方与竞卖者彼此对立的状态中获利的能力，就是购买者的议价能力。决定买方议价能力的基本因素有两个：价格敏感度和相对议价能力，价格敏感度决定买方议价的欲望有多大，相对议价能力决定买方能在多大程度上成功地压低价格。

（3）新进入者的威胁 新进入者在给行业带来新生产能力、新资源的同时，也希望在已被现有企业瓜分完毕的市场中赢得一席之地，这就有可能与现有企业发生原材料与市场份额的竞争，最终导致行业中现有企业盈利水平降低，严重的话还有可能危及这些企业的生存。竞争性进入威胁的严重程度取决于两方面的因素：进入新领域的障碍大小与预期现有企业对于进入者的反应情况。

（4）替代品的威胁 替代品的竞争会以各种形式影响行业中现有企业的竞争战略，现有企业产品售价以及获利潜力的提升，将由于存在着能被用户方便接受的替代品而受到限制；由于替代品生产者的侵入，使得现有企业必须提高产品质量，或者通过降低成本来降低售价，或者使其产品具有特色，否则其销量与利润增长的目标就有可能受挫；源自替代品生产者的竞争强度，受产品买主转换成本高低的影响等。

（5）同业竞争者的竞争程度 大部分行业中的企业，相互之间的利益都是紧密联系在一起的，作为企业整体战略一部分的各企业竞争战略，其目标都在于使得自己的企业获得相对于竞争对手的优势，所以，在实施中就必然会产生冲突与对抗现象，这些冲突与对抗就构成了现有企业之间的竞争。

3. 市场供求状况调研 市场是企业生存和发展的出发点和归宿，因此企业要对市场的供求状况进行调研，掌握市场及企业产品的需求总量、消费者的需求状况以及整个市场的供应量、供应能力等方面情况，使企业能更有效地满足市场需求。

（1）市场需求调研 一定时期的一定市场范围内有货币支付能力的购买商品或服务的总量，又称市场潜力。对市场的需求状况进行调研主要包括以下三个方面：①市场需求总量调查，包括现实需求量和市场潜量，并重点分析市场潜量，即营销努力达到无穷大时的市场需求量；②目标市场需求调查，明确各细分市场及目标市场的需求量、销售量及市场饱和点；③市场份额调查，研究市场领导力、竞争对手以及本企业的市场占有率、市场地位及变化情况，明确本企业的发展目标及方向。

（2）市场供给调研 市场供给是指在一定时期内一定条件下，在一定的市场范围内可提供给消费者的某种商品或劳务的总量。对市场的供给状况进行调研主要包括以下三个方面：①市场供给总量调查，了解市场上同类商品的供应企业的数量、分布、规模、供应能力及提供商品的质量等方面的情况；②分析商品供应结构，即市场同类商品不同规格的供应比例，调查企业当前目标顾客的需求结构是否能被有效满足；③评价企业目前供货商的供应能力及与企业合作的态度、诚意及可靠性，明确判断企业所需的资源是否具有长期、稳定的供应保障。

4. 消费者行为调研 消费者是企业和其他组织的最终服务对象，只有充分了解消费者，发现消费者真正需要的产品和服务，才能发现更多的机会，不断改进产品和营销组合，真正满足消费者的需求。消费者行为调研，是市场调研中最普通、最经常实施的一项研究，是指对消费者为获取、使用、处理消费物品所采用的各种行动以及事先决定这些行动的决策过程的定量研究和定性研究。

消费者行为调研一般需要了解的信息，即所谓的6W 2H：消费者购买或使用什么产品或品牌（What）、购买和使用产品的消费者是谁（Who）、在什么时候购买和使用（Who）、在什么地方购买和使用（Where）、为什么购买或使用（Why）、从哪里获得产品或品牌的信息（Where）、购买和使用的数量是多少（How much）、如何进行购买决策（How）。

通过消费者行为调研，可以掌握消费者的需求结构及消费行为，明确消费者对同类商品不同规格、不同款式等的需求状况，了解消费者的购买心理、购买动机、购买模式及购买习惯等，分析营销购买决策的主要因素。因此，它是营销决策的基础，与企业市场的营销活动密不可分，消费者行为研究对于提高营销决策水平，增强营销策略的有效性方面有着很重要的意义。

5. 企业内部行为调研 市场营销策划必须根据企业自身情况制定，并与企业总体战略发展方向一致，需要对企业发展战略及使命、内部资源、业务组合及相互关系等进行分析。

（1）企业发展战略及使命 明确企业公司战略、业务单位战略、职能战略三个层次各自的发展方向，掌握公司的组织、权力结构、业务分布与经营状况，明确公司使命、终极目标、公司愿景、主体业务以及为顾客和利益团体创造价值的方式。

（2）企业内部资源　如企业人员供求状况、员工能力与素质、企业招聘与培训机制等人力资源，企业的原材料、生产设备、办公设备等物力资源，企业的流动资金数量、销售额、利润等财力资源等。

（3）企业业务组合及相互关系　掌握公司现有业务情况，并判断每项业务所属类型，即属于问题类（question marks，相对市场占有率低、业务增长率高）、明星类（stars，相对市场占有率高、业务增长率高），还是属于现金牛类（cash cows，相对市场占有率高、业务增长率低）或狗类（dogs，相对市场占有率低、业务增长率低），以便进行资源分配。

（三）方法

1. 文案法　通过查找和阅读相关资料，收集了解有关市场信息，也称二手资料调研、间接调研。文案调研的资料主要来源于内部资料和外部资料两个方面。

（1）内部资料　企业生产经营活动的各种记录，主要包括以下内容。

1）业务资料　与业务经济活动有关的各种资料，如订货单、发货单、合同、发票、销售记录等。

2）统计资料　主要包括各类统计报表，企业生产、销售、库存等各种数据资料以及各类统计分析资料等。

3）财务资料　主要包括各类财务报表，如现金流量表、资产负债表等。

4）其他资料　包括调研报告、年度总结、顾客意见与建议等。

（2）外部资料　公共机构提供的已出版或未出版的资料，主要包括以下内容。

1）国际组织、国家统计机关及各级政府专管部门公布的有关统计资料，如《中国统计年鉴》。

2）各调研机构、行业协会等提供的市场信息和有关行业情报，各企业的年度报告等。

3）国内外相关书籍、文献、期刊、杂志等提供的资料。

4）新闻媒体、互联网提供的各种信息，如中国知网、国家统计局官方网站、各搜索网站等。

5）上市公司公开纰漏的信息，如财务报表及重大投资、经营活动等。

文案调研具有成本低、资料较易查找、耗时短；应用范围广，受调查时间、空间和费用限制比较少；可以研究无法直接接触的研究对象，并且研究对象不受研究者影响等优点，因此常常是市场调研的首选方法，几乎所有的市场调研都可以始于收集二手资料。但是，文案调查法也存在针对性差、时效性弱、可信度低等缺点。具体表现为较多地依赖历史资料，难以适应和反映现实中正在发生的新情况、新问题，搜集的资料往往与调查目的不能很好地相吻合等。而且有些问题可能根本不存在二手资料，因而无法收集。

2. 观察法　调研人员直接或利用仪器来观察、记录被调研对象的行为、活动、反映感受或现场事物来收集原始数据的调研方法。使用观察法进行调研，调研人员不向被调查对象提问，也不用让被调查对象回答，只是通过观察被调查对象的行为、态度和表现，来描述、推测、判断被调查对象对某种产品或服务是否满意。

（1）按照观察借助的手段分类

1）直接观察法　调研人员直接现场查看了解市场的方法，如为了了解商品对消费者的吸引力，调研人员直接到商场或者门店观察顾客的选择情况。

2）痕迹观察法　通过现场遗留的实物或痕迹进行观察，用以了解或推断过去的市场行为，如通过对某小区垃圾清点，推断该小区居民的消费习惯。

3）仪器观察法 很多场合并不适用或需要调研人员亲临现场，因此可以通过录音机、照相机、摄像机及其他监听、监视设备对顾客进行观察。

（2）按照观察时间周期分类

1）连续性观察 在较长的一段时间内，对被观察者连续做多次、反复的观察。

2）非连续性观察 在较短时期内的一次性观察，一般是用于对过程性、非动态性时间的观察。

（3）按照观察所采取的方式分类

1）隐蔽性观察 被观察者在没有意识到自己正在受到观察的情况下进行的观察活动。

2）非隐蔽性观察 被观察者知道自己处于被观察状态，以了解市场调研的目的。相对来说，隐蔽性观察获取的信息更为客观真实。

观察法还可按照调查者是否参与，分为参与性观察与非参与性观察等。

观察法能够客观地获得准确性较高的一手资料，调研情况比较真实，简便易行、灵活性强。可随时随地进行观察，但是观察法只能观察到消费者的表面活动，而无法获得导致行为的内在原因，如消费者的购买动机，而且观察法耗费时间长，费用支出大，对调查员的业务技术水平要求较高。

3. 实验法 在市场调研中，通过实验对比来取得市场情况的第一手资料的调研方法。实验者首先从影响调查对象的诸多因素中选择一个或几个因素作为实验因素，而后保持其他因素不变，研究当实验因素发生变化时对调查对象的影响程度，最后对实验结果进行总结、分析、判断的一种方法。实验法的步骤一般是依据调研主题提出研究假设，并设定自变量；进行实验设计，确定实验方法；选择并确定实验对象，实施实验，并认真做好实验记录；总结实验结果，得出结论。

实验法在收集市场信息资料中应用很广，特别在因果关系调查、新产品试销中，实验法是一种非常重要的工具。例如将某一种产品改变设计、质量、包装、价格、广告、销售渠道以后，研究对销售量会产生什么影响，可以先选一个小规模的市场进行实验，观察顾客的反映和市场变化的结果，然后再决定是否推广。实验法的主要优点在于可以探索不明确的因果关系，实验结果具有较强说服力，能够排除人们的主观偏差。缺点是耗时长、成本高、保密性差，易暴露营销计划的某关键部分。样本和实验难以选择，管理控制等方面也比较困难。

4. 访问法 该法严密性介于观察法和实验法之间，是营销调研中最普遍使用的一种调查方法，也是收集描述信息的最佳方式。访问法既可在备有正式问卷的情况下，也可在没有问卷的情况下进行。访问法在具体做法上也分为很多形式。

（1）面谈访问法 调研人员面对面地向被调查者询问有关问题，以获取相关信息资料的一种方法。包括入户访问、拦截访问、经理访谈以及深层访谈、头脑风暴法等。优点：简单、灵活，可随即提出问题，被调查者可充分发表意见，利于获取较深入、有用的信息，调查问卷回收率高，可提高调查结果的可信度。缺点：成本高、时间长、范围有限，调查结果受调查者素质、调查问题的性质和被调查者合作态度的影响。

（2）邮寄访问法 调研人员将预先设计好的问卷以邮寄的方式送至被调查者手中，并请被调查者按照要求将问卷完成并寄回，从而获取信息资料的方法。优点：调研成本低、区域广，被访问者自由度大、匿名性好，得到的信息资料较为客观真实。缺点：回收率低、反馈周期长。

（3）电话访问法 调研人员利用电话与被调查者进行语言交流，从而获取信息，采集数据的一种方法。优点：速度快、成本低。缺点：不易得到被调查者的合作，拒答率较高，访问时间受限，不适合层级式问题，调研难以深入。电话调研广泛运用于顾客满意度调研、就业调研、民意测验等。

（4）在线访问法　在互联网上广泛发布问卷。在一定的时间内，征询一切应答者的回答，而后通过预先设定的程序对应答者的意见进行回收和统计的市场调研方法。优点：方便快捷，能引人注意，有比较好的回收率。缺点：很难对调查对象进行分类，往往只能一些简单的问题，不适宜深入。适用于一些不需要花费很多时间和精力就可以完成的问卷，以及令调查对象感兴趣的问题的调查。

（5）留置问卷法　由调研人员将事先设计好的问卷或调查表当面交给被调查对象，并说明回答问题的要求，留给被调查者自己填写，约定时间后再取回。优点：回收率高，而且对提问有误解可以当而澄清，被调查者有充足的时间填写问卷且不受调研人员的影响。缺点：调研范围有限，调研费用较高。

（四）作用

市场调研具有三种功能：描述、诊断和预测。

描述功能是指通过信息资料的收集实事求是地进行陈述，它是对特定的市场情报和市场数据进行系统的搜集与汇总，以达到对市场情况准确客观的反映和描述。例如，某个产品的市场占有率如何？竞争企业的状况如何？不同消费群体在消费习惯上有什么差异？

诊断功能是指对某种信息、现象和行为的解释，或者说为了达到某种目的，应采取哪些必要的措施。例如，产品包装和价格变化对销售会产生什么影响？顾客忠诚度的影响因素？产品或服务如何调整能吸引消费者？

预测功能是指通过对所收集的信息资料的整理和研究，发现外部环境中存在哪些有利于企业发展的机会，企业如何更好地利用和把握这些正在变化中的机会。例如，消费者需求会如何变动？如何预测并抓住不断变化的市场中出现的机会？

正是由于营销调研具有以上功能，市场营销调研对企业有着至关重要的作用，主要表现在以下几个方面。

（1）有利于为企业决策或调整策略提供客观依据。企业通过营销调研了解和掌握市场及其营销环境的基本状况和发展趋势。了解和掌握企业自身的经营资源和条件，才能根据市场需求及其变化、市场规模和竞争格局、消费者意见与购买行为、营销环境的基本特征，科学地制定和调整企业决策，使企业的营销活动与市场要求相符合，企业的发展模式同外部环境相适应。

（2）有利于准确地进行市场定位，更好地满足顾客需求，增强竞争力。顾客需求多种多样，而且经常发生变化，企业无法满足所有顾客需求，企业只有通过市场调研，才能了解和掌握顾客的需求变化情况并进行准确的市场定位，按其需要提供产品和服务，避免营销近视症，从而确定竞争优势，使企业在激烈的市场竞争中立于不败之地。

（3）有利于企业发现市场机会，开拓新市场。通过市场营销调研，可以使企业随时掌握市场营销环境的变化，并从中寻找到新的市场机会，为企业带来新的发展机遇和新的经济增长点。随着科学技术的进步，企业只有通过市场调研，了解最新的市场需求状况，分析市场空缺，确定如何推出新产品满足顾客需求，才能把握市场机会，使企业不断开拓新市场。

（4）有利于企业建立和完善市场营销信息系统，提高企业的经营管理水平。市场营销调研系统是市场营销信息系统非常重要的子系统，通过持续、系统的市场营销调研，企业可以加深对市场机制作用及方式的了解，提高对影响市场变化诸因素及其相互联系的认识，把握行业发展态势，了解消费者需求、竞争产品的市场表现，评估和监测市场运营情况，从而提高企业的经营管理水平。

营销近视症

营销近视症（marketing myopia）是著名的市场营销专家、美国哈佛大学管理学院西奥多·荣维持教授在1960年提出的一个理论。营销近视症是指不适当地把主要精力放在产品上或技术上，而不是放在市场需要（消费需要）上，其结果导致企业丧失市场，失去竞争力。这是因为产品只不过是满足市场消费需要的一种媒介，一旦有更能充分满足消费需要的新产品出现，现有的产品就会被淘汰，同时消费者的需求是多种多样的，并且不断变化，并不是所有的消费者都偏好于某一种产品或价高质优的产品。

三、问卷设计

市场调研是一项复杂、细致的工作，是一个由不同阶段、不同步骤相互联系、相互连接构成的统一整体。为了确保市场调研的质量，使整个调研工作高效有序，必须加强组织工作，合理安排调研程序。市场调研主要有调研准备、调研的设计和实施、调研总结。

（一）调研准备

1.确定调研问题　营销调研人员根据决策者的要求或由市场营销调研活动中所发现的新情况和新问题，提出需要调研的课题。许多情况下，营销调研人员对所需调研的问题尚不清楚或者对调研问题的关键和范围不能抓住要点而无法确定调研的内容，这就需要先收集一些有关资料进行分析。因此，通常在正式调研之前都要进行一项非正式调研，即探索性调研。目的是确切地掌握问题的性质和更好地了解问题的背景环境，以便节省调研的调研费用、深入了解调研问题、缩小调研范围。

2.明确调研目标　市场调研首先要解决的问题。从总的方面看，市场调研的目的是提供市场信息，研究市场发展和经营决策中的问题，为企业制定决策服务。但每一次市场调研的具体目的又不尽相同，所以要明确为什么要做这次调研，通过市场调研能了解哪些情况，调研的结果有什么用途。以后的整个调研过程都要围绕这个目标展开。

（二）设计调研方案

调研方案的设计是指为实现调研目标而制定调研计划书，是调研项目实施的行动纲领，以保证调研工作的顺利进行。调研方案的设计需遵循一些基本原则：①必须遵循科学性原则，只有科学的设计才能从根本上确保问题得到科学的解决。②必须从实际情况出发，在讲求科学性的同时，还要有可行性，只有操作性强的调研方案，才能真正成为调研的行动纲领。如果设计的要求在实施中难以达到，调研的最终目标就无法实现。③必须有效，方案有效性指在一定的经费约束下，调研结果的精度可以满足研究目的的需要。科学、可行和有效侧重于不同的方面，好的调研方案需兼顾好这些方面，以最小的投入取得最大的调研效果。一份完整的调研方案通常包括以下内容。

1.确定调研目的、主题与调查类型

（1）市场调查　系统地识别、收集、分析、分配和使用信息，目的是发现营销问题并提出有效对策。确定市场调查目的就要明确，通过调查活动要解决哪些问题，获取什么样的资料，取得的这些资料有什么用途等，市场调查的目的决定了调查的主题、内容和方式等，所以在市场调查方案设计中，应首先明确调查的目的，然后才能进行调查方案设计的其他内容。

（2）调查主题　根据调查目的确定的开展调查活动的中心，围绕调查主题就可以确定具体的调查内容与项目。有了主题，调查活动就可以明确向调查对象了解什么问题。调查主题与内容的界定，除了考虑调查目的和调查对象的特点，还需要注意：①确定调查主题与内容是调查任务所需，是能够获得答案的。符合调查目的的需要且可以取得的内容，应列入调查内容中，否则不要列入。但也要注意，调查的内容或项目不宜过多。②调查内容必须表达明确，要使答案具有确定的表达形式，否则被调查者会产生不同理解而给出不同的答案，造成汇总的困难。③调查内容之间尽可能相互关联，使取得的材料相互对照，以便了解现象发生变化的原因、条件和后果，从而检查答案的准确性。④调查内容要明确、肯定，必要时还可以附以调查内容的解释。

（3）调查类型　可根据不同的调查目的、主题和内容，分为探索性调查、描述性调查、因果关系调查和预测性调查四种类型。不同的调查类型具有各自的特点与目的，可满足不同的调查需要。

2.确定调查对象与范围　调查对象是根据市场调查目的而选择的市场参与者，是根据调查任务和目的，确定本次调查的范围及需要调查的现象的总体，也就是解决向谁调查的问题。调查对象可能是某些性质相同的单位所组成，也可能是单个的消费者或家庭。例如，一家生产血液透析机的医疗器械制造商，它在开展市场调查时的调查对象可能是医院等医疗机构；而一家生产血糖仪的厂家，它开展市场调查活动时调查对象可能是单个消费者或家庭。

在明确调查对象的基础上，还要确定在何种范围内对调查对象展开调查活动。调查范围的确定，主要根据调查主题性质、企业市场范围等多方面因素来综合权衡。此外，调查范围确定还涉及被调查对象数目的确定，是对市场中所有调查对象进行调查，还是从其中抽取部分开展调查，这就涉及调查样本的确定。

通常情况下，企业很少会采用对所有调查对象个体进行全部调查的普查，更多情况下，企业是在调查对象与范围确定的基础上，从总体中抽取部分个体展开调查活动，这就是抽样调查。抽样调查是指从调查总体中抽选出一部分个体作为样本进行调查，并根据抽样样本的结果来推论总体的一种专门的市场调查技术。抽样调查是一种被广泛使用的调查技术，包括随机抽样调查和非随机抽样调查两大类方式。

（1）随机抽样　又称概率抽样，是对总体中每一个个体都给予平等的抽取机会的抽样技术。在随机抽样中，每个个体抽中或抽不中完全靠机遇，排除了人为主观因素的干扰，主要包括简单随机抽样、分层随机抽样、分群随机抽样、等距抽样等。

1）简单随机抽样　又称单纯随机抽样，按随机原则对总体单位进行无目的的选择，以纯粹偶然的方式抽取样本。常用的方法有抽签法、乱数表法。

2）分层随机抽样　又称分类随机抽样，是把调查总体按照某种属性的不同分为若干层次或类型，然后在各层或类型中按照简单随机抽样方式，根据计算出的每一层或类型的样本数抽取样本的一种抽样技术。

3）分群随机抽样　又称整群抽样技术，是把调查总体区分为若干群体，然后用单纯随机抽样方式，从中抽取某些群体进行全面调查。

4）等距抽样　又称系统抽样、机械随机抽样技术，是将总体中的个体先按一定标志顺序排列，并根据总体单位数和样本单位数计算出抽样距离（相同的间隔），然后按相同的距离或间隔抽选样本单位。

（2）非随机抽样　又称非概率抽样，是对总体中每一个个体不具有被平等抽取的机会，而是根据一定主观标准来抽选样本的抽样技术。在非随机抽样中，一般按主观设立的判断标准或仅按方便的原则来进行抽样，主要包括方便抽样、判断抽样、配额抽样、固定样本连续调查和滚雪球抽样。

1）方便抽样 一般由调查人员从工作方便出发，在调查对象范围内随意抽选一定数量的样本进行调查，一般只用于预调查和探索性调查，正式调查比较少用。

2）判断抽样 由调查人员或专家根据自己的主观分析和判断，来选择那些适合的样本个体作为调查对象。

3）配额抽样 将总体按一定标志（控制特征）分层，然后按一定的特征规定进行各层样本分配（配额），各层样本再由调查人员按配额内的数量和要求，用方便或判断抽样方式自由选取具体的个体作为样本。

4）固定样本连续调查 把选定的样本单位固定下来，长期进行调查的一种方式。这种调查方式的调查对象稳定，可以及时全面地取得各种可靠的资料，具有费用低、效果好的优点。

5）滚雪球抽样 以少量样本单位为基础，通过对这些少量样本的逐步延伸以获取更多样本单位，直至达到调查要求的样本数量。

3.选择调研方法 营销调研的方法很多，常见的有四种，其中最简单的是文案法，通过各种渠道收集二手资料了解有关市场信息。然而由于二手资料的局限性，当二手资料不足以解决问题时，市场营销人员需要自己收集原始数据，即实地调研，主要有观察法、实验法、访问法等。

4.确定调查时间与地点 调查时间是指调查在什么时候进行，需要多长时间来完成。市场信息数据通常有一定时效性，根据企业具体工作的要求，来确定展开调查的时间以及整个调查过程的期限，以便提供即时市场信息数据。调查地点是指在何处展开调查，通常和调查实施者与被调查者地点相关。

5.编制调查计划进度表 市场调查进度表是对市场调查总体进程的规划与安排，也就是在规定的时间和资源约束的条件下完成任务的计划安排，见表3-1。

表3-1 市场调查进度样表

序号	调查活动过程名称	实施天数
1	确定调研主题、目标	1
2	确定时间、范围、对象	1
3	确定调查方法	1
4	设计问卷	2
……	……	……
合计		……

6.编制费用预算 调查项目的实施需要一定的经费支持，调查费用会因调查主题、调查样本数量及调查区域范围的不同而有所差异。在市场调查过程中，应对调查费用进行预算，合理安排与控制整个调查过程及调查各阶段的费用开支，确保调查工作顺利开展，见表3-2。

表3-2 调查费用预算样表

序号	费用名称	费用金额（元）
1	方案策划或设计费	1000
2	调查问卷设计费、印刷费	1000
3	调查实施费	5000
4	数据统计分析费	2000
……	……	……
合计		……

7.编制市场调查方案书 市场调查方案书是对整个市场调查活动的全盘安排，通过编制调查计划形成调查方案书，为调查者实施调查活动提供依据，确保整个调查活动按部就班，有序开展。作为一个完整的市场市场调查方案，一般包括前言、调查目的和意义、调查内容范围、调查方法、调查进度及经费预算、附件。

（三）设计调研问卷

问卷是指调研人员依据调查的目的要求。以一定的理论假设为基础制作，它由一系列的问题和备选答案及其他辅助内容组成。调查问卷是通俗的调查方式，且不需要直接面对被调查者，一份设计科学、完整的问卷可以大量节省调查过程中的人力、物力、成本和时间，提高信息收集的效率。它是市场调查中应用最广泛的一种测量工具。

1.调查问卷的结构

（1）标题 问卷的标题表明了这份问卷的调查对象和调查主旨，能使被调查者对所有回答的问题有一个大致的了解。问卷标题要简明扼要，切中主题，易于引起回答者的兴趣。

（2）说明信与指导语 问卷卷首一般要有对被调查者的问候与简要说明。说明信的设计应语气亲切诚恳、有礼貌，简要说明调查目的、意义、主要内容、调查的组织单位、调查结果用途、保密措施等，引起被调查者对问卷的重视和兴趣，消除被调查者的紧张和顾虑。指导语旨在规范与帮助被调查者填写问卷，可写在问卷说明中，例如问卷答案没有对错之分，请根据实际情况填写；也可分散到相关问题中。

（3）正文 包括所要调查问题的全部，主要由问题、答案及指导语构成。这部分的好坏直接影响整个调查水平的高低。调查的问题要由浅入深、由易到难。问卷的问题主要分为封闭式问题和开放式问题，不同类型的问题要根据调研目的结合使用，充分挖掘所需信息。

1）开放性问题 没有设定答案，由被调查对象用自己的语言自由进行回答。如产品满意度调查问卷中经常有"您对购买的手持式按摩器有什么意见或建议？"开放性题的优点是可以使被调查者各抒己见，避免了固定答案可能带来的诱导，可能收集到一些为调查者所忽略或意想不到的答案、资料或建设性的意见；缺点是增加了回答的准度，可能导致部分被调查者怠于回答。同时因为自由回答，答案很多且各不相同，给资料的整理和分析工作造成困难。

2）封闭式问题 在调查问卷上已经事先设定了答案，调查对象只能在已经设定的答案中进行选择，具体包括单选题、多选题、是非题、多项排序题、量表题等。例如"您是否使用过手持式按摩器？"答案只有"是"或"否"。封闭式问题的优点是答案标准化程度高，便于被调查者选择，节省了调查时间，也便于资料的整理分析和统计；缺点是限制了被调查者的选择，给出的选项可能有诱导性，当被调查者找不到合适的答案时可能随意选择，影响答案的真实性。

（4）调查对象的背景资料 包括性别、年龄、民族、文化程度、收入水平、婚姻、职业、单位、联系方式等，目的在于进行资料统计与分析时对不同特征分类。在实际调查中要根据具体需要选定询问的内容，若不需要统计被调查人员特征，则不需要该部分内容。这类问题往往放在问卷的末尾，也可放在问卷的开头。

（5）致谢 在访问调查完成后，要对被调查者的友好配合与帮助表示感谢。

（6）调研人员资料及问卷编号 为便于查询、核实、奖励及明确责任，问卷需包含调研人员姓名，实施调研的时间、地点、联系方式及问卷编号等。一般来说，规模较小的问卷调查没有此项内容。

2.调查问卷的设计程序

（1）确定调研目的和信息来源 编制问卷前，要清楚调研的目的是什么，调研对象是谁，要收集哪些信息。列出需要收集的信息，明确哪些信息可以通过问卷获得。

（2）确定数据收集方法 获得询问数据可以有多种方法，包括面谈、电话访问、邮寄访问、留置问卷等，根据被调查群体的属性及特征确定调查的范围、抽样方式以及采用何种调查方式，设计相应的问卷。

（3）设计问题及答案 首先，根据调研的目的及所需信息，集思广益，设计能获得相应信息的问题；其次，确定问题的类型，即开放式或封闭式，问句需用词清楚，避免诱导性的用语，考虑应答者回答问题的能力及意愿；最后，问题选项应尽量包含所有可能，例如，可增添"其他＿＿＿"选项。

（4）确定问题的顺序和编排 问卷不能任意编排，问卷每一部分的位置安排都具有一定的逻辑性。首先，运用过滤性问题将不合格应答者剔除；其次，将容易回答的问题放在前面，复杂、敏感问题放在后面；最后，按照正常的逻辑顺序进行排序和问题分组，以免思维来回跳跃。

（5）评估问卷 问卷草稿设计好后，问卷设计人员应再回过来做一些批评性评估，对问卷的措辞反复推敲。

（6）小范围试测和修改完善 将问卷在小范围内发放，进行试答，确认每一个问题都能被充分理解与回答，接受各方的建议与意见，不断修改完善问卷。

（7）完善问卷排版 完成问卷设计，按照计划发放并回收。

3.问卷设计注意事项 许多人认为，只要把问卷设计好了，是否依循问卷设计的程序并不重要，事实证明，问卷设计过程中，如果不按照一定的程序，往往无从下手，即使勉强设计出了问卷，也会出现许多问题，导致收集不到全面的、合格的数据。因此，设计问卷首先要严格遵循问卷设计的程序。其次，问卷长度要适中，适量设计问题数量，过多或过烦琐的问卷会使被调查者厌烦。最后，在问题设置过程中，要注意以下事项。

（1）问题设计避免主观想象 只凭主观想象来设计问题，通常会出现问题表述不清，选择涵盖不全面、相互交叉，问题覆盖范围不全，语言表述不准确等问题，最终导致无法收集到有效的数据。

（2）提问内容要尽可能短而明确 例如，"您对这款电子血压计的印象如何？"这样的问题过于笼统，很难达到预期效果，可具体提问"你认为该款电子血压计功能是否齐全？""性价比是否恰当？"

（3）明确问题的界限和范围 问卷设计必须考虑时效性，对时间过久的事件，人们很容易忘记，尽量避免提问很久之前的事件；另外在设计问答时，尽量避免和减少类似于经常、一般、普遍等模糊词汇，以确保答案准确有效。

（4）避免诱导式提问 调查的最基本要求是客观和真实，问句不能暗含答案或假设，不能加入调查者的主观观点和倾向，带有诱导性质的问句将影响市场调查结果的真实性和可靠性。

（5）避免敏感性问题 所提问题应该是被调查者愿意并且能够回答的问题，问卷设计者应尊重被调查者，尽量避免涉及被调查者个人隐私或给对方造成尴尬的问题。若要了解某一方面对方不愿回答的问题，应尽可能间接、委婉。

四、实施

市场营销调研的实施阶段的主要任务是根据调研方案，组织调查人员深入实际收集资料，它又包括实施调查准备和实施调查活动两个工作步骤。

（一）实施调查准备

1.组织并培训调研人员、熟悉并理解调查内容　企业往往缺乏有经验的调研人员，要开展营销调研首先必须对调研人员进行一定的培训，目的是使他们对调研方案、调研技术、调研目标及与此项调研有关的经济、法律等知识有明确的了解。对调查员的培训方法主要有集中授课、单独指导、模拟训练与实际操作训练等。

2.准备项目开展需要的物品　实施调研活动前需准备项目开展需要的物品，如入户访问需要准备印刷的问卷、访问指南、审卷指南、访问介绍信、访问员登记表、时间安排表等，不同调查方法实施调查前的准备工作不尽相同。

3.其他准备事项　掌握实地调查注意事项，选择合适的地点、合理安排时间、核实开展工作的条件等。

（二）实施调查活动

按照调研方案的要求，通过各种调研方法来进行资料收集。实施调查过程可能由于采用的不同调查方法而有所差异，在此以问卷调查实施过程为例。

1.调查实施过程

（1）接触被调查者　与调查对象的最初接触决定着调查能否顺利进行。一般而言，调查员应该向被调查者说明他们的参与是非常重要的但是不必特意征求其允许再提问，避免使用"我能占用您一点时间吗？"或"您能回答几个问题吗？"等问题。

（2）提问　如果问卷是事先设计好让被调查者填写的，那么提问的环节并不重要。调查员只要指导被调查者填写问卷就可以了。但是，如果问题需要调查员提出来，并由调查员记录答案，那么提问时的措辞顺序和态度就很重要，这些方面的微小变化都可能导致被调查者对问题有不同的理解，从而给出不同的回答。提问时应注意对问卷需完全熟悉，按顺序提问，控制提问速度，有时进行必要的解释，不遗落问题，适时重复问题，适时追问原则。

（3）记录答案　当问题需要调查员提出并记录时，记录答案并非像看起来那么简单。调查的组织者要力求使所有的调查员使用同样的格式和语言，记录访谈的结果并进行编辑整理。记录答案时要求在访谈过程中记录答案，使用被调查者的语言记录，不要自己概括或解释被调查者的回答，记录所有与提问目的有关的内容，记录所有的追问和评论，在允许的情况下，使用录音设备。

（4）结束访谈　在结束访谈时，如果被调查者希望了解调查的目的，调查员应该回答。调查员需要感谢被调查者的配合，要给被调查者留下一个好印象。在没有得到所有信息之前，不要轻易结束访谈。另外，被调查者在正式回答完问题以后对调查本身做出的评论，最好也记录在案。

2.监控调查员　管理调查员是负责整个调查过程中调查访问人员的有意识或无意识的作假行为而设置的调查监控人员，其目的是为了确保调查人员严格按照培训中的指示进行调查，内容包括质量控制、抽样控制、作弊行为控制等。

3.现场核实　目的在于证实调查员提交的调查结果是真实的。为了进行验证，调查的组织者通常需要对调查对象的部分单位进行核查，询问是否确实接受过调查员的调查。另外，还要了解调查实际进行的时间长度、访谈的质量、调查对象对调查员的反应以及被访者的人口统计特征（如年龄、性别和家庭住址等）。其中，后者经常被用于核实调查员在问卷中记录的信息是否准确。

4.评估调查员　及时对调查员进行评估，一方面有助于调查员了解自己的工作状况，找到差距，进行改进；另一方面有助于研究机构寻找并建立素质更高的调查队伍。评估的标准包括成本、时间、回答率、访谈质量和数据质量。

（三）调研总结

1.资料的整理和分析　通过销售调查取得的资料往往相当凌乱，有些只是反映问题的某个侧面，带有很大的片面性或虚假性。因此，需要对所采集的各种资料加工处理，形成系统、规范化、符合客观规律的资料，具体分为四个步骤：第一步，将数据资料分类；第二步，审查，验证数据是否正确，修订或剔除不符合实际的数据；第三步，数据编码及录入；第四步，对数据进行分析，即运用统计分析技术对数据进行分析，并由此描述和推断总体特征，揭示事务内部关系。

2.编写调研报告　调研活动的结论性意见的书面报告。编写原则应该是客观、公正全面地反映事实，以求最大限度地减少营销活动管理者在决策前的不确定性。调研报告包括的内容有：调研对象的基本情况、对所调研问题的事实所做的分析和说明、调研者的结论和建议。

3.跟踪反馈　为了更好地履行调研工作的职责，调研人员应持续关注市场变化情况，跟踪调查、总结经验，不断提高调研水平。主要包括检验调研方案是否符合实际，总结调研过程中成功和失败的经验教训，确定是否有尚未解决的问题。

（四）调研报告结构与注意事项

市场营销调研报告是一系列信息的组合，是记载调研成果的书面报告，是经历了调研、分析、整理成文之后最终形成的书面材料。它将调研的结果、结论、建议等重要信息传递给客户，为客户提供决策依据。

一份高质量的调研报告不仅能向客户正确地传递信息，而且会帮助建立调研公司的信誉。将调研结果有效地向客户展示出来是营销调研过程的最重要的方面之一。许多营销管理人员不参与任何调研过程，仅通过调研报告来了解整个营销调研项目，他们通常会根据报告的质量来衡量项目的质量。如果不能将调研报告的内容与客户有效沟通，则整个调研过程中所付出的时间和精力就会付诸东流。

1.内容　常用的营销调研报告一般包括三大块：前言、报告主体、附录。

（1）前言　包括报告封面、内容目录、执行摘要。

1）封面　通常包括报告题目，要尽可能地提供有关报告目的和内容的信息，研究人员或组织的相关信息；委托单位名称，即为哪个单位或个人提供调研服务；报告完成日期。

2）目录　整个书面报告的内容目录，帮助企业快速找到每一章节在报告中的相应位置。

3）摘要　对调研报告主体部分的高度概括和总结，包括调研目标、调研方法、调研结果的简单论述，结论及建议以及其他相关信息。

（2）报告主体　市场调研报告的主体部分，这部分必须准确地阐明全部有关论据，包括从问题的提出到引出的结论，论证的全过程，分析研究问题的方法，还应当有可控市场活动的决策者进行独立思考的全部调查结果和必要的市场信息，以及对这些情况和内容的分析评论。

1）引言　调研报告的引言应该包括对研究问题及其背景的陈述，以及对研究过程的简要描述，一般还应包括研究目的描述。

2）研究设计　说明研究是如何进行的，包括研究的性质、所需信息、二手数据和原始资料收集、量表技术、问卷设计和试填、抽样技术和实地调研。

3）数据分析　将调研所得以经过统计分析的数据报告出来，通常与图形和表格的形式描述，并配以相应文字对数据资料所隐含的趋势、关系或规律加以客观描述。

4）结论与建议　调研报告的关键部分，也是最吸引人之处。其中，结论是以调研分析结果为基础得出的结论或决策。建议是根据结论而提出的工作及行动建议，是调研机构对整个调研项目的总结。

5）局限性　任何调研都难免受到样本界定误差或随机误差的影响，同时又受时间、预算、资源或其他条件的约束和限制。因此应以客观的态度对所调研项目的局限性进行相关说明。

（3）附录　提供一些必要的细节信息，如访问提纲、调查问卷、抽样细节与统计方法的补充说明、工作进度安排，调查或取得原始数据图。

2.撰写要求　一份好的市场调研报告不仅要精心设计报告内容，同时要合理地组织安排报告结构和格式，更重要的是应以客户导向为基础。调研人员在准备调研报告时，应考虑到制定各决策的个性、背景、专业和责任感，采用相应的方式准备研究报告，将报告重心放在某几个关键点上。以下是撰写市场调研报告的要求。

（1）逻辑清晰　撰写市场调研报告应按照调研活动展开的顺序，前后衔接、环环相扣，使调研报告结构合理、符合逻辑，并对必要的重复性调研工作进行适当说明。通常通过设立标题、副标题、小标题并标明项目的等级符号以增强报告的逻辑性。

（2）准确无误　报告的准确性不仅是指语法、标点符号和拼写，更重要的是其内容要叙述正确。报告中不要堆砌很多与调研目标和调研主题无关的资料和解释说明形成脱离目标的结论，而是应尽量切合实际地提出调研建议。

（3）简明扼要　有些调研人员误认为报告越长，质量越高，并试图将自己获知的所有信息均纳入报告之中，从而导致"信息冗余，重点不突出"。因此，应重视调研报告的质量，一份优秀的调研报告应该是简洁、有效、重点突出，避免篇幅冗长。

（4）结论明确　报告的结论与建议是报告的核心。撰写时，应确保经过了充分的论证，果断，切忌模棱两可。

（5）定量与定性分析相结合　一份优秀的调研报告既不能通篇是文字说明，又不能将所有的定量分析结果罗列，这些使用高技术手段和过度使用定量技术的形式往往给人们的阅读及理解造成干扰和困难。因此，撰写调研报告要将定量分析与定性分析相结合。

（6）增强可读性　图表等视觉供给能够直观地显示出所要陈述的内容，辅以相关文字进行说明，增强调研报告的可读性。

五、市场需求预测

市场需求预测的方法一般分为定性预测法和定量预测法。

1.定性预测法　是由预测者根据历史资料和现实资料，依据个人判断和综合分析能力，对市场未来的变化趋势进行的预测。常用的方法有购买者意向调查法、综合销售人员意见法、专家意见法（德尔菲法）等。

2.定量预测法　是根据市场调查所得到的统计资料，运营数理统计方法，建立数学模型，据此预测经济现象未来数据的方法总称。主要包括时间序列分析法、直线趋势法和回归分析法，在此重点介绍直线趋势法。直线趋势法又称直线趋势预测法，以直线斜率表示增长趋势的外推预测方法。即根据历史数据，观察期的时间序列数据表现为接近一条直线，表现为近似值的上升和下降时所采用的一种预测方法。依据公式为：

$$Y = \sum Y/n + \sum XY / \sum X^2 \times X$$

式中：Y即年销售额或销售总量；n即观察期（已知）的年份数；X即n为奇数或偶数时的取值。

若n为奇数，则取X的间隔为1，将$X=0$置于资料期中的中央一期；若n为偶数，则取X的间隔为2，将$X=-1$与$X=1$置于资料期中央的上下两期。

例题：假如某医疗器械企业2019—2023年的销售额分别为480万元、530万元、570万元、540万元、580万元，现运用直线趋势预测法预测2024年的销售额。由于$n=5$为奇数，则取X间隔为1，故将$X=0$置于资料期的中央一期（即2021年），所以X的取值依次为-2，-1，0，1，2；XY依次为-960，-530，0，540，1160；X^2依次为4，1，0，1，4，所以：$\sum Y=2700$，$\sum XY=210$，$\sum X^2=10$。

为帮助读者更清楚地理解，现将上述计算内容通过列表计算进行说明：

年份	销售额Y（万元）	X	XY	X^2
2019	480	-2	-960	4
2020	530	-1	-530	1
2021	570	0	0	0
2022	540	1	540	1
2023	580	2	1160	4
合计	2700	0	210	10

将表中计算结果代入公式：

$$Y=\frac{2700}{5}+210/10 \times X$$

由于预测2024年销售额，当年对应的X取值为3，代入上式，得出：

$$Y=540+21 \times 3=603（万元）$$

通过直线趋势预测法得出2024年的销售额为603万元。

岗位对接

本章主要介绍了医疗器械经营与管理及其他医疗器械相关专业学生成为合格医疗器械销售及售后工程师必须掌握的内容。

本章对应岗位包括营销师、医疗器械购销员、医疗器械销售、医疗器械质量管理员等。上述从事医疗器械销售及服务等岗位的从业人员均需掌握医疗器械服务道德规范基本内容，医疗器械从业人员应对市场有整体了解，并会撰写市场调查方案书，设计调查问卷；能运用各种调查方法独立完成相应调查活动；进行调查资料数据整理与分析；撰写调查报告，并能够根据不同对象进行调查结果汇报工作。

本章小结

市场调查的目的是为了获取必要的市场信息，帮助企业发现营销问题，并提出有效的对策供经营决策参考，在医疗器械企业经营过程中十分重要。医疗器械市场调查方案书是对整个调查活动的一个策划安排，是后续调查工作开展的依据。调查报告是在总结调查结果的基础上，为决策者提供详细的调查过程、结果的信息。问卷是市场调查的一个重要工具，调研人员需解了问卷的构成和问卷设计的程序、调查资料的分析与整理、调查问卷的回笼与审核、问卷编码、数据录入和调查资料的统计分析，并会根据结果进行调查报告的撰写。

习题

习题

一、单项选择题

1.由人、设备和程序组成，为营销决策者收集、挑选、分析、评估和分配所需要的、适时的和准确的信息，这被定义为（　　）。

  A.营销信息系统   B.营销分析系统   C.内部报告系统   D.营销调研系统

2.运用科学的方法，有目的有计划地收集、整理和分析研究有关市场营销方面的信息，提出解决问题的建议，供营销管理人员了解营销环境，发现机会与问题，作为市场预测和营销决策的依据，我们称之为（　　）。

  A.营销信息系统   B.市场调研   C.市场预测   D.决策支持系统

3.企业在情况不明时，为找出问题的症结，明确进一步调研的内容和重点，通常要进行（　　）。

  A.探测性调研   B.描述性调研   C.因果关系调研   D.临时性调研

4.在已明确所要研究问题的内容与重点后，拟定调研计划，进行实地调查，收集第一手资料，如实地反映情况和问题，这属于（　　）。

  A.探测性调研   B.描述性调研   C.因果关系调研   D.定期性调研

5.为了弄清市场变量之间的因果关系，收集有关市场变量的数据资料，运用统计分析和逻辑推理等方法，判明变动原因以及它们变动的规律，这属于（　　）。

  A.探测性调研   B.描述性调研   C.因果关系调研   D.定期性调研

6.用抽样方法从母体中抽出若干样本组成固定的样本小组，在一段时期内对其进行反复调查以取得资料，这种资料收集方法是（　　）。

  A.分群随机抽样   B.固定样本连续调查 C.类型抽样   D.滚雪球抽样

7.通过直接询问购买者的购买意向和意见，据以判断销售量，这种购买者意向调查法适用于（　　）。

  A.长期预测   B.短期预测   C.消费品预测   D.中期预测

8.电话调查法的优点是（　　）。

  A.结果客观   B.速度快   C.成本高   D.灵活性强

9.面谈调查法的缺点是（　　）。

  A.真实性差   B.回收率低   C.成本高   D.调查范围受限

10.邮寄调查法的优点是（　　）。

  A.调查结果较为客观 B.回收率高   C.灵活性强   D.速度快

二、简答题

某医疗器械公司即将生产一款新型体温测量仪–遥控体温计，为了解该产品市场需求、品牌知名度及竞争状况等信息，需要开展一次全国性的市场调查。

要求：请你就上述资料，结合所学知识，制定一份市场调查方案书。具体内容如下。

1.请设计调查目的和调查主题。

2.确定调查的方法、范围、调查对象、调查进程、调查费用预算清单。

3.请设计一份关于新型体温测量仪–遥控体温计的市场调查问卷。

（李味味）

第四章　医疗器械市场细分与定位

> 📖 **知识目标**
>
> 　1. **掌握**　市场细分的原则与依据；目标市场选择模式；市场定位的策略。
> 　2. **熟悉**　消费品市场、生产资料市场、服务市场细分的标准；市场定位的重要性。
> 　3. **了解**　市场细分的概念与作用；目标市场、目标市场选择的概念；市场定位的概念；重新定位及其条件。
>
> 👉 **技能目标**
>
> 　1. **学会**　医疗器械市场细分的依据要素；如何进行市场细分；如何进行目标市场选择，并对企业在目标市场进行恰当的市场定位。
> 　2. **具备**　分析医疗器械市场，并依据地理、人口、心理、行为等因素对整体市场进行细分的能力；合理进行目标市场选择、定位的能力。

第一节　市场细分

💬 **案例讨论**

　　案例　众所周知，早期开发的轮椅以手动轮椅为主。手动轮椅可以折叠，储存或放置于汽车后备厢，需要借助患者胳臂的力量来移动它们。通过市场调研发现，女性患者、重度瘫痪人群及需要移动较大距离者，手动轮椅无法满足其需求。医疗器械厂商适时开发出了电动轮椅，并安装上了刹车引擎及喇叭，以满足认知能力不错、很快学会操纵的需求人群。同时，视患者情况，厂商推出了特制轮椅，以满足不同身高、体型患者的个性需求。

　　讨论　请思考医用轮椅市场如何细分？

一、定义和作用

（一）定义

　　在市场经济条件下，市场是棵常青树，永远不会疲软。只有疲软的商品，没有疲软的市场。在任何时候，市场上都存在着一些未被满足的需求，这种未被满足的需求就是市场机会。所谓市场机会，是指已经出现或即将出现在市场上，但未得到满足或完全满足的市场需求，也就是消费者对某种商品或服务的潜在需求。哪里有未被满足的需求，哪里就有市场机会。

　　顾客决定企业的生存与发展，控制企业的前途和命运，可以说谁占有更多的顾客资源，拥有更多的市场份额，谁就会在激烈的市场竞争中立于不败之地。面对瞬息万变的市场环境，面对个性化、多样化的顾客需求，任何企业都不可能满足全体顾客对某种商品的整体需求，顾客需求的多样性和差异性决定了企业必须明确为哪一类顾客或用户的哪几类需求服务。对市场进行细分，是企业寻找市场机会，在激烈的市场竞争中处于不败之地的关键所在。

市场细分就是指企业通过市场调研，依据顾客对某一商品需求的差异性，把该商品的整体市场划分为若干个需求类似的顾客群体的市场分类的过程。每一个需求类似的顾客群就是一个细分市场或子市场，每一个细分市场都是由具有类似需求倾向的顾客构成的群体，而不同细分市场的顾客需求有明显的差异性。以手表市场为例，根据男、女性别的不同，可以把手表市场分为男性市场和女性市场，男性市场和女性市场又会根据用途的不同，分为休闲手表和商务手表等。

"市场细分"是市场营销学的一个重要概念，也是市场营销的一个重要方法。"市场细分"是美国市场营销学家温德尔·史密斯于20世纪50年代中期首先提出来的新概念、新方法。其产生的背景是第二次世界大战以后由于买方市场的出现，市场竞争越来越激烈，通过市场细分，可以把买方市场划分为局部的卖方市场。它被企业界广泛接受，被认为是开展现代营销活动的一种新思路。"市场细分"的思想体现了市场导向的营销观念。市场细分的要点是要区别顾客在需求上的差异。它不是对企业产品进行分类，而是对同种产品需求各异的顾客进行区分。通过细分，企业可以有针对性地采取相应的市场营销组合，去满足这些不同的顾客群体的不同需求。

在市场细分理论中，从顾客对商品的需求角度来看，根据顾客对商品的同质需求和异质需求，各种商品市场大致可以分为两类：同质市场和异质市场。顾客对某一商品的需要、欲望、购买行为以及对企业营销策略的反应都基本相同或相似，这样的商品市场就是同质市场。例如，食盐、大米、白糖等，顾客对基本生活用品的需求差异很小，购买这些商品的数量也比较稳定，同质市场是不需要细分的。在现实生活中，只有极少数商品市场是同质市场。对于绝大多数商品来说，由于市场的多元化，消费者需求的多样性和差异性，都属于异质市场，需要进行细分。异质市场的顾客对商品的材质、特性、规格、花色、款式、质量、包装、档次、价格等都存在着不同的需求，在购买行为和习惯等方面也存在着差异性。

同质市场和异质市场不是绝对的，一成不变的，在一定的条件下，它们会相互转换。当某一商品严重供不应求的时候，这种商品的市场就会变成异质市场。例如，"非典"时期的口罩、醋和板蓝根等商品在北京地区相当紧缺，呼吸机在全国范围都没有了库存。还有，受此次"新冠肺炎"疫情影响，产生供给波动，猪肉成了紧缺货，老百姓餐桌又离不开猪肉，因此造成猪肉价格连月上涨，成了典型的同质商品。而当一种商品供过于求时，人们对商品的挑选余地大，需求的差异性就会显现出来，这种商品的市场就会转变为异质市场。例如食盐市场，随着人们生活水平的提高，对食盐的需求也出现了差异，要求在食盐中加入不同的微量元素，同时海盐也受到大家的青睐，已经呈现出了渐转异质市场的趋势。

（二）作用

科学合理地细分市场，对企业发现和了解市场机会，制定有效的营销方案，进行成功的营销活动具有重要的作用。

1.有利于发现新的市场机会，开发新的产品　顾客的现实需求和潜在需求是千变万化的，特别是潜在的需求，表现得更为隐蔽。运用市场细分这个手段，就能比较容易地发现和把握它，从而赢得市场经营的主动权。企业通过市场营销研究和市场细分，可以了解不同的顾客群需求情况及目前满足的程度，这样就容易发现哪些顾客群的需求没有得到充分的满足，哪些细分市场竞争激烈，哪些竞争较少，哪些尚待开发，这有利于发现新的市场机会。例如"左撇子工具公司"，德国商家通过分析发现，商店卖的工具都是右手使用的工具：其一，有部分工具左撇子用不了；其二，德国有11%人是左撇子；其三，左撇子愿掏更多的钱买到合心意的工具。于是该商家开了家左撇子工具公司，完全没有竞争对手，生意兴隆。

2.有利于企业针对目标市场制定和调整营销策略 市场细分是市场营销组合策略运用的前提。企业要实施市场营销组合策略，首先必须对市场进行细分，通过市场细分，可以充分了解各子市场顾客的需求特点，确定目标市场。只有这样，企业才能针对性地适应变化的市场，有针对性地提供合适的商品。一旦市场发生变化，企业才能灵活地应变，使企业的产品、价格、分销渠道、促销方式更适合目标市场的特点。

3.有利于企业扬长避短，集中使用企业资源 任何一个企业的资源都是有限的。市场细分可以使企业了解各个子市场竞争者的优势，发现自己力所能及的细分市场，选择相应的市场部分为目标市场，使企业的营销活动更有针对性，从而可以避免在整体市场分散使用力量，把有限的资源集中在一个或几个子市场，充分利用有限的资源，有利于扬长避短，以降低费用，提高经济效益。这一点，对于中小企业更为重要。中小企业资金十分有限，在整体市场或较大的细分市场上缺乏竞争力。通过市场细分，常常能够发现大企业未曾顾及或不愿顾及的市场需求，从而采取"见缝插针"的办法，根据自己的力量在小的细分市场上推出相应的产品，取得好的经济效益。

4.有利于提高企业的社会效益 企业推行市场细分策略，根据不断变化的社会消费需求，积极组织经营，这样新产品就会层出不穷，同种商品的品种、花色会更加丰富多彩，顾客也就可能在市场上买到称心如意的商品。这能丰富社会物质文化生活，从而提高企业的社会效益。

二、内容

购买者在欲望、资源、地点、购买态度和购买行为等方面，都存在很大的差别。通过市场细分，公司将庞杂的大市场划分为若干个需要不同产品和服务的细分市场，以有效地满足其独特的需求。这里，我们将讨论细分市场的主要内容：细分消费者市场、细分组织市场、细分国际市场和有效市场细分的标准。

（一）细分消费者市场

市场细分的方法并不唯一。市场营销者必须单独或综合运用多种细分变量，以便找出考察市场结构的最佳方法。表4-1列出了细分消费者市场的主要变量，包括地理、人口、心理和行为四类。

表4-1 消费者市场的主要细分变量

细分变量	举例
地理	国家、地区、州、县、市、社区、人口密度、气候等
人口	年龄、生命周期阶段、性别、收入、职业、教育、宗教、种族、世代
心理	社会阶层、生活方式、个性
行为	情境、利益、使用者状态、使用率、忠诚度

1.地理细分（geographic segmentation） 将市场分成不同的地理区域，诸如国家、地区、州、城市或者街区。公司可以决定在一个或几个地理区域内从事经营活动；或者在所有区域内经营，但同时关注需要和欲望的地理差异。

目前，许多公司努力使自己的产品、广告、促销和销售努力本土化，以适应各个地区、城市甚至街区的需要。例如，全美国最大的比萨递送连锁企业，其营销努力和客户关注密切聚焦于当地。美国各地的顾客可以使用该公司的网络平台或智能手机应用软件追踪当地门店发放的优惠券，用GPS确定最近的门店下单，就能很快收到新鲜出炉的比萨。他们甚至可以用比萨跟踪器监视自己的比萨是怎样从门店送到自己家的。

2.**人口细分**（demographic segmentation） 将市场按年龄、性别、家庭规模、家庭生命周期、收入、职业、教育、宗教、种族、世代和国籍等人口统计因素划分为多个群体。人口统计因素是最常用的市场细分基础。原因之一是消费者的需要、欲望和使用频率往往与人口统计变量密切相关；另一个原因是，人口统计变量比其他类型的变量更容易测量。即便市场营销者最终采用诸如所追求利益或行为等其他要素细分市场，也必须先了解细分市场的人口统计特征，以便评价目标市场的规模和策划有效的营销计划。

消费者的需要和欲望随着年龄的增长而变化。一些公司利用年龄和生命周期阶段细分市场，针对不同的年龄和生命周期阶段的消费者提供不同的产品和运用不同的市场营销方法。例如，尽管有些公司通常以青少年使用者为目标市场，但它也对更为年长的成年人营销玩具。有些公司针对特殊年龄或生命阶段的人群提供产品和进行营销宣传。例如，当大多数平板电脑制造商都忙于向成年人营销产品时，亚马逊开发了一个小巧新颖的平板电脑市场，推出 Kindle Fire 平板电脑传递给年幼的孩子们，用于娱乐、教育和消磨时间。

运用年龄和生命周期阶段细分市场时，市场营销者必须仔细提防落入陈规和俗套。例如，尽管一些80岁的老人已经老态龙钟，但另一些仍在滑雪和打网球。类似地，一些40岁的夫妇已经把孩子送去读大学，另一些则刚刚开始组建新家庭。于是，年龄也未必能百分之百地预测一个人的生命周期、财富、工作或家庭情况，以及他们的购买能力。

创立于2012年的Blox公司认为，不是所有的小公主都只爱芭比。它选择了另外一个方向，向女孩子营销工程类玩具。作为一家特别针对女孩市场的玩具公司，它的产品不是普通的公主娃娃，而是一系列可以激发女孩们工程思维和动手能力的益智玩具，让女孩自己解决一系列的建筑挑战，目的是让她们从小爱上科学和工程。"让女孩们成为未来的工程师"是其品牌宣传的重点，该公司推出的广告，用精英女性作为榜样，鼓励小女孩们在未来开拓各种职业，成为她们想要成为的人。正如一位记者指出的"完胜芭比"。

收入细分在汽车、服装、理财和旅游产品与服务领域被广泛运用。许多公司为富有的消费者提供奢侈的商品和便利的服务。另一些营销者则采用高接触的营销手段来追求富裕的消费者。例如，众所周知，中国澳门特别行政区已经成为世界博彩业的中心，其创造的博彩收益是拉斯维加斯的6倍，一位中国创业者按原计划在澳门建立了一家奢华的赌场。这家博彩公司针对全球特别富裕的顾客，有200间奢华的房间，包括2万平方英尺的营业场所，每晚的出租价格为13万美元，最低赌注为650美元，预约式的艺术精品店出售价格100万至1亿美元的珠宝，用红色劳斯莱斯幻影接送客人。

但是，并非所有运用收入细分的公司都为富有的消费者服务。许多零售商店都成功瞄准了中低收入人群。例如折扣店和很多平价超市，凭借低价战略，也成为世界快速增长的零售业态。

3.**心理细分**（psychographic segmentation） 根据社会阶层、生活方式、购买动机、消费习惯或个性特征将购买者划分为不同的群体，所有这些因素都会造成消费者的需求差异，尤其在经济发展水平较高的社会中，心理因素对消费者的购买行为影响更为突出。具有相同人口特征的人，在心理特征上可能大相径庭。

人们的购买行为反映其生活方式。因此，商家常常根据消费者的生活方式进行市场细分，并将其市场营销战略建立在生活方式诉求上。全美国第一的牛仔裤生产商，包括五个子品牌，但是牛仔裤并非其唯一的重点。该公司的品牌小心地扩展到五个主要的生活方式细分市场——牛仔服、职业装、户外休闲装、运动装和时装。

市场营销者还常常以个性变量为基础进行市场细分。例如，不同的软饮料以不同的个性人群为目标。

4.行为细分（behavioral segmentation） 根据人们对产品的了解、态度、购买时机、追求的利益、使用场合、使用情况、对品牌的忠诚程度或反应，将购买者划分为不同的群体。许多市场营销者认为，行为变量是进行市场细分的最佳起点。

（1）时机 市场营销者可以根据购买者产生购买意图、实际购买行动或所购买产品的时机来细分市场。时机细分有助于公司确定产品的用途。十几年来，星巴克一直用南瓜拿铁来迎接秋季的到来。该产品只在秋天销售，迄今为止已经出售了超过两亿杯这种备受期待的饮料。

（2）利益 市场细分的有效形式之一是根据消费者希望从产品中获得的不同利益，将他们划分为不同的群体。美国学者拉塞尔·哈雷曾经在对购买牙膏的消费者所寻求的利益进行研究之后，成功地将牙膏市场进行了细分。调研揭示了五种主要类型的利益细分市场：①追求防蛀牙；②注重洁齿；③注重牙膏的口味和外观；④注重经济实惠的价格；⑤注重牙膏的药物作用。

（3）使用者情况 市场营销者可以根据使用者情况，将消费者分为不同的群体：非使用者、曾经使用者、潜在使用者、首次使用者和经常使用者。市场营销者希望巩固和留住经常使用者，吸引目标市场的非使用者，以及重建与曾经使用者的关系。潜在使用者群体中的消费者遇到生活阶段的变化，诸如新父母可以转化为大量使用者。为了从一开始就抓住初为父母的消费者，宝洁公司使得自己的帮宝适成为多数美国医院为新生儿提供的尿片。

（4）忠诚度 市场还可以根据消费者的忠诚度来细分。消费者或许忠诚于一个品牌、商店和公司。营销者根据购买者的忠诚度将他们划分为不同的群体。一些消费者绝对忠诚，他们始终购买一个品牌，而且迫不及待地要告诉别人。例如习惯购买华为手机的消费者。

有些消费者忠诚于某类产品的两三个品牌，或在偏爱一个品牌的同时也偶尔购买其他品牌，他们只是一般忠诚者。还有一些消费者不忠诚于任何品牌，他们每次购买不同的品牌，或者只购买特价促销的产品。

公司应该从理解自己的忠诚顾客开始，通过分析市场中的忠诚模式了解很多情况。高度忠诚的顾客是企业宝贵的资产。他们常常通过个人口碑和社交媒体宣传品牌。

（二）细分组织市场

消费者市场和组织市场的许多细分变量是相同的。市场营销同样可以根据地理、人口（行业、公司规模）、追求的利益、使用者地位等来细分组织市场。不过，组织市场的营销者还会用到一些额外的变量，如顾客经营特点、采购方式、环境因素和采购人员特征等。

大部分医疗器械公司服务于组织市场。他们多数面向医院，研究所、血液中心或其他机构等。公司面向大型医院和小型医院时，会分别制定不同的营销方案。许多公司为服务规模较大或分支较多的客户建立独立的系统。例如，办公家具的主要生产商铁柜公司，将顾客分为七个细分市场：生物科学、高等教育、美国和加拿大政府、州和当地政府、保健、专业服务和零售银行等。公司的销售人员与独立经销商合作，在每个细分市场中为小型的、当地或区域性的客户服务。而铁柜公司要求其全国客户经理帮助经销商网络为这些全国性客户提供专门的服务。

（三）细分国际市场

很少有公司有资源或者愿意在全球所有国家或大多数国家经营。尽管一些大型公司，在全世界多个国家出售产品，但大多数公司只集中于世界市场的某一小部分。跨国经营意味着新的挑战，不同的国家，即使是那些相互毗邻的国家，在经济、文化和政治上也存在很大的差异。于是，与国内市场一样，跨国公司需要根据不同的需求和购买行为细分国际市场。

公司可以运用一个或一组变量来进行国际市场细分。首先，它们可以通过地理位置细分，把国际市场划分为不用的区域，例如西欧、环太平洋、亚洲、美洲及非洲。地理细分的前提是相邻的国家有许多共同的特征和行为。世界市场也可以根据经济因素细分。根据收入水平或总体经济发展水平，世界市场可以划分为不同的国家群。例如，许多国家的营销者现在比较关注"金砖四国"：巴西、俄罗斯、印度和中国，它们是增长迅速的发展中经济体，购买力一直不断提高。

（四）有效市场细分的标准

市场细分的方法很多，但并非所有的细分都有效。例如，可以将精制食盐的购买者分为黑色头发与金色头发。但头发的颜色显然不会影响食盐的购买。而且，如果所有的食盐购买者每月购买食盐的数量相同，认为所有食盐都具有一样的品质，并愿意支付相同的价格，公司就不可能通过市场细分得到好处。

有效的市场细分必须具备以下条件。

1.可测量性 细分市场的规模、购买能力和基本情况是可以测量的。

2.可接近性 公司可以有效地影响和服务细分市场。

3.规模大 细分市场要足够大，或有利可图。

4.同质群体大 一个细分市场应该是值得公司用量身定制的市场营销方案去追求的尽可能大的同质群体。例如，对汽车制造商而言，为身高超过7英尺的人专门去开发汽车会得不偿失。

5.可操作性 必须能够设计有效的营销方案吸引并服务于细分市场。例如，尽管一家小型航空公司确定了7个细分市场，但因其员工太少而不可能针对每一个细分市场分别开发市场营销方案。

第二节　目标市场选择与定位

💬 **案例讨论**

案例 在心血管监护病房，既要有心电监护仪又要有心电图机，医护人员长期以来希望有一台监护仪能真正地做到一机两用，深圳KY公司想到并做到了。该公司通过两年多的研发设计，推出了心血管专用监护仪。因为产品具有一机两用的核心优势，该公司将其定位为未来心血管监护领域的领导者。

讨论 结合以上心血管专用监护仪，请问该公司选择了哪个市场作为自己的目标市场？

通过市场细分，企业就能发现其面临的细分市场的机会，但并不是所有的细分市场都是企业的机会。只有与企业的任务、目标、资源相一致，并且比竞争对手有更大的市场优势才是企业的机会。企业必须评价各个细分市场，并决定自己能够最好地服务于哪些细分市场，这就是选择目标市场。

一、选择

（一）评估细分市场

细分市场是否具有吸引力是指企业进入该市场以后，从长期来看能否获得相应的利润。评价细分市场时，企业必须考虑三类因素：细分市场的规模和增长潜力、细分市场的结构和吸引力，

以及公司的目标和资源。首先，公司应当收集和分析各个细分市场的资料，包括细分市场当前的销售量、增长速度和预期的营利性等。公司往往更加青睐那些具有恰当规模和增长速度的细分市场。需注意的是，规模最大、增长速度最快的细分市场并非对所有公司都有吸引力。小公司可能由于缺乏为规模较大的细分市场提供服务所需要的技能和资源，或者这些细分市场竞争过于激烈，而选择绝对规模小的细分市场。这些市场在大公司看来也许吸引力不大，但是对小公司而言具有盈利潜力。

公司还需要考察影响细分市场长期吸引力的结构性因素。例如，一个细分市场如果已经有很多强大而激进的竞争者，吸引力就不大。如果细分市场存在许多现有或潜在的替代产品，价格和盈利会受到影响。购买者能力也会影响细分市场的吸引力。购买者如果议价能力很强的话，就会试图压低价格，提出更苛刻的服务和质量要求，甚至引起卖方之间相互竞争，这些都会降低卖方的营利性。

即使一个细分市场有恰当的规模和增长潜力，并且具有结构优势，公司也必须考虑自身的目标和资源。一些有吸引力的细分市场可能由于与公司的长期目标不相符，或者公司缺乏取得成功所需要的技能和资源而被舍弃。例如，汽车市场的经济型细分市场规模比较大，而且持续增长。但是，根据自己的目标和资源，对以豪华和性能著称的汽车制造商宝马而言，进入这一市场意义不大。公司应该只进入那些自己能够创造卓越顾客价值并获得超越竞争对手优势的细分市场。

（二）目标市场选择的模式

通过对不同的细分市场进行评估，企业会发现一个或几个值得进入的细分市场。企业应决定要选取哪几个细分市场作为目标市场。企业选择目标市场的覆盖模式通常采用产品–市场矩阵图来进行。

1.产品–市场专业化　一种最简单的方式，就是企业只选择一个细分市场，只生产一种商品，供应某一单一的顾客群体，进行集中营销。这种选择模式比较适合于小型企业，或一些打造自身亮点的企业，例如童装生产商。

2.产品专业化　企业集中生产一种产品，并向所有的顾客销售这种产品。产品专业化模式的优点是企业专注于某一类产品的生产，有利于形成生产和技术上的优势。

3.市场专业化　企业专门为满足某一类顾客群体的各种需要服务，对同一顾客群体提供其需要的不同商品。例如男装七匹狼及海澜之家，面向商务男士，提供其需要的一系列产品，包括衬衣、西装套装、毛衣、袜子、皮鞋、领带、皮带和钱包等。

4.有选择的专业化　企业选择若干个具有一定潜在规模和结构吸引力，且符合企业的发展目标和资源优势的细分市场作为目标市场，分别用不同性能、不同规格的产品去满足不同细分市场的不同顾客群体的需求，各细分市场之间很好有联系。例如，某一机床制造企业同时为汽车制造业、摩托车制造业、电子工业企业、机械制造工业企业等各类客户提供各种不同的机床设备。

5.完全覆盖市场　企业把整体市场作为自己的目标市场，全方位进入各个细分市场，用一系列产品满足各类顾客群体的各种需求。一般只有实力雄厚的大型企业选用这种模式，从而垄断这一市场。例如通用汽车公司在全球汽车市场，海尔生产各种家电投放在全球家电市场上。

（三）选择目标市场

对各个细分市场做出评估之后，公司必须决定以哪几个细分市场为目标。目标市场（target market）指公司决定为之服务的、具有共同需求或特点的购买者群体。公司选择目标市场策略包括无差异营销、差异化营销或者集中营销。

1. **无差异性市场营销战略**　企业把一种商品的整体市场作为一个大的目标市场，将细分市场之间的差异忽略不计，考虑顾客需求方面的共同点，不管他们之间是否有差异，只提供一种商品，采用一套营销方案在整个市场上销售。

无差异性市场营销战略一般适用于市场是同质的商品以及广泛需求的，能够大量生产、大量销售的商品，或者整体市场上绝大部分顾客的需求类似，企业能制定保持顾客满意的市场营销组合方案来满足顾客的需求。例如，可口可乐公司早期曾用单一规格的瓶装单一口味的饮料，以满足各种顾客的需要。

2. **差异性市场营销战略**　企业在市场细分的基础上，选择若干个细分市场作为自己的目标市场，根据每一个细分市场中顾客的需求，设计、生产出目标顾客需要的系列产品，并为每个有明显差异的细分市场精心设计不同的营销方案。

差异性市场营销战略是以市场细分为基础的，根据不同特征的顾客的不同需求，生产规格、型号、功能等不同的产品。如起搏器生产厂家根据患者不同的心脏病类型生产有单腔、双腔、三腔及植入体内的除颤仪等产品，产品适应不同的病症，能针对性地解决不同患者的问题。

差异性市场营销战略的优点是批量小，品种多，生产经营机动灵活，有较强的针对性。企业同时在多个细分市场上经营，常常能够形成"东方不亮西方亮"，发展的机会较多，可以降低企业的经营风险。然而也存在相应的不足之处，主要表现在两个方面：一方面是会增加生产经营成本；另一方面是会分散企业的资源配置，顾此失彼，使企业的核心产品难以形成优势。所以采用这种战略要求企业要有较为雄厚的实力，有较强的技术实力和素质较高的营销人员。

3. **集中性市场营销战略**　企业在市场细分的基础上，只选择一个或少数几个细分市场作为目标市场，制定一套营销方案，集中企业所有资源，争取在这个目标市场上占有较大的份额。

集中型市场营销战略的优点在于：首先，企业可以准确地理解顾客的不同需求，有针对性地采取营销策略，树立企业和产品的形象；其次，可以节约生产经营成本和营销费用，从而提高企业的投资收益率。最大的缺点在于：由于产品过于集中，目标市场范围较为狭窄，风险较大，容易受竞争的冲击。一旦该市场有实力雄厚的竞争对手进入或原有的竞争对手的实力超过自己，或顾客的爱好发生转移，或市场情况发生突然变化等，都有可能使企业陷入困境。

⚛ 知识链接

具有社会责任的目标市场选择

儿童被视为特别脆弱的人群。批评家担心，赠品和借可爱的卡通人物之口说出来的强效广告词会轻易地击破儿童的防线，数字时代使孩子在他们的营销信息面前表现得更加脆弱。例如高露洁为儿童生产了造型多样的牙刷和更多香型的牙膏，这些产品让刷牙变得更加有趣，吸引孩子更长时间地、更频繁地刷牙。因此，目标市场选择不能只考虑公司自身的利益，还要考虑目标顾客的利益。

（四）影响目标市场营销战略选择的因素

目标市场营销战略的三种模式各有利弊，在营销实践中，企业究竟选择哪种目标市场营销战略，必须全面考虑各方面的因素，权衡利弊，谨慎决策。一般来看，影响企业目标市场选择战略的因素有以下几个方面。

1. **商品的特点**　如果商品在品质上的差异性比较小，同时顾客也没必要加以严格区别和过多挑剔，可以采用无差异性市场营销战略。比如汽油、钢材、大米、食盐等商品，顾客不会觉得有多少差异。对于这些同质商品，如果企业刻意人为地创造它在顾客心目中的差异，不仅会增加企业的生产经营成本，甚至可能引起顾客的反感。相反，对于品质上差异较大的商品，顾客对其需求存在着多元化和多样性，选择性较强，对这样的商品宜采用差异性或集中性市场营销战略。例如服装、牙膏、化妆品等，顾客的需求差异性大，对商品的规格、功能、花色、品种等都有不同的要求。

2.市场的特点 各细分市场之间有差异性，若市场上顾客的需求比较接近，偏好及其特点大致相似，对营销刺激的反应不敏感，对营销方式的需求无太大差别，则视为同质市场，宜选择采用无差异性市场营销战略。若市场上顾客需求的同质性较小，明显对同一商品的品种、规格、功能、价格、服务方式、购买行为等方面都有不同的要求，差别较大，则为异质市场。

3.企业自身资源 企业的财力、人力资源、生产能力、技术水平、管理水平、营销能力等都会影响营销模式的选择。企业实力雄厚，宜采用无差异性市场营销战略，如果企业自身实力较弱，没有能力把大部分细分市场作为自己的目标市场，宜考虑集中性营销战略，避免分散使用有限的资源。

4.商品市场的生命周期 一般来说，一种商品从进入市场到退出市场要经历四个阶段，即导入期、成长期、成熟期和衰退期。企业商品处在不同的生命周期，应采用不同的市场营销战略。投入期竞争者较少，顾客对商品的挑选余地小，尚未注意到商品的差异性，企业营销重点是启发和巩固顾客的消费偏好，宜采用无差异性或集中性目标市场营销战略。当商品进入成熟期，随着竞争者的加入，顾客对商品的挑选余地大，需求差异性也越来越明显，企业宜采用差异性市场营销战略。

5.市场的供求状况 一般而言，当一种商品在一定时期内供不应求时，顾客选择余地小，不可能产生多样化的需求，企业会采用无差异性市场营销战略，集中力量生产和销售，争取在较短的时间内获得较大的利润。反之，当供过于求时，企业应根据市场具体情况，采用差异性营销战略。

二、定位

市场定位是指企业为自身及进入目标市场上的产品确定所处的位置，为企业和产品创立鲜明的特色或个性，形成独特的市场形象，并把这种形象传递给顾客，所采取的策略、企业策划及营销组合的活动。企业在市场定位的过程中，一方面要理解竞争对手定位情况，另一方面要理解目标市场的顾客对商品的各种属性的重视程度，然后确定本企业及产品的特色和独特形象，再把这种形象传递给顾客，使顾客认知认可。

定位这个概念最初是由两位美国广告经理艾尔·列斯和杰克·特劳提出的。市场定位是你对未来的潜在顾客的心智所下的功夫，也就是把产品定位在你未来潜在顾客的心中。所以，定位不是商品本身，而是指商品在顾客心中的地位。有的商品表现为价格水平，有的表现为质量水平，企业通过向顾客传达这些定位信息，引起顾客注意企业及其产品特征。

通过市场定位企业可以解决市场营销组合各方面的问题。市场营销组合，即产品、价格、地点和促销的组合，从本质上讲这是制定定位策略的具体战术。市场定位是制定各种营销战略的前提和依据，能使企业吸引细分市场内大量顾客的需求，形成独特的竞争优势，树立持久而令人信服的优质形象。

（一）方式

市场定位是一种产品或企业与类似产品或企业之间的竞争关系，定位方式不同，竞争的态势也不同。市场定位的方式一般有以下两种。

1.避强定位方式 避开市场上强有力的竞争对手的策略。当企业意识到自己无力与竞争对手抗衡，不能取得优势定位时，则有意识地避开竞争对手，发展目标市场上没有的产品，开辟新的市场领域。其优点是，能够迅速在市场上站稳脚跟，迅速在顾客心目中树立起自己的形象。由于这种市场定位方式风险较小，成功率较高，常常为许多企业所采用。

2.迎头定位方式 一种与市场上占支配地位的强大竞争对手"对着干"的市场定位方式。是指企业选择的目标市场与目前市场上已有的竞争者相重合，与竞争对手争夺同一细分市场上的目标顾客，是一种风险很大的战术。但有的企业实力相对雄厚，认为这样更能够激励自己奋发向上，一旦成功以后，就会取得巨大的市场优势。采取迎头定位方式，必须知己知彼，看准市场，并且要清醒地评价自己的实力。

（二）策略

在一个目标市场上，各竞争者之间的目标和资源情况不尽相同，在目标市场上所处的地位和起的作用不同，他们选择的目标市场定位策略也有所不同。下面分析四种主要的目标市场定位策略。

1.市场领导者的定位策略 企业在目标市场上处于公认的市场领导者地位，或率先进入市场、占领市场。企业有关的产品在目标市场上占有最大的市场占有率，在价格制定、新产品开发、营销覆盖和促销强度等方面均处于领先地位。如果企业想要继续保持其领先位置，就要采取三个方面的策略。第一，企业必须引导需求，寻找新用户、新用途，扩大使用量，设法扩大整个市场需求。第二，企业必须采取有效的防守措施和攻击战术，保卫现有的市场占有率；第三，在市场规模保持不变的情况下，企业也要努力进一步扩大市场占有率。

2.市场挑战者的定位策略 企业明确自己的定位策略目标和竞争对手（包括市场领导者、与自己实力相当或比自己弱小的企业）后，把目标市场定位在竞争对手的附近，采用迎头定位方式，选择有效的进攻策略，打败竞争对手，让本企业取而代之的市场定位策略。采用这种策略的企业，必须具备以下条件：①目标市场要有足够的市场潜力；②本企业必须具有比竞争对手更雄厚的资源优势和更强的营销能力；③本企业能够为目标市场提高更好的商品和服务。

3.市场追随者的定位策略 企业在目标市场上，不能与竞争对手抗衡，或不愿与竞争对手对抗而造成两败俱伤，在市场潜力很大的情况下，与竞争者"有意平行"或模仿跟随竞争对手的策略。例如在中国的钢铁、食品和化学行业等，产品差异化和形象化机会不多，服务质量往往相似，价格的敏感性较高，市场占有率显示出较大的稳定性。这些行业内不赞成短期内争夺市场占有率，因为这样只会招致竞争对手的联合报复。市场追随者必须懂得如何保持现有的顾客以及如何争取一定数量的新顾客。基于此，市场追随者必须保持低廉的制造成本和优秀的产品质量与服务。追随并不等于被动挨打，或是单纯地模仿领导者。企业采用这种定位策略，必须具备以下条件：①目标市场还有很大的需求潜力；②目标市场未被竞争者完全垄断；③企业具备进入目标市场的条件和与竞争对手"平分秋色"的营销能力。

4.市场拾遗补阙者的策略 企业把自己的目标市场定位在强大的竞争对手忽略的细分市场上的策略。为了避免与强大的竞争对手发生冲突，专营大企业可能忽略或不屑一顾的业务，为市场提供有效的服务，开发一个或若干个没有风险又有利可图的细分市场。成为拾遗补阙者的关键因素是专业化，企业必须在市场、顾客、产业和营销组合系列方面实现专业化。采用这种定位策略，必须具备以下条件：①选定的细分市场要有足够的购买潜力；②企业具有进入该市场的特殊的条件和技能；③强大的竞争者对这个小细分市场没有兴趣或无力顾及；④企业已在顾客中建立起良好的信誉，能借此抵御强大竞争者的攻击。

👤 岗位对接

　　本章主要介绍了医疗器械经营与管理及其他医疗器械相关专业学生成为合格医疗器械销售及售后工程师必须掌握的内容。

　　本章对应岗位包括营销师、医疗器械购销员、医疗器械销售、医疗器械质量管理员等。上述从事医疗器械销售及服务等岗位的从业人员均需掌握医疗器械服务道德规范基本内容，医疗器械从业人员应对市场有整体了解，并会依据各项指标将医疗器械市场进行细分，选择适合企业自身的目标市场，并对自身在目标市场进行合理的定位。

本章小结

　　市场细分是指企业根据顾客需求的差异性，把整体市场划分为若干个具有相似需求特征的顾客群体的过程。划分的对象是顾客群体，而不是企业的产品，不同的细分市场可以采取不同的营销策略。对细分市场进行评估，是选择目标市场的前提。目标市场选择是企业根据一定的标准与要求，选择其中某个或几个目标市场作为可行的经营目标的决策过程。企业目标市场定位策略有：市场领导者定位、市场挑战者定位、市场追随者定位、市场拾遗补阙者定位。

习题

习题

一、单项选择题

　　1.以下不属于消费品市场细分依据的是（　　）。

　　　　A.地理　　　　　　　B.人口　　　　　　　C.文化　　　　　　　D.心理

　　2.以下不是市场细分作用的是（　　）。

　　　　A.发现新的市场机会　　　　　　　　　　B.针对目标市场制定营销策略

　　　　C.有利于企业集中使用资源　　　　　　　D.有助于快速提高市场占有率

　　3.按照行为依据细分市场时，（　　）行为不作为参考依据。

　　　　A.购买时机　　　　　　B.人口　　　　　　　C.追求的利益　　　　D.品牌忠诚度

　　4.评估细分市场时，企业必须考虑（　　）。

　　　　A.细分市场属于哪个行业　　　　　　　　B.细分市场的广告效益

　　　　C.细分市场的规模和发展趋势　　　　　　D.企业的员工利益

　　5.以下不是目标市场选择模式的是（　　）。

　　　　A.产品专业化　　　　B.市场专业化　　　　C.完全市场覆盖　　　D.定位专业化

　　6.STP策略中的S指的是（　　）。

    A. 市场细分　　　　　B. 目标市场　　　　　C. 市场分析　　　　　D. 市场定位

7. 影响目标市场营销战略的因素有（　　）。

    A. 商品的特点　　　　B. 市场的特点　　　　C. 市场的供求状况　　D. 以上都是

8. 与市场上占支配地位的强大竞争对手"对着干"的市场定位方式是（　　）。

    A. 避强定位方式　　　B. 迎头定位方式　　　C. 自由定位　　　　　D. 权衡定位

9. 在目标市场上，不愿与竞争对手对抗，与竞争者有意平行或跟随竞争对手的策略属于（　　）。

    A. 市场领导者的定位策略　　　　　　　　B. 市场挑战者的定位策略

    C. 市场追随者的定位策略　　　　　　　　D. 市场拾遗补阙者的定位策略

10. 市场定位的英文是（　　）。

    A. segmentation　　　B. target　　　　　　C. analysis　　　　　D. position

二、简答题

1. HZ酒店集团，是中国发展快速的酒店集团之一。HZ运营的品牌已经覆盖多元市场，包括高中低端酒店品牌，能满足从商务到休闲的个性化需求。XY是高端有限服务，属精致五星，立足于中国一二线城市核心区域。酒店以时尚的设计理念、多元化的服务特色，打造酒店生活的新方式。MX酒店是华住酒店集团旗下全新中档酒店品牌，以多彩、趣味、性感为基调的MX，丰富了HZ在中档酒店市场的战略布局。HY酒店是HZ酒店集团旗下的经济型平价酒店品牌，为客人提供了"实惠、干净"的住宿体验。

请问HZ酒店参考什么依据细分市场？酒店业还可参考哪些要素细分市场？

2. 请简单列出目标市场的定位方式。

（胡亚荣）

第五章　医疗器械产品策略

📖 **知识目标**

　　1. **掌握**　产品的整体概念及其对医疗器械企业营销的意义；产品组合的营销策略；产品生命周期各阶段的营销策略。

　　2. **熟悉**　产品组合的相关概念；产品生命周期各阶段的特点；品牌商标与包装的策略。

　　3. **了解**　产品组合的相关要素；产品生命周期的概念；品牌、商标的概念及它们之间的联系与区别；包装的含义与设计原则。

👉 **技能目标**

　　1. **学会**　运用产品的整体概念分析营销医疗器械产品，并灵活运用产品组合策略和产品生命周期策略开展营销工作；运用品牌商标与包装的策略。

　　2. **具备**　分析医疗器械产品，对医疗器械产品进行市场营销的能力；分析医疗器械产品市场，针对市场制定企业产品营销策略的能力。

第一节　产　品

💬 **案例讨论**

　　案例　国内某知名企业以医院利用率较高的监护仪为主要产品打开市场，在后续发展中根据市场需求和自身情况，相继推出生命信息与支持类、体外诊断试剂、超声设备以及医学影像设备等医疗设备，以此形成公司产品组合生产线。在公司发展中，监护仪仍然是其主要产品之一，在同性能监护仪产品中医院或者企业的购买率较高。这与该公司所生产监护仪性能稳定、性价比高是密不可分的，同时其品牌也是国内知名品牌。所以，企业生产的产品、产品组合及其营销策略决定了公司或者企业的兴衰甚至存亡。

　　讨论　结合案例，请分析产品对于营销有哪些重要性？

　　产品的市场营销是提供满足顾客需求某种产品的服务。在现代医疗器械市场，任何医疗器械企业都应致力于开发合适的医疗器械相关产品，来更好地满足顾客或者用户的需求。那么，我们针对产品进行营销，就要先认识什么是产品。

一、整体概念

　　产品有广义和狭义的概念。狭义上，产品是具有某种物质形态和具体用途的、有用的实际物品，强调产品的物质实体，例如电视机、手机、电脑、医疗器械等。这种定义明确了具有某种物质形态的产物才能称得上是产品，而把非物质形态的产物排除在外。随着人们生活水平的提升，

人们的需求不仅仅局限于物质实体本身，更加注重物质实体所带来的无形服务。例如：消费者购买了手机，其目的不是一个机械框架，而是手机能带来的相应的服务；医院购买一台医疗设备，其购买的不仅仅是台机器，还有其售后服务、产品形象。因此，从现代的市场营销观点出发，产品概念的内涵被大大扩展，也就是产品的广义概念，我们叫产品的整体概念。产品的整体概念是指能够提供给市场，用于满足人们某种欲望和需要的任何事物，包括实物、服务、场所、组织、思想等。也就是说提供给市场的、能满足消费者某种需求和欲望的任何有形物品或无形服务均为产品。一个产品可以是一种观念、一个物质实体和一种服务，也可以是三者的任意组合。从上面产品整体概念的定义来看，产品可以理解为五个层次的单独或者有机组合，如图5-1所示。

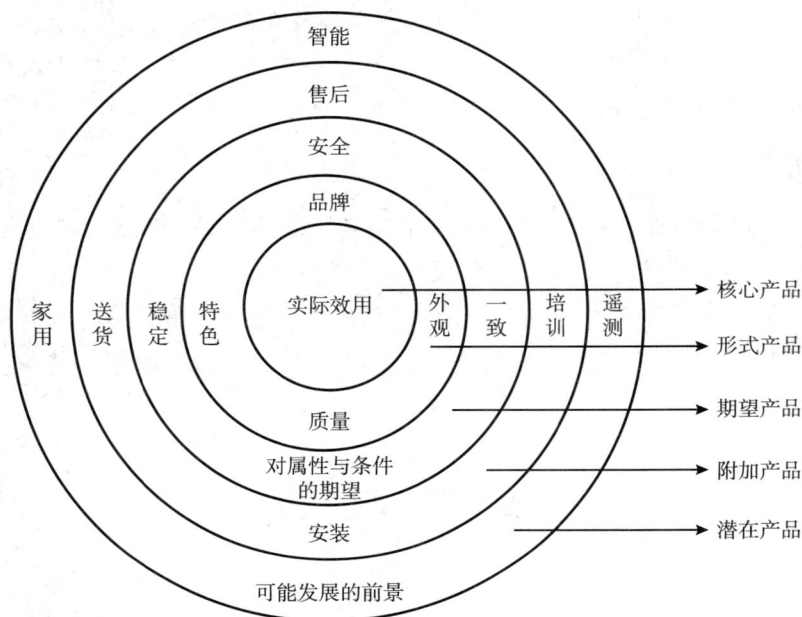

图5-1　产品的整体概念

1. 核心产品　产品概念中最基本的和最实质性的，也是最主要的部分，是顾客需求中的主要内容。消费者购买某种产品时，不单纯是为了取得一件有形的、可以使用的物品，而且更重要的是为了获得某种实际效用，满足欲望与需求。例如：消费者购买了一台全自动生化分析仪，其目的不是这台设备的机械框架，而是为了对取自人体的材料进行微生物学、免疫学、生物化学、遗传学、血液学、生物物理学、细胞学等方面的检验，帮助医生诊断，这才是本产品最主要的、最实质的效用。所以，营销人员在销售任何产品时，目的都应当是能够给顾客带来利益，满足顾客最主要与最实质的需求。

2. 形式产品　核心产品所展示的全部外部特征。也就是消费者在市场上看到的产品的具体形态或外在表现形式，主要包括产品的款式、质量、特色、品牌、包装、商标等。营销者必须将核心产品转变为基础产品，即产品的形式。相同作用的核心产品，表现形式可以有很大的差别。消费者在购买某种产品时，在产品核心价值相同的前提下，就会比较产品的外观特色、质量水平、样式、包装、品牌、商标等。例如：磁共振设备的临床应用基本上都是一样的，医院（企业）为什么选择购买你营销的产品？这就要从购买者对形式产品的需求来着手。3.0T的磁共振设备比1.5T的性能更高；C形的外观比封闭式的更易被患者接受；名牌的比普通品牌的更能赢得顾客的信任与青睐。所以，形式产品是实现核心利益的载体，消费需求的多样性和产品的差异性体现在形式产品上。企业在设计产品时，既要着眼于顾客所追求的核心利益，也要重视顾客对形式特点的要求。

3.期望产品 购买者购买产品时期望得到的与产品相关的属性和条件。如果消费者取得了满意的期望产品，将会提升重复购买率，反之，消费者则没有达到期望且落差极大，失去对产品的信任，甚至告知其他购买者，那么企业损失的将不仅仅是一个客户。例如：旅客对旅店服务产品的期望包括干净整洁的房间、卧具、电话、衣橱、电视等；消费者对医疗器械产品的期望是性能高、工作稳定、一致性好、安全性高、操作简便等。相同核心产品中，顾客更加青睐期望产品高的产品。

4.附加产品 也称延伸产品，是指顾客购买形式产品和期望产品时附带获得的各种服务和利益，包括说明书、咨询、保证、培训、送货、安装、维修等。附加产品能够给顾客带来更多的利益和更大的满足。美国市场营销学家里维特教授断言："未来竞争的关键，不在于工厂能生产什么产品，而在于其所提供的附加价值：包装、服务、广告、用户咨询、消费信贷、及时交货和人们以价值来衡量的一切东西。"例如：两个企业售卖相同的产品，肯定谁提供的服务多且好，消费者就购买谁的产品。医疗器械产品的附加服务对比普通产品显得更为重要，其安装、调试、培训、售后维修等直接影响设备的核心使用，更会影响产品在顾客心中的定位。因此，共同的附加利益只能保证企业的生存，特有的附加利益才能吸引更多的客户。企业如果善于开发适当的附加产品，就必定能在新的市场竞争中立于不败之地。

5.潜在产品 现有产品包括所有附加产品在内的，最终可能会实现的改进和新转换的部分。潜在产品指示出了现有产品的可能演变趋势和发展前景。例如：手机在未来会出现以个人用户需求为导向的个性化产品；医疗器械未来也将向着家庭化、可穿戴、智能化和机器人等方向发展。

综上所述，产品整体概念的五个层次充分体现了以顾客为中心的现代营销理念。企业要以明确的顾客追求的核心利益为前提，重视产品的其他方面。同时，产品整体概念的提出，也给企业带来了新的竞争思路，可以通过在款式、包装、品牌、售后服务等多个方面创造差异性来获得竞争优势。

二、对医疗器械营销的意义

医疗器械按用途分类有检验诊断类、诊断监护类、医用装备、耗材、家庭护理以及制药装备等。检验诊断类有基因测定仪、酶标仪、生化分析仪等；诊断监护类有监护仪、心电图机等；医用装备有听诊器、内窥镜、超声成像设备、血管造影设备等；耗材有高值耗材和低值耗材之分，高值耗材有血管介入类、消化道介入类、骨科植入、颅内植入等；低值耗材有医用石膏、消毒液、绷带、棉球、口罩等一次性用品；家庭护理类有体温计、血糖仪、血压仪、氧气囊、轮椅等；制药装备类有冻干机、真空机、粉碎机、混合机等。国家对于医疗器械有着严格的分类，国家药品监督管理局将医疗器械按安全性由高到低分为三个等级，并分别由三级政府部门进行监督管理。

根据现代市场营销学中产品的整体概念，医疗器械产品的营销也要符合其概念规律。医疗器械企业要根据产品整体概念的日益完善，有效地指导企业的市场营销活动。对于产品，消费者首先注重的是核心产品。消费者购买医疗器械产品主要是为了帮助诊断、治疗、缓解疾病，这就要求医疗器械产品的性能必须达到医学标准。所以，医疗器械企业的市场营销人员在营销医疗器械产品过程中，首先要发现顾客购买产品时所需要的核心利益，真正满足医生或者患者的需求。

核心产品满足的是消费者的基本需求。但随着社会经济和人们生活水平的提高，消费者提出了更高的要求，这就需要企业在开展营销活动时必须全面认识产品整体概念的内涵和外延，从产品整体概念角度出发增加产品价值以赢得竞争优势。例如：不会给患者冰冷感的外观、更多更好的系列服务、提到需求就能想到的品牌等。所以，在核心产品相同或相似的前提下，形式产品、期望产品、延伸产品和潜在产品等附加产品越来越重要，逐渐成为决定医疗器械企业市场竞争能力高低的关键。

但是，医疗器械产品不同于其他普通产品，其使用对象的特殊性，使得国家对其监管相对严格。国家对医疗器械产品的注册、临场试验、生产、经营、管理、安全、报废等都有相应的法律法规，例如《医疗器械监督管理条例》《医疗器械经营许可证管理办法》《医疗器械生产监督管理办法》等。医疗器械营销者在进行医疗器械产品营销时务必要掌握并严格遵守营销产品相关的法律法规。

PPT

第二节　产品组合

产品组合是指一个企业生产经营的全部产品的构成以及它们之间的比例关系，也就是企业全部产品线和产品项目的有机结合方式，直接影响一个企业的未来。

一、相关概念

1.产品组合　由各种各样的产品线组成，每条产品线又由许多产品项目构成。例如某医疗器械企业产品组合见表5-1。

2.产品线　密切相关的满足同类需求的一组产品，也可叫产品系列。一个企业可以生产经营一条或几条不同的产品线。例如：表5-1中某医疗器械企业有4条产品线，分别是生命信息与支持产品线、体外诊断产品线、医学影像产品线和外科产品线。

3.产品项目　所有产品线内不同型号规格、款式、档次和价格的产品的总和，可以说产品目录上列出的每个产品都是一个产品项目。如表5-1中某企业的产品组合由27个产品项目构成。

表5-1　某医疗器械企业产品组合

	产品组合的宽度			
	产品线1 （生命信息与支持）	产品线2 （体外诊断）	产品线3 （医学影像）	产品线4 （外科产品）
产品组合的深度	监护仪	血液细胞检测系统	台式彩超	内窥镜手术器械
	呼吸机	化学发光免疫检测系统	便携彩超	硬镜系统
	麻醉剂	生化分析检测系统	黑白超声	
	心电与除颤	凝血检测系统	超声管理系统	
	数字化手术室	尿液检测系统	超声附件	
	手术灯	糖化血红蛋白分析仪	数字X射线成像系统	
	吊塔吊桥	流式细胞仪	移动数字X射线成像系统	
	手术床	微生物诊断系统		
	输液泵/注射泵			
	附件与耗材			

二、相关要素

产品组合的相关要素有三个衡量变量：宽度、深度和关联度。

1.产品组合的宽度　又称广度，是指一个企业拥有不同的产品线的数目。例如表5-1中产品组合宽度为4。它反映了一个企业市场服务面的宽展程度和承担投资风险的能力。经营范围越宽，产品线越多，产品组合越宽，承担投资风险就越强；反之越窄。增加产品组合的宽度有利于扩展经营领域，分散经营风险。

2.产品组合的深度　产品线中每一产品项目包含的产品品种数。例如表5-1中产品组合深度为27。一条产品线中所包含的产品项目越多，说明产品组合越深；反之越浅。它反映一个企业在同类细分市场中满足不同需求的程度。衡量一个企业产品组合的深度一般用产品线中所包含的产品项目的平均数来表示。例如表5-1中，产品组合的平均深度为6.75。

3.产品组合的关联度　每条产品线之间在最终用途、生产条件、销售渠道以及其他方面相互关联的程度。其关联程度越密切，说明企业各产品线之间越具有一致性；反之，则越缺乏一致性。例如表5-1中产品全部为医疗器械类产品，关联度较大。若企业还有家电、服装、化妆品等产品线，则会大大降低产品组合的关联度。产品组合关联度并无好坏之分，各有优势与劣势。产品组合的关联度强，可以使企业充分发挥某一方面的优势，提高企业在某一地区或某一行业的声誉；产品组合的关联度弱，则可以使企业在更广泛的市场范围内发挥其影响力，这就要求企业必须具有雄厚的多样资源和技术力量、完善的组织结构和管理体系。

三、策略

医疗器械企业以一种产品和多种产品打开市场后，为了提高经济效益，加强市场竞争力和良好的声誉，会发挥企业潜在的技术与资源优势，推出新的符合消费者需求和自身能力来决定的产品，实行多角化经营，来满足更广泛的市场需求，从而分散企业的投资风险，形成较好的产品组合。企业也可以在对现有的产品线和产品组合分析评价后，采取相应措施，对现有的产品组合进行调整，使其达到最优组合。

（一）内容

常见的产品组合策略有以下五种。

1.产品线全面型　企业尽可能地向消费者提供他们所需要的一切产品，以满足整个市场的需求。这种类型根据企业条件尽可能地增加产品组合的宽度和深度，不受产品线之间的关联度的约束。例如，西门子股份公司不仅生产医疗器械产品，还涉及家电、手机、轨道交通、芯片、软件等领域。狭义的全面化组合是指提供某一个行业所需的全部产品，产品组合关联度很强。例如，美国BD公司生产销售的主要产品有医用耗材、实验室仪器、抗体、试剂、诊断等，其产品线很多，但其产品都和医疗器械有关。这种产品组合策略的优点是有利于公司企业提高经济效益和竞争能力，有利于企业扩大销售和占领市场以及提高企业在市场上的声誉；缺点是由于企业的生产品种日益增多，广告宣传、销售渠道和推销方法都要实行多元化，这样会提高生产成本和销售费用，从而影响企业的经济效益；另一方面，如果无限地增加产品品种，必然会受到企业资源状况和技术的限制，使企业难以应付。

2.产品线专业型　企业专门生产经营某一类产品，以满足不同细分市场的需求。例如某公司仅生产营销医疗器械耗材类，或者仅生产营销医疗检验类设备及其试剂。这种产品组合策略的优点是可以降低成本，节省产品的设计、制造、广告宣传、市场调研等费用，获得低成本的价格优势；缺点是因为不同的消费者对产品的需求往往存在较大的差异，用一种产品去满足所有消费者的需求是比较困难的。

3.市场专业型 企业专门向某专业市场提供其所需要的各种产品的组合策略。这种类型的产品组合，是以满足同一类消费者的需要而联系起来的，强调产品组合的宽度和关联度，而组合深度一般较浅。例如，某公司提供特定的一类医疗器械的设备、耗材、人员操作、管理、维护维修等产品。这种产品组合策略的优点是企业可以集中优势资源和力量，在某个领域内进行深入钻研，从而在此领域内赢得竞争优势，而且有利于分散企业经营风险，即使在专业市场某方面失去吸引力，企业仍可在其他方面经营营利；缺点是要求企业根据各个消费者的特点，有区别地设计产品，有区别地实施营销组合，要求企业具有较强的产品研发能力和市场营销能力。

4.特殊产品专业型 企业生产经营某些具有特定需要的特殊产品项目。例如，有些企业针对盲人或者残疾人的需求生产的医疗器械产品。这种产品组合策略的优点是企业选择单种或者多种产品，针对性很强，消费群固定，营销成本低，竞争较少；缺点是目标群众较少，销量小，利益较低。

5.有限产品组合 企业根据自己的专长，集中生产和经营有限的甚至是单一的产品线，以适应有限的或单一的消费者需求。例如某医疗器械公司专门生产和经营医院妇产科所需要的产品。这种产品组合策略的优点是有利于企业对目标市场进行深入了解，进行专业化经营，如果目标市场选择得准确，能在短期内取得较高的收益，这是中小企业由弱变强、由小变大的重要途径；缺点是企业选择的目标市场比较狭窄，一旦市场情况发生变化，或强有力的竞争者进入该市场，企业就可能陷入困境，甚至破产倒闭，因此风险较大。

（二）调整

一个企业的产品组合不是一成不变的，在市场需求和自身能力不断改变的条件下，势必要对不符合现下市场的产品组合进行调整，使其能够达到最佳的组合。常见的产品组合策略的调整有以下几种。

1.扩展产品组合宽度策略 又叫产品线扩展，是指在原有的产品组合中增加一条或几条产品线。例如，表5-1中的企业最开始仅有生命信息与支持类生产线，后来逐步增加了其他三条生产线，成为国内著名的医疗器械公司。

产品线扩展分关联扩展和无关联扩展。

（1）关联扩展 增加与原有产品线相关的产品线。一般以医疗器械产品创办的公司都会选择医疗器械相关领域的产品线拓展，来满足医院或者消费者的不同需求，争取更大的市场与利润。

（2）无关联扩展 不考虑关联性，增加与原有产品线无相关的产品线。例如，美国GE公司除了涉及医疗器械产品外，还涉及基础设施、交通运输、保险、金融等行业。

2.扩展产品组合深度策略 又叫产品线延伸，是指产品线宽度不变，仅增加产品线的深度。企业产品有低档、中档或高档之分，产品线延伸在原有档次的基础上向上、向下或双向延伸。

（1）向上延伸 在原有产品线内增加高档产品项目。企业被高档产品快速的增长率和丰厚的利润所吸引，完善产品线，适应消费者对高档产品的较大需求，向消费者展示自己的实力。例如，某企业在创立之初仅生产营销普通的病房监护仪，随着企业的发展，相继推出性能更高的麻醉监护仪、胎心监护仪等，大大提升了企业水平和形象。但是消费者往往会质疑企业生产高档产品的能力，企业也缺乏服务于高档产品市场的经验，这就需要企业在推出产品时做出充分的市场调研。

（2）向下延伸 企业在原有产品线的基础上，增加低档产品。高档产品市场增长缓慢，可以利用高档商品的声誉，生产营销低档产品，增加消费群体。例如，人们生活水平提升，购买汽车的百姓越来越多，甚至一家可以有多辆汽车，所以很多高档汽车公司为了抢占市场，分别推出中低档汽车，扩大市场范围。但是向下延伸的低档产品获利微薄，且可能影响高档产品的销售，危及企业的质量形象。

（3）双向延伸 在原有的产品线的基础上，同时向上下两个方向延伸，既增加高档产品又增加低档产品，从而开拓新市场，创造新需求。

3.缩减产品组合策略 减少产品组合的宽度和深度，即从企业现有的产品组合中去除某些产品线或产品项目。当市场繁荣时，较长、较宽的产品组合会为企业带来更多的盈利机会。但当市场不景气或原料、能源供应紧张时，缩减产品组合反而能使总利润上升。因为从产品组合中剔除了那些获利很小，甚至不获利的产品线或产品项目，使企业可集中资源发展获利多的产品线和产品项目。缩减产品组合策略可使企业集中资源、技术投入少数产品中去，提高质量，扩大这部分产品的生产规模，使促销渠道等策略目标集中，减少资金占用，有利于企业获得较高利润，但风险也同时存在。例如，某医疗器械企业，将其原有产品组合中的影像类产品线删除掉，因为此类产品研发周期长、成本高，该企业无法形成规模生产，与知名品牌产品相比无竞争力，也就没有市场，因而将其产品线删除。

4.产品线现代化策略 若企业产品组合的宽度与深度都非常合适，但产品线的生产形式可能已经过时，这就必须把现代化科学技术应用到生产过程中。否则有可能影响产品的生产和性能，无法紧跟市场的发展，逐步被市场淘汰。例如，智能化医疗器械的生产需要一些现代化技术，没有现代化新技术就无法生产新型产品来抢占市场。产品线现代化有逐渐现代化和快速现代化策略。逐渐实现现代化可以节省资金耗费，但缺点是竞争者很快就会觉察，并有充足的时间采取措施与之抗衡；而快速现代化策略虽然在短时间内耗费资金较多，但可快速更新完毕，占领有利位置，出其不意，击败竞争对手。企业可根据自身情况选择是逐步实现技术改造，还是以最快的速度用全新设备更换原有产品线。

第三节 产品生命周期

产品在市场上的销售情况及带来的利润，也如人生一样，会经历不同的起伏跌宕阶段。任何一种产品在市场上都不是久销不衰的，一般都有一个由弱到强再由盛到衰的发展过程，要经历形成、成长、成熟、衰退这样的周期。人终有一天会死亡，但产品可通过人为的改进而延续它在市场上的生命。研究产品生命周期的发展轨迹，可以使企业掌握各种产品的市场地位和竞争动态，为制定营销策略提供依据，对增强企业的竞争和应变能力有重要意义。

一、概述

（一）定义

产品生命周期是指一种产品从投放到市场开始到最后被市场所淘汰的整个时间过程，即产品从上市到退出市场的时间间隔。所以，产品生命周期就是其在市场的生命的长短。要注意与产品的使用寿命区别开来。产品的使用寿命是指一个产品的有效使用时间。使用寿命的长短主要是受产品本身自然因素的影响，与产品本身的性质、性能、使用条件、使用频率、使用时间等因素有关，是一种"自然寿命"。例如，某体外诊断试剂在某种贮存条件下保质期为半年，超过半年该批次产品性能失效而不能使用。产品的生命周期是指产品的市场经济生命，决定其长短的是市

因素，与科技发展、社会需要、市场竞争、消费者偏好等因素有关。

（二）各个阶段

根据产品市场销售变化的规律，一个典型的产品生命周期包括导入期、成长期、成熟期和衰退期四个阶段，如图5-2所示。

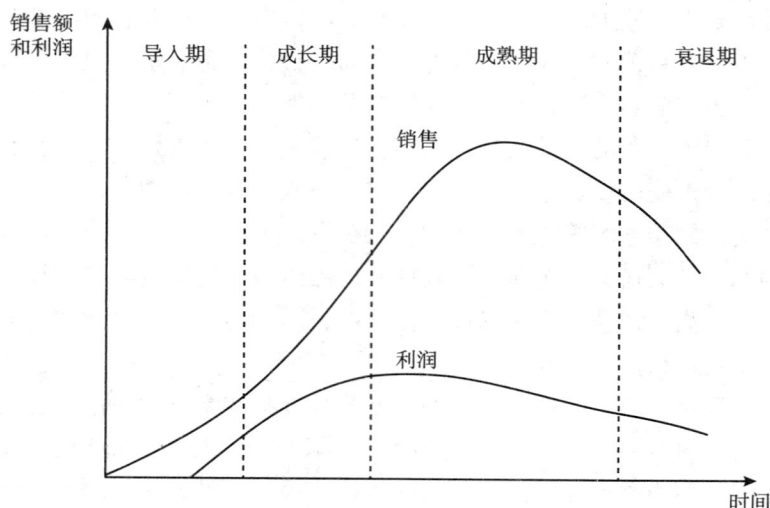

图5-2　典型的产品生命周期曲线

1.导入期　产品刚投入市场销售的阶段，又称介绍期、试销期。在这一阶段，由于研制开发和推销新产品耗资巨大，企业处于微利或亏损状态。该阶段销量低、小批量生产、成本高。由于产品刚刚上市，顾客不了解，大多数顾客不愿放弃或改变自己以往的消费习惯，只有少数求新心理的顾客试用性购买。该阶段的产品尚未定型，产品的技术、性能、质量等需要不断改进；设备利用率低，购买原材料的数量少，价格高；开辟营销渠道与宣传的费用高。由于生产成本高、销量小，产品的前途莫测，利润较低，甚至亏损，但竞争者处于观望状态，竞争不激烈。

2.成长期　该产品在市场上快速被消费者所接受，销售额迅速增长的阶段。该阶段销量迅速上升、大批量生产、成本和促销费用下降、利润增加。产品经过导入期的不断改进，已经基本完善，被消费者普遍接受，不再需要大量的宣传，成本降低。同时，销售量迅速增加，需要加大生产，利润大大提升。产品的主要利润点之一就在此阶段前期。到了中后期，竞争者看到新产品试销成功，有利可图，相继加入，仿制品出现，竞争日趋激烈，产品价格下降，但仍是有利润的。

3.成熟期　大多数购买者已经接受该产品，产品销售额增长趋缓，并最终趋于缓慢下降的阶段。该阶段产品日趋标准化并普及，购买人数增多，产量达到最高点，设备利用率高，成本低。但各种同类产品不断涌现，市场竞争大，销售量增长缓慢，逐步达到最高阶段，利润开始下降，但仍是有利润的。同时，少数用户的兴趣开始转向其他产品和替代品，企业销售逐渐出现缓慢下降趋势。

4.衰退期　产品销售额加速下滑，利润不断下降的阶段。该阶段利润严重下滑，甚至零利润或亏损。此阶段产品衰退，销售量迅速下降，购买者是一些比较保守的人。随着新技术的进步和新产品的替代，更多的消费者已经转向购买新产品。企业因产品滞销、无利可图而退出市场。

（三）判定方法

事实上，市场上还有许多产品不完全按产品生命周期的正常规律发展，还存在着其他的生命周期曲线，例如缓慢型、夭折型、早衰型、维持型、循环型和扇型等。如图5-3所示。

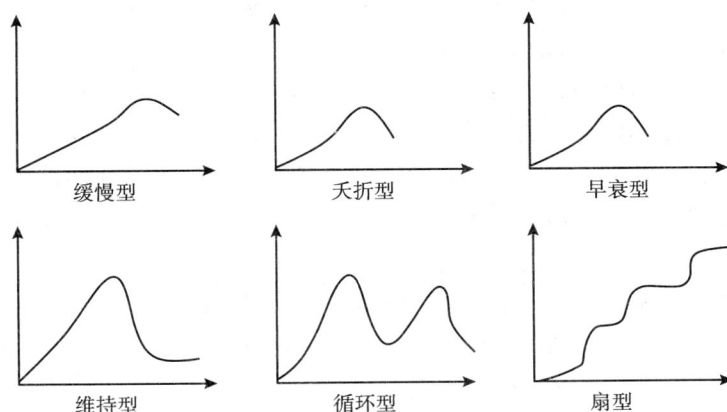

图5-3 变异产品生命周期曲线

有的产品刚进入市场不久，就被市场淘汰，由导入期立即进入衰退期，这类产品属于短命的夭折型产品。有的产品已经进入衰退期，但由于企业在资金、技术、设备等方面跟不上，产品无法更新换代，只得继续维持老产品，这是维持型产品。有的产品在进入成熟期，尚未转入衰退期以前，就进入再次增长高潮，而且从一个高潮走向另一个高潮，这是扇型产品。一般来说，出现这种情况是发现了产品的新特性和新用途，或者重新开拓了新市场。

对产品进行产品生命周期各阶段的判定，才能很好地进行产品市场定位，从而开展有用的产品营销活动，实现利润最大化。目前尚无统一的标准和方法。以下为利用较多的三种方法。

1.类比法 参照类似产品的市场生命周期的各个阶段来划分某产品市场生命周期的阶段。市场上很多产品往往是对市场上以往某产品的改进，其市场发展过程同以往产品可能具有类似性。因此，可参照这种类似产品的销售发展过程，分析判断产品生命周期的各个阶段。

2.销售增长率比值法 以产品销售增长率来划分产品生命周期的各个阶段。产品销售增长率的计算公式如下。

销售增长率Q=（本期销售量−上期销售量）/上期销售量×100%

营销学者给出了确定产品生命周期阶段的经验标准。当$0<Q≤10\%$时，处于导入期；当$Q>10\%$时，处于成长期；当$-10\%<Q<10\%$时，处于成熟期；当$Q≤-10\%$时，处于衰退期。

3.产品普及率判断法 根据某一地区的产品普及程度判断该产品在这一地区市场上处于生命周期的哪一个阶段。产品普及率小于5%为投入期；产品普及率在5%~50%之间为成长期；产品普及率在50%~90%之间为成熟期；产品普及率在90%以上为衰退期。

二、营销策略

任何企业，包括医疗器械企业，都想其产品有一个较长的销售周期，产生更高的利润。企业应用产品生命周期的判定方法进行产品生命周期分析，根据产品生命周期各阶段的特点，针对性地使用不同的营销策略。

（一）导入期

医疗器械新产品上市，医生和患者对新的医疗器械产品不了解，大部分医生一般不愿意改变原来使用的医疗器械。企业或营销人员就要想办法消除市场陌生感。为了尽快让消费者从认知到接受该产品，企业需要投入大量的促销费用，对产品进行推广宣传，在此过程中要突出一个

"快"字。此时，企业营销的重点就集中在促销和价格上。常用的有以下四种形式的策略。

1.快速掠取策略（高价–高促销策略） 也称双高策略，指企业以高价格和高促销费用推出新产品。实行高价格，以树立高品位的产品形象，同时能获取最大的利润，以便及早收回投资。高促销费用是为了引起目标市场的注意，加快市场渗透，使消费者认识和了解该产品，迅速占领市场。这个策略实施需要具备一定的条件，产品在质量和性能上要优于同类产品或者有某些独特之处，市场需求潜力大；顾客求新心理强，急于购买该产品，并愿意为此支付较高的价格；企业面临潜在竞争者的威胁，需尽快培养品牌偏好，树立品牌形象。例如，医疗器械中可穿戴医疗器械产品、遥测监护设备等新型产品通常采用此策略。

2.缓慢掠取策略（高价–低促销策略） 也称选择渗透策略，指企业以高价格和低促销推出新产品。在制定高价格的同时，并不在促销推广上进行高额投入，只用较少的促销，以期望获得尽可能多的盈利，是企业最理想的策略。这种策略的实施需要产品对生产和经营有一定要求，其他一般企业无法参与竞争或者由于其他原因使竞争威胁不大，同时，大部分潜在的消费者已经熟悉该产品，高价能为顾客所接受。例如，某国际公司的医疗影像类设备，虽然价格高，但是性能稳定，服务到位，且无不良报告，为医院所青睐，其产品就采用此策略。

3.快速渗透策略（低价–高促销策略） 也称密集式渗透策略，即以高促销费用和低价向市场推出新产品。在制定低价渗透的基础上，加以大规模的促销，使新产品能迅速占领市场。该策略可以给企业带来最快的市场渗透速度和最高的市场占有率。这种方法适用于产品市场规模大，潜在消费者对产品不了解，但对价格十分青睐。生产该产品具有规模效益，但其潜在竞争也比较激烈。例如，某国内公司生产的电子血压计、血糖仪、制氧机等家用医疗器械价位偏低，广告投放大。在以前生产此类医疗设备的企业很少，市场竞争不激烈，但随着人们越来越重视健康和社会老龄化，此类产品很受消费者的欢迎。

4.缓慢渗透策略（低价–低促销策略） 也称双低策略，指企业以低价格和低促销费用推出某种新产品。企业以低价渗透来占领扩大市场，不在促销方面做大的努力。该策略能使产品比较容易打开销路，在取得规模经济效益的同时树立起"物美价廉"的良好印象。这种策略适用于市场容量大、产品适用面广，顾客对产品很了解，促销作用不明显，但对价格敏感，需求价格弹性高。例如监护仪、心电图机、低值耗材等医疗器械，各大医院均需要，且需求量很大，在核心产品一样的前提下，其性价比就显得尤为重要，多采用缓慢渗透策略。

（二）成长期

成长期是产品生命周期中的关键时期，新产品经受住了导入期的严峻考验，销售额快速增长、生产与销售费用相对降低，创造出较大的盈利机会，产品投资开始得到回报。企业的整个营销策略的核心就在这一阶段，目的是尽可能地延长产品的成长期，扩大市场占有率，掌握市场竞争的主动权，获得更快更高的利润。成长期的策略重点突出一个"好"字，让顾客偏爱自己企业的产品。这就需要企业进一步提高产品质量，防止因扩大市场而造成产品粗制滥造，失信于顾客，竞争者乘虚而入，从而使产品的销售和利润继续增加，获取最大的经济效益。从市场营销的角度出发可以采取以下策略。

1.产品策略 根据消费者需求和其他市场信息，提高产品质量，完善产品性能，提高产品自身的竞争实力，在核心产品层得到目标顾客群体的认可。同时，在产品的款式、特色、品质、包装、服务等上创新，增强产品的竞争力和适应性，这是名牌产品形成的关键阶段。例如，某国内医疗器械公司生产的监护仪除了普通病房监护仪外，还增加了可旋转屏幕式功能来增加显示数据；手持式功能扩大患者活动范围；遥测式功能实现患者早期下床，改善预后；智能分析功能可直观呈现患者病情，为医生提供诊疗支持，便于医生更快地做出医学判断实施抢救。

2. 价格策略　企业应根据生产成本和市场价格的变动趋势，分析竞争者的价格策略来保持原价或适当调整价格。如果企业产品占有垄断地位，则可适当调高价格；如果属于竞争性产品则可适当降价以增加顾客。一般来说，在此阶段，保持价格不变是最好的良策，否则会失去已建立起来的消费群体的信任。当然，适当降低价格，可以激发那些对价格敏感的消费者产生购买动机，增加产品的竞争力。虽然可能暂时减少企业的利润，但随着产品市场份额的扩大，长期利润有望增加。例如，医院对医疗器械的低端耗材的需求量非常大，当大批量购买时，企业可以适当地降低价格来获取长久的客户和更多的利润。

3. 渠道策略　企业巩固原有渠道，努力疏通并增加新的流通渠道，增设销售机构和销售网点，扩大产品的销售面，促进销售和市场份额的再度提高。随着人们生活水平的提升和对健康的重视，很多医疗器械产品从医院进入家庭，家用医疗器械已经非常普遍，如血糖仪、制氧机、家用颈椎腰椎牵引器等。消费者可以直接到有销售资格的企业或者药店购买。

4. 促销策略　在继续做好促销宣传工作的基础上，工作的重心应从建立产品知名度到树立产品形象上，来争取新的顾客。继续开展各种促销活动，此时的促销重点不再是新产品的介绍，而是转向对消费者的说服，使其产生购买欲望与购买行为。成长期的广告不仅要使潜在的顾客知道本产品的存在，更重要的是了解本产品的质量、性能、特点以及在哪些方面优于竞争者。广告的重点由提高产品的知名度逐渐转向建立产品信赖度与购买量。例如，现在市场中有很多同类的家用医疗器械，有的企业在广告中多次强调购买某产品认准此品牌，提示消费者将自己的产品和其他竞争者的产品区分开来。

5. 市场策略　竞争者的进入，使原有市场的需求趋于饱和，使产品的销售增长率趋于下降，企业应积极寻找和进入新的市场。企业在对市场进行重新细分后，寻求与识别尚未满足的细分市场并迅速进入。

（三）成熟期

产品进入成熟期的标志是销售的增长速度缓慢，销售量和利润均达到最高值。成熟期是企业获取利润的黄金阶段。产品消费普及面大，同类产品不断出现，市场竞争激烈，所以企业需要解决的核心问题是"激烈竞争"。成熟期的策略重点是突出一个"改"字，即对原有的产品市场和营销组合进行改进，维持甚至扩大原有的市场份额，尽可能延长产品的生命周期。

这个阶段的持续期一般长于前两个阶段，并给营销者带来最难对付的挑战。大多数产品都处于生命周期的成熟期。因此，大部分的营销管理部门处理的正是这些成熟产品。企业的任何产品进入了成熟期也就进入了产品生命周期的"黄金时代"，在这一时期的产品常表现为"摇钱产品"，能给企业带来巨额利润。我们以一个案例说明。2008年，中国的糖尿病患者数量为9240万人，糖尿病患者数量还在逐年增加，2013年已经超过了1.1亿人。国内外的生产销售企业针对中国糖尿病医疗器械产品——血糖仪市场巨大的潜力使出浑身解数，来获取一定的市场份额。血糖仪产品同质化现象严重，竞争加剧。某公司在市场对血糖仪的准确度要求越来越高的前提下，及早引进偏差较小的血糖仪，以满足市场与消费者需求，并改进产品其他性能，如：吸血血样可以从毛细血管全血，到静脉血、新生儿血和动脉血、动物血；红细胞压积率从20%~60%提升到0~70%，以满足特殊患者如贫血、尿毒症、严重脱水等患者的使用；温度也从适应10~40℃改进为0~40℃，大大提升了产品质量，从而增加了新用户。公司专注致力于糖尿病事业，销售血糖仪的同时也销售其他相关的产品，如床旁糖化血红蛋白分析仪、胰岛素泵、一次性胰岛素笔用注射针头、NOW膳食补充剂等。产品面对的客户都是一样的，就可以采取产品组合定价策略，即常说的捆绑销售，总体给客户带来的利润是多的，比其他竞争对手单一的销售血糖仪产品是有优势的。在销售过程中，公司每年都会举行全国性的CDS（中华医学会糖尿病学分会）学术会议、CMEF（中国国际医疗器械博览会）会议，还有各个省的内分泌年会。在家用血糖仪的销售中，会联合药店在五一、国庆、元旦等节假日，来进行降价和赠送礼品促销，还会给予消费者免费检测血糖优惠。现在，此公司在国内血糖类产品市场从默默无闻到占有了一席之地。通过以上案例分析，成熟期采取的营销策略如下。

1.改进产品策略 提高产品的质量，改变产品的外形或样式，改进产品的性能，挖掘产品的新用途，从而达到确保市场占有率，并努力延长成熟期的目的。质量的改进，主要是注重增加产品的功能特性，如医疗器械产品功能的增加、安全性的提升、一致性的稳定等；产品的外形和式样改进，如将冰冷的金属色改为温暖的颜色，凸显人性化设计；将封闭式改为开放式来减小患者恐惧感；使设备操作更简便、软件功能增加、售后服务更加细致到位等。上述案例中，在血糖仪的准确度和精密度、吸血血样、红细胞压积率、适用条件等方面进行了改进。

2.改良市场策略 开发新市场，寻求和争取新用户。开发产品的新用途，寻求新的细分市场。例如，超声设备不仅可以用于腹部检查，还可以用于心血管检查，并可以用于治疗，如超声乳化、超声理疗、超声按摩仪、超声脑血管治疗仪等；或者刺激现有顾客，增加使用频率。例如，说明健康刷牙的次数，增加每天电动牙刷的使用次数；或者重新为产品定位，寻求新的买主。例如，医用制氧机的客户群是有相应疾病的中老年人，后来发展到压力较大的年轻人和学生，大大增加了销售量。上述案例中，血糖仪的消费者不仅局限于医院，还拓展到了实验室和个人。

3.调整市场营销组合策略 通过改变定价、销售渠道及促销方式来延长产品的成熟期。一般通过改变一个因素或几个因素的配套关系来刺激或扩大消费者的购买。例如，通过降价、改变广告宣传形式以及扩展销售渠道、改进服务方式、改变包装、采用多种促销手段等多项组合策略，来刺激消费者的需求，延长产品的成熟期。上述案例中，采用了产品组合定价策略、事件促销策略、节庆促销策略等营销策略。

产品处于成长期和成熟期，主要是早期大众和晚期大众的市场，产品销售额最大，利润额最多，为企业的最佳盈利期。不过进一步比较两阶段，成长期虽然销售利润额增长迅速，但不容乐观的是在现代技术和信息相当发达的情况下，这种增长势头会很快惹人耳目，招来众多的竞争者。所以，许多产品在成长期常常是昙花一现，更多的则是处于成熟期的长时间竞争，营销者面对的大都是这一时期的市场。同时，由于成熟期的市场购买者占购买大众的绝大部分，产品一旦被其认可，则易产生持续、重复的购买行为，并对落后购买者产生极大的影响力。因而，对企业的营销者来说，加强成长期的营销活动固然重要，但更应密切注视成熟期的到来，以便采取与市场情况相对应的营销策略。

（四）衰退期

此阶段需要解决的核心问题是"有效转移"。因此该阶段要突出一个"转"字。企业应当及时进行产品的更新换代，转向研发新产品或转入新市场。目标市场的选择应从原成熟期时的差异性策略转为集中性策略。企业要有计划地"撤"，有预见地"转"，有目标地"攻"。在这一时期，企业可根据该产品在市场上尚有一定的需求，一方面维持或减少生产经营，另一方面采取办法，延长其生命周期。

1.维持策略 由于众多竞争者纷纷退出市场，经营者减少，处于有利地位的企业可以暂不退出市场，提高服务质量，发扬自己的经营特色，保持原有的细分市场和营销组合策略，持续销售。等待时机，再停止该产品的生产，退出该市场。

2.**集中策略**　把资源集中使用在最有利的细分市场、最有效的销售渠道和最易销售的品种上，缩短战线，在最有利的市场赢得尽可能多的利润。

3.**收缩策略**　降低宣传或精减人员，大力降低销售成本。这样做可能导致销售量迅速下降，但是可以增加眼前利益。

4.**重振策略**　积极主动地改进产品的功能和特性，创造新的用途，开拓新的市场，使产品进入新的循环。

5.**放弃策略**　企业的某种产品已无改进和再生的希望时，应当果断地停止该产品的生产和经营，将其放弃，转向组织新产品的研究与开发。

分析产品生命周期是为了正确判断产品的发展趋势，并根据产品在其生命周期各阶段的特点，采取适当的营销策略。从产品生命周期各阶段的特点可以看出，成长期与成熟期是企业有利可图的阶段，而导入期与衰退期对企业来说有一定的风险。因此，医疗器械企业制定产品生命周期策略的总体要求是：缩短导入期，使产品尽可能快地为消费者所接受；延长成长期，使产品销售尽可能保持增长势头；维持成熟期，使产品尽量保持高销售额，增加利润收入；推迟衰退期，使产品尽量延缓被市场淘汰出局。

医疗器械产品生命周期的长短主要由消费者需求、科技进步、产品竞争三者共同影响。其中，消费者需求的多样性、易变性起决定因素。同时，技术进步也可以使一种产品由畅销变成无人问津。竞争者推出质量更好的新产品，也会使原有产品失去市场。所以，医疗器械企业必须要有超前意识和创新意识，不断推陈出新，接替已经衰退的老产品，使企业始终保持旺盛的生命力。

第四节　品牌、商标与包装

一、概述

（一）定义

美国市场营销协会（AMA）给出的定义：品牌是一个名称、名词、符号、象征、设计或其组合，用以识别一个或一群出售者的产品或服务，使之与其他竞争者相区别。一个品牌可能代表着销售者的一种产品、一组产品或是所有产品。品牌是一个综合体，包括品牌名称、品牌标志和商标三部分。

1.**品牌名称**　品牌中能够用语言称呼、可以读出的那部分，是词语、字母、数字或词组等的组合。通常是一种产品唯一用以区分的特征。没有品牌名称，一个企业便无法将自己的产品与竞争对手的产品相区分。例如西门子、迈瑞、BD、鱼跃等医疗器械品牌。

2.**品牌标志**　品牌中可以识别但不能用语言称呼的部分，包括符号、图案或是有特色的色彩、字体等。一般在公司代表性建筑或者官网上可以看到。例如：西门子股份公司的品牌标志是 SIEMENS Ingenuity for life、迈瑞公司的是 mindray迈瑞、BD公司的是 ✹ BD。

3.**商标**　经过合法注册的产品文字名称、图案记号或两者相结合的一种设计。商标是经有关政府机关注册登记，受法律保护的一个品牌或一个品牌的某一部分。商标是一种法律术语，一旦注册登记成功，企业就拥有该品牌名称及品牌标志的专用权。该名称标志均受法律保护，其他任

何企业不得效仿使用。为了保护自己的商标不被他人仿造和冒充，企业应该进行防御性商标注册，即注册与使用相同或相似的一系列商标。企业在注册商标时，不能把产品的通用名称注册为商标，但可以将其部分名注册为商标。商标一般印刷或贴在公司产品上面。例如：西门子的商标是**SIEMENS**、迈瑞的商标是**mindray**、BD的是✹**BD**。

品牌与商标是极易混淆的一对概念，两者既有联系，又有区别。商标是品牌的一部分，可以是品牌中的名称和标志部分，便于消费者识别。但品牌的内涵远不止于此，品牌不仅仅是一个易于区分的名称和符号，更是一个综合的象征，需要赋予其形象、个性、生命。品牌标志和品牌名称的设计只是建立品牌的第一道工序，想要真正成为品牌，还要进行品牌个性、品牌认同、品牌定位、品牌传播、品牌管理等各方面内容的完善。这样，消费者对品牌的认识，才会由形式到内容、从感性到理性，完成由未知到理解、购买的转变，形成品牌忠诚。品牌是属于消费者的，它只是存在于消费者的头脑中，当消费者不再有品牌概念时，品牌便一无所有了。商标属于法律范畴，其所有权属于企业，属于注册者，而品牌是市场概念，它强调企业与顾客之间关系的建立、维系与发展。

（二）作用

在现代市场营销中，产品品牌的作用日益突出，主要体现在以下几个方面。

1.有利于消费者识别产品　品牌代表着商品的特色和质量特征，能够使消费者容易辨认所需要的产品和服务，为消费者认牌购货提供便利。同类产品中可供消费者选择的品牌很多，一般情况下消费者无法通过比较产品本身来做出准确判断。此时，品牌在消费者心目中是产品的标志，它代表着产品的品质和特色，可以帮助消费者进行产品选择。在一般消费者的心目中，许多商品的品牌已被牢固地定位，只要提到这一品牌名称，人们就能想到其产品特色。例如：购买监护仪选择迈瑞；购买影像类设备选择西门子；购买检验类设备选择雅培；购买医用耗材选择BD等。

2.有利于产品的销售和企业形象宣传　品牌有助于促进企业产品销售，形成品牌偏好，建立品牌忠诚。品牌是企业产品质量的标志，名牌享有高度的消费者知晓度和忠诚度，是企业的一种有效的广告，能吸引新顾客和保持老顾客购买。如果品牌忠诚度很高，就会给人们留下深刻的印象，易于引起消费者的注意并重复购买。当顾客需要这一类产品时就会始终如一地购买这个品牌，尽管品牌忠诚并不代表顾客会永远购买这个牌子，但至少在考虑购买的各种品牌中，这个牌子会被认为是可行的。

3.有利于企业控制和扩大市场　品牌具有保价功能，名牌商品即使不降价也能保持市场份额，有利于企业控制和扩大市场。大多数生产者为了扩大销售、提高效率，往往要在某种程度上依赖中间商进行多层分销，但这会削弱厂商对市场的控制能力。厂商如果有了自己的品牌，就可以与市场进行直接沟通，形成自己良好的品牌形象，通过品牌来控制市场，从而掌握市场控制权。

4.有利于企业新产品的开发　品牌可以增强社会的创新精神，鼓励生产者不断开发出新产品。企业如果不推出新产品就很难实现增长目标，失去市场竞争力，甚至无法生存下去。而推出新产品是一项艰巨并复杂的工作，企业如果在原有品牌的基础上，进行增加新产品，则比较容易被市场接受。

5.品牌是企业的无形资产　商品品牌是企业重要的无形资产，名牌更是企业的巨大财富。其商标依据其知名度的高低和获利能力的大小，具有不同的价值。在市场经济条件下，商标的所有权和使用权可以买卖转让。

6.有助于监督和提高企业的产品质量　企业制造出受广大顾客欢迎的名牌，需要经过日积月累的努力，长期保证其产品质量，在顾客中建立良好的声誉。企业为了创立驰名品牌，或保持品牌已有的市场地位，需要始终保证名牌所代表的产品质量水平，从而使企业相互竞争，促使全社会的产品质量水平普遍提高。

因此，产品是企业生产的东西，可以被竞争者仿制，可能过时。但品牌是存在于消费者头脑中的对产品的认知，是独一无二的。成功的品牌会永远存在下去。所以，企业要努力创造自己的品牌，甚至是名牌，才能在市场上占有稳固的地位。

二、品牌和商标

品牌是产品一个重要组成部分。当实物质量达到国际同类产品先进水平、在国内同类产品中处于领先地位、市场占有率和知名度居行业前列、用户满意程度高、具有较强市场竞争力的产品，就成为人们约定俗成的"名牌"。名牌可以准确地表达出医疗器械产品品牌的市场地位，反映消费者对品牌的深刻印象以及企业的知名度。

（一）医疗器械产品品牌设计原则

医疗器械产品品牌设计应遵循医疗器械产品的特殊原则和产品品牌设计的一般性原则，主要有以下几个方面。

1.简洁醒目，易读易记　品牌的重要作用是识别产品，要使人们看过或听过以后留下深刻的印象，起到广告宣传的作用。再加上随着市场经济的发展，消费者会接触到海量的信息，因此为了便于消费者认知和记忆，企业在进行品牌设计时要做到简洁醒目，让人过目不忘。例如迈瑞、威高、鱼跃等品牌，简洁明了，易读易记。一般认为，品牌名称不应用过长的名称，以不超过三个字为好。

2.构思巧妙，暗示属性　品牌的设计要体现品牌标示产品的特性，暗示产品的优良属性。但是名称越是描述某一类产品，这个名称就越难向其他产品延伸，所以企业在设计品牌时，切勿使品牌的名称过分暗示经营产品的种类或属性，否则将不利于企业的进一步发展，品牌名称也会因此而失去了特色，如微创医疗。

3.新颖别致，易于识别　品牌的雷同是品牌设计的大忌。品牌设计应力求构思新颖，造型美观，既要有鲜明的特点，又要具有艺术性，避免庸俗繁复。例如医疗器械企业的商标可以和企业文化相呼应。

4.符合法律规定，注重文化适应　成功的品牌应当符合国内、国际上商标法的规定，特别是企业要走向国际市场，更应当注意要出口的国家的商标法，注意国际品牌设计的文化差异与文化适应，切忌触犯禁忌。例如，出口有黑人国家的品牌不可以用"negro"或者相似的字词。

（二）医疗器械产品品牌策略

品牌和商标是企业制定营销策略时不容忽视的重要问题，品牌决策需要根据市场调查、企业产品的特点和企业本身情况来制定相应品牌。

1.品牌化策略　企业决定产品是否使用品牌。历史上许多产品不使用品牌，例如人们生活必需品的米、面、肉等。无品牌策略的目的是节省广告和包装等费用以降低成本和售价，增强价格竞争能力。随着人们越来越重视生活的品质，企业也对品牌作用越来越看重。使用品牌有助于对企业产品的宣传，帮助消费者识别本企业的产品，但它会给企业增加相应的成本费用。医疗器械产品由于国家对其严格的管控，所以几乎没有无品牌的医疗器械。

2.品牌归属策略　企业若决定使用品牌，则由制造商对品牌的归属做出决策。可以有以下三种选择：第一种是使用制造商品牌，即制造商使用本企业自己的品牌。使用自己的品牌可以树立企业形象，建立自己的声誉。第二种是制造商所拥有的注册商标是一种工业产权，可以租借、转让、买卖，同时收取一定的特许权使用费，消费者购买的产品包括配件、零部件等全部使用制造商品牌，这样有利于更好地和消费者建立联系。国内外市场上的商品绝大多数使用制造商品牌，例如西门子、迈瑞等。但采用制造商品牌通常会使生产商面临如何迅速打开市场的难题，尤其是对于那些知名度不高、实力不雄厚的小企业，为使产品能迅速进入市场，则多采用第二种经销商品牌策略。经销商从一家或者多家企业购买大批量产品，再冠上自己的品牌将产品卖出去。这也是消费者有时购买产品的标牌和品牌不一样的原因之一。国内外医疗器械行业绝大多数以制造商品牌为主。医疗器械制造商品牌一直在工商业舞台上占支配地位，产品的设计、质量特色都由厂商决定。因为国内外目前都还没有医疗器械经销商具有如此的实力可以控制医疗器械制造商的品牌。第三种是混合策略，生产企业对部分产品使用自己的品牌，而对另一部分产品使用中间商品牌。

3.品牌统分策略 一个企业生产各种各类型不同产品，各种产品的品牌营销策略如下。

（1）统一品牌策略 可以建立企业的品牌信誉，显示企业实力，树立企业形象，易于带动企业新产品的推广，使新产品能较快地打开销路。采用统一品牌策略可以利用各种媒体集中宣传一个品牌形象，极大节约了广告费，而且可以利用统一品牌建立广告传播体系，有利于强化企业形象和产品形象。大多数医疗器械企业采用此种品牌策略。但是，使用统一品牌的任何一种产品质量发生问题，都会使企业的其他产品蒙受损失，影响企业的信誉。如果各类产品的质量参差不齐也会影响品牌信誉。因此，在使用统一品牌策略时，企业必须对所有产品的质量严加控制。

（2）个别品牌策略 企业对不同产品及品种使用不同的品牌。例如：上海牙膏厂有美加净、中华、白玉等品牌。采用这种策略可以起到隔离保险作用，品牌间的负面影响不会相互波及对方，可以发展多种产品线和产品项目，开拓更广阔的市场。品牌间形成竞争机制，发展多种产品线和产品项目，也能起到相互激励的作用。这种策略的优点在于便于区分高、中、低档各类型产品，以适应市场上不同顾客的需求，使企业的声誉与众多产品品牌相联系，提高企业整体的市场竞争中的安全感。每一种产品采用一个品牌，能激励企业内部各产品之间创造优质名牌的竞争，扩大企业的产品阵容，从而提高企业的声誉。这种多品牌策略主要在以下两种情况下使用：一是企业同时经营高、中、低档产品时，为避免企业某种商品声誉不佳而影响整个企业声誉；二是企业的原有产品在社会上有负面影响，为避免消费者的反感，企业在发展新产品时特意采取多品牌命名，而不是沿用原有的品牌，甚至隐去企业的名称，以免传统品牌以及企业名称对新产品的销售产生不良的影响。医疗器械品牌较少采用这种策略。因为大型医疗器械企业品牌有一定的知名度，产品过硬，不会轻易出问题，可利用统一品牌效应增加销量。同时，中小医疗器械企业也想集中创造好自己的品牌。

（3）分类品牌策略 也称作使用系列品牌，是指企业依据一定标准将其产品进行分类，针对不同的产品类别分别冠以不同的品牌名称。采用此策略可以利用顾客对包含其中的品牌的信任，使企业在不同的细分市场上获利，满足不同消费者的需求，占据较大的市场份额。企业也可以在市场占领更多的分销商货架从而相对地减少竞争者，并且使企业建立侧翼品牌。企业必须提供新品牌，才能赢得这些顾客，扩大销售，从而提高企业的市场占有率。例如，鱼跃集团旗下有鱼跃、万东、百胜、金钟等品牌。分类品牌策略无明显的劣势，但是相对统一品牌策略而言，如果目标市场利润低，企业营销成本又高的话，分类品牌策略会显得营销传播费用分散，无法起到整合的效果。

4.品牌延伸策略 将已成功并享有一定威望的品牌用于新产品或改良过的产品上的一种策略。好的品牌能使新产品立刻被市场认识并较容易地被接受。如果品牌延伸获得成功，还可以强化品牌效应，扩大原品牌的影响和企业声誉。但品牌过分扩展会影响原有强势品牌在消费者心目中的特殊位置，从而导致品牌淡化。如果其中某一产品出现问题的话，导致的结果将是整体的品牌形象受损害，一损俱损。例如，医疗器械行业发展起步较晚，大多数是采用由原非医疗器械产品品牌策略延伸至医疗器械产品，如西门子、GE等；随着家用保健医疗器械进入市场，各大医疗器械企业开始向此方向延伸来争取市场份额。

5.品牌重新定位策略　企业全部或局部调整或改变品牌在市场上的最初定位。由于顾客偏好发生转移，或者竞争者推出一个新的品牌，再或者是企业决定进入新的细分市场等原因，重新定位很重要。重新定位一定要使现有产品与竞争者产品具有不同的特点。例如，某医疗器械企业扩展影像诊断类设备，但市场开拓难、盈利少、资金无法周转，公司品牌重新定位为影像治疗类设备，并提供人员服务与管理，因此获得市场肯定。

（三）医疗器械产品商标策略

我国现行《商标法》第四条规定："自然人、法人或者其他组织对其提供的服务项目，需要取得商标专用权的，应当向商标局申请服务商标注册。"所有的商标都是品牌，但并非所有的品牌都是商标。商标的设计一般遵守以下原则。

1.应符合市场所在地的法律法规　各国法律对商标构成的规定不尽相同。如美国商标法规定，任何文学、符号或标志，或者这类事物的组合都可以作为商标的构成要素。目前，国际上有少数国家把包装和容器的特殊式样也列为商标的构成要素，并允许注册。中国商标法规定，商标应当由文字、图形或其组合构成，除此之外，其他形式都不能作为中国商标的构成要素。

根据我国《商标法》规定，注册商标时需要根据产品或服务的类别，选择所属行业的类别进行注册。所以在实践中医疗企业选择合适的商标，并且找准相应类目特别重要。例如，第10类是核心类别，这个类别具体包括外科、医疗、牙科和兽医用仪器及器械，假肢、假眼和假牙等。如果企业的产业里还涉及医疗服务的话，那么第44类也是重要注册类别。另外，医疗器械企业还要根据自身经营的方向和计划，考虑更多的相关类别或拓展类别进行注册。如涉及信号器具、音响设备、摄影仪器的业务，则需要同时注册第9类；涉及照明器具、消毒设备的业务，则需要同时注册第11类；涉及广告、替他人推销服务，则需要同时注册第35类。

2.应表示医疗器械与企业的文化和发展方向　大多医疗器械企业的企业文化都是服务人类健康。

3.应美观、可记忆、构思独特、简单　医疗器械的商标一般比较简单，但也要给消费者感觉艺术。例如前面提到的西门子、迈瑞的商标。

商标策略是企业根据商品的质量和特点，应合理地使用商标的策略。企业利用代表产品质量和信誉的商标来推销商品、争夺市场，维护企业名誉和权益。企业商标经注册后取得商标权，受法律保护，因此越来越多的企业注重产品商标策略。企业的商标策略一般有以下三种。

（1）个别品牌策略　企业不同的产品采用不同的商标。这种策略适用于企业不同品质的产品，以便用户严格区别高、中、低档商品的类别。

（2）家族品牌策略　企业不同类型的产品采用统一的商标，有利于提高企业在社会上的声誉和知名度，但也要求企业对各种产品都要绝对保证质量，否则会起到相反的效果。

（3）无商标策略　可以不采用商标，如散装的油、盐、酱、醋及其他日用小商品。无论采用哪种商标策略，每一个企业都要保证产品质量，提高服务质量，只有这样，才能充分发挥商标的效用，不断提高企业的声誉。

三、包装

（一）定义

从市场营销的角度来理解，包装指的是企业对某种产品的容器或包装物的设计和管理活动。包装最初是为产品在运输、储存及销售过程中避免遭受损毁而设计的，是产品实体的保护层。随着社会的发展，包装被赋予了更多的含义。它既可以是用于盛装商品的容器，也指把产品装入包装物中的行为，还可指对产品的包装物进行设计的管理活动。作为产品整体的组成部分，包装的意义不仅仅起着作为容器保护商品的作用，也可能是创造商品印象的重要利器。产品的包装由三个部分组成。

1.内包装（首要包装） 盛装产品的直接容器。产品从出厂到使用终结，内包装一直伴随产品。如化妆品的容器、牙膏的软管、体外诊断试剂的瓶子等。

2.次要包装（销售包装） 保护内包装的包装。如体外诊断试剂的纸盒。

3.储运包装 为方便储存和搬运而进行的包装。如装运牙膏的纸板箱等。运输包装必须有识别标志、指示标志和警告标志。医疗器械产品是一种特殊产品，国家对其有严格的法律法规，包装也不例外，要符合《医疗器械说明书和标签管理规定》。

（二）医疗器械产品包装设计原则

医疗器械产品包装是医疗器械产品流通和消费过程中不可缺少的部分。医疗器械产品只有经过包装，才能有效地保护其不变质、不损耗，完整地进入流通和消费领域。与一般产品相比，医疗器械产品是特殊产品，与人的生命、健康和安全息息相关。所以企业应该严格执行国家对医疗器械产品包装的规定，设计出合理有效的包装。产品包装总的原则是美观、实用、经济，具体应遵循以下几个原则。

1.保护性 确保质量安全是产品包装最基本、最核心的要求。特别对于医疗器械产品来说更应该保障这一点。医疗器械涵盖的种类很多，有检验诊断试剂，对于温度、湿度、光照等都有不同的要求；有植入人体的医疗器械，对于包装材料和密封无菌有严格标准。企业对医疗器械包装时应该采取不同的防护措施，以保证其质量。

2.准确传递产品特色信息 包装应能准确传递产品的信息，方便消费者选购和使用。例如，电子血压计包装凸显了其单键自动测量、全自动加压及减压、时间记忆、超大容量等特色。

3.实用性 医疗器械产品包装应当适于运输、保管与陈列，便于携带和使用。包装的形状结构、大小应与医疗器械产品相吻合，能够为携带、运输、保管和医疗使用提供方便和安全。例如，家用电子血压计使用袋子包装，起到了防尘与便于携带的作用；大型医疗器械包装要保证产品在安全的前提下易于人工或者机械搬运。

4.符合相关法律法规 医疗器械企业对于产品的包装必须严格依法行事。关于医疗器械产品的包装要求，《医疗器械监督管理条例》及其实施条例和《医疗器械说明书和标签管理规定》都有明确的规定。医疗器械包装标签一般应当包括以下内容：产品名称、型号、规格；注册人或者备案人的名称、住所、联系方式，进口医疗器械还应当载明代理人的名称、住所及联系方式；医疗器械注册证编号或者备案凭证编号；生产企业的名称、住所、生产地址、联系方式及生产许可证编号或者生产备案凭证编号，委托生产的还应当标注受托企业的名称、住所、生产地址、生产许可证编号或者生产备案凭证编号；生产日期、使用期限或者失效日期；电源连接条件、输入功率；根据产品特性应当标注的图形、符号以及其他相关内容；必要的警示、注意事项；特殊储存、操作条件或者说明；使用中对环境有破坏或者负面影响的医疗器械，其标签应当包含警示标志或者中文警示说明；带放射或者辐射的医疗器械，其标签应当包含警示标志或者中文警示说明等。

5.符合目标市场需求　包装所采用的色彩、图案要符合目标消费者的心理要求，尊重其宗教信仰、风俗习惯与法律法规。例如：希腊政府公布，凡出口到希腊的产品包装上必须要用希腊文字写明公司名称，代理商名称及产品质量、数量等项目；阿拉伯国家规定进口商品的包装禁用六角星图案，因为六角星与以色列国旗中的图案相似。

6.绿色包装　尽量减少包装材料的浪费，节约社会资源，严格控制废弃包装对环境的污染，实施绿色包装。目前许多发达国家开始积极开发研制绿色包装材料，改变或替代原有的传统包装。如利用小麦为主要原料，开发研制出了一种外观类似塑料薄膜可食用的包装新材料——麸膜。

（三）医疗器械产品包装策略

医院是医疗器械产品的主要营销对象。医疗器械产品种类众多，除了向医院和经销商推销的医疗器械产品外，还有许多直接面向个人的医疗器械产品，尤其是保健、康复、诊断类医疗器械产品。伴随着中国医疗器械产业的发展和居民生活水平的提高，个人及家庭医疗器械市场将会迎来较大的发展机遇。根据不同的医疗器械产品与需求，可选择不同的包装策略。

1.类似包装策略　又称包装的标准化。企业对自己生产的系列产品采用统一的包装模式，即在产品包装的图案、颜色、造型和标记等方面具有本企业特色的类似或一致的特征，使人一见就知道是某家企业的系列产品。采用这种策略有利于树立企业和产品形象，扩大影响，有利于新产品的上市，可以减少包装的设计成本，节约宣传费用。不过需要注意的是，这种策略只适用于质量水平相当的产品。例如，某公司的小型家用医疗器械统一采用简洁的白色外包装。

2.组合包装策略　又称系列包装策略或者配套包装策略，是指将若干用途上相关联的产品放在同一个包装内。组合包装在给消费者提供方便的同时，也扩大了产品的销售。特别是在推销新产品时，可以将其与老产品组合售出，创造条件使消费者接受、试用。其缺点是只能适用于一些最基本的产品包装要求。例如，用于治疗小创口的医用纱布、医用棉球、医用胶带、碘伏消毒液、云南白药等组合销售包装。

3.等级包装策略　根据产品档次和顾客购买目的的差异，对产品采用不同等级的包装。可以按照产品的档次来决定产品的包装，即高档产品采用精美的包装，以突出其优质优价的形象；低档产品则采用简单包装，以突出其经济实惠的形象。也可以按照顾客购买目的的不同对同一产品采用不同的包装。例如，普通家用医疗器械包装可以简单一点；高档的智能或者遥测的新型医疗器械产品可以为突出其特点来提高包装档次。

4.附赠品包装策略　在包装上或包装内附赠一些物品。这种策略能使消费者感到方便或者有意外的收获，引起消费者的购买兴趣，还能刺激消费者重复购买。例如体温计附赠体温记录表、制氧机增加附件数量等。

5.改变包装策略　随着市场需求的变化，采用新的包装技术包装材料、包装设计等对原有产品包装加以改进的一种包装策略。这种策略可以使顾客产生新鲜感从而扩大产品销售。当销售不畅时，企业可以改变包装，使顾客对其产生新鲜感，重新对这种产品产生兴趣，或者当企业的产品要提价时，可以改变包装，使消费者以为该产品在质量上做了改进，从而愿意接受较高价格。

岗位对接

本章主要介绍了医疗器械经营与管理及其他医疗器械相关专业学生成为合格医疗器械营销师必须掌握的内容。

本章对应岗位包括营销师、医疗器械销售员、医疗器械管理员等。上述从事医疗器械销售及管理等岗位的从业人员均需掌握医疗器械营销法律法规和道德规范、医疗器械从业人员对市场与企业进行分析，并能通过分析选择适合市场需求和企业自身的产品和产品组合，制定企业产品不同阶段的营销策略并进行营销。

本章小结

产品的整体概念是指能够提供给市场，用于满足人们某种欲望和需要的任何事物，包括实物、服务、场所、组织、思想等。产品整体概念包括五个层次：核心产品、形式产品、期望产品、附加产品、潜在产品。核心产品是满足消费者的基本需求，同时其他附加产品也越来越重要，逐渐成为决定医疗器械企业市场竞争能力高低的关键。

产品组合由各种各样的产品线组成，每条产品线又由许多产品项目构成。对产品组合的衡量一般用产品的宽度、深度和关联度来表示。企业根据市场和自身情况进行产品组合策略。

产品生命周期是指一种产品从投放到市场开始到最后被市场所淘汰的整个时间过程，即产品从上市到退出市场的时间间隔，包括导入期、成长期、成熟期和衰退期四个阶段。每个阶段都有自身的市场特点和需要解决的问题，根据各个阶段特点的不同，实施不同的营销策略。

品牌是一个名称、名词、符号、象征、设计或其组合，用以识别一个或一群出售者的产品或服务，包括品牌名称、品牌标志和商标三部分。医疗器械产品品牌策略有品牌化策略、品牌归属策略、品牌统分策略、品牌延伸策略和品牌重新定位策略。商标是品牌中的名称和标志部分，属于法律范畴。包装指的是企业对产品的容器或包装物的设计和管理活动。医疗器械产品包装策略有类似包装策略、组合包装策略、等级包装策略、附赠品包装策略、改变包装策略。

习题

习题

一、单项选择题

1. 在产品整体概念中最基本、最主要的部分是（　　）。

A. 核心产品　　　　　B. 形式产品　　　　　C. 期望产品　　　　　D. 附加产品

2. 某医疗器械企业生产5种检验类设备、6种耗材类产品、3种监护类产品，该企业的产品线是（　　），产品组合宽度是（　　），产品组合深度是（　　）。

A. 14，3，3　　　　　B. 3，3，14　　　　　C. 3，3，3　　　　　D. 14，3，14

3. 产品线双向延伸，就是原定位于中档产品市场的企业掌握了市场优势后，向产品线的（　　）两个方向延伸。

A. 前后　　　　　B. 左右　　　　　C. 东西　　　　　D. 上下

4.企业在考虑营销组合策略时，首先需要确定生产经营什么产品来满足（　　）的需要。

    A.消费者　　　　　　　　B.顾客　　　　　　　　C.社会　　　　　　　　D.目标市场

5.处于（　　）的产品，销售量大，制造成本低。

    A. 导入期　　　　　　　　B. 成长期　　　　　　　C. 成熟期　　　　　　　D. 衰退期

6.在产品导入期，以低价–高促销费用的形式进行经营的策略称为（　　）。

    A. 快速掠取策略　　　　　B. 缓慢渗透策略　　　　C. 缓慢掠取策略　　　　D. 快速渗透策略

7.产品销售量达到顶峰并开始下降，利润稳中有降，是产品生命周期（　　）阶段的特征。

    A. 导入期　　　　　　　　B. 成长期　　　　　　　C. 成熟期　　　　　　　D. 衰退期

8.以下策略中不适合产品生命周期中衰退期的是（　　）。

    A. 缩小企业生产规模，只维持适当的生产　　　　　B. 降低生产成本，提高产品质量

    C. 技术开发新产品，淘汰老产品　　　　　　　　　D. 改进产品及服务质量，创立品牌地位

9.品牌能够用以识别一个或一群出售者的产品或服务，使之与其他竞争者相区别，其不包含（　　）。

    A. 包装　　　　　　　　　B. 商标　　　　　　　　C. 品牌标志　　　　　　D. 品牌名称

10.医疗器械制造商企业一般使用本企业自己的品牌进行营销，这种品牌策略称为（　　）。

    A. 品牌化策略　　　　　　B. 品牌归属策略　　　　C. 品牌统分策略　　　　D. 品牌延伸策略

二、简答题

1.简述产品整体概念，并分析如何应用其进行医疗器械产品的营销。

2.产品生命周期分为几个阶段？简述各阶段的特点和营销策略。

（吴玲玲）

第六章　医疗器械定价策略

📖 **知识目标**

1. **掌握**　价格及其相关概念；价格在市场环境中的重要性。
2. **熟悉**　产品定价策略。
3. **了解**　影响产品定价的相关因素。

👉 **技能目标**

1. **学会**　运用医疗器械定价的方法和策略分析，制定医疗器械产品的价格。
2. **具备**　运用定价的方法，进行医疗器械类产品价格计算的能力。

第一节　价　格

💬 **案例讨论**

　　案例　自新型冠状病毒感染的肺炎疫情暴发以来，市场上对口罩的需求急剧增加，尽管各医药公司在全力组织口罩生产，但仍出现口罩脱销状况。一些药店借口罩等防疫用品需求激增之机，哄抬物价牟取暴利。如北京丰台区某店将进价为200元/盒的某品牌8511CN型（10只装）的口罩，大幅提价到850元/盒对外销售，而同时期该款口罩网络售价为143元/盒。无独有偶，广州市场监管部门也通报了多家公司药店的口罩出现提价和未明码标价等价格违法案件。

　　以上当事人行为涉嫌违反《价格法》相关规定，构成哄抬价格、不按规定明码标价的违法行为，相关部门相应的区局已立案调查，并将对以上当事人做出行政处罚，以有力维护疫情防控用品市场秩序。

　　讨论　疫情期间口罩的价格为何激增？

　　价格是企业营销组合中十分敏感而又难以控制的因素。医疗器械生产经营企业在进行产品定价时，不仅要考虑产品的成本，还要综合考虑相关影响因素，才能制定出可行的价格。

一、定义和构成

（一）定义

　　价格是商品价值的货币表现。从狭义上说，是为产品或服务收取的货币总额。广义上说，价格是顾客为获得、拥有或使用某种产品或服务的利益而支付的价值。

　　但是，相关产品的价格并不是绝对地等于其产品的价值，而是在产品价值的基础上波动起伏。因此，准确地说，其产品价格应该是产品价值的近似反映。

价格作为最灵活的市场营销要素之一，价格很小比例的提升都可能产生利润大幅的提升。因此产品价格直接影响着企业的收益，同时它也是影响购买决策的重要因素。

（二）构成

价格构成是指组成产品价格的各个要素及其在价格中的组成情况。医疗器械产品价值构成是其价格的基础，根据现行公司财务管理规定，医疗器械产品价格由生产成本、流通费用、税金、利润四部分因素构成。而企业生产经营产品的成本主要包括生产成本和流通费用，生产成本主要有生产产品中发生的原材料、辅助材料、生产工人的工资、包装材料、能源动力费用等。流通费用是指企业为生产经营产品发生的各项间接分配计入生产经营成本的销售费用、财务费用和管理费用。

二、影响定价的因素

影响企业产品定价的因素很多，如企业产品的成本、企业的定价目标、国家的政策法规、市场需求状况、市场竞争状况、消费者的心理等。因此，企业在给产品定价时，必须首先对这些因素进行分析，然后才能据此确定定价方法和选择定价策略。可以把相关因素归纳为内部因素和外部因素来进行分析。

（一）内部因素

内部因素包括产品成本、企业定价目标和企业营销中的其他要素。

1.产品成本　影响、决定价格的最重要因素，也是医疗器械产品定价的基础和核心。产品的成本主要包括制造成本、销售成本、储存成本和机会成本等，在正常的情况下，任何产品的价格必须高于产品生产、分销和促销的所有支出，并补偿企业为产品承担风险所付出的代价。只有这样，才能以销售收入抵偿生产成本和经营费用，否则，企业将无法生存。

一般而言，产品成本越低，价格就越低；产品成本越高，价格也越高。依据市场营销定价策略的不同需要，产品的成本可以从不同角度做如下分类。

（1）固定成本　企业在生产经营中，所投入的不随产品数量（产量或销量）变化而变动的成本费用。如机器、厂房等固定资产折旧、办公费用、管理人员工资等，这些费用不论产品产量多少都必须支出。

固定成本包括固定总成本和单位固定成本。固定总成本是指在某个产量范围内不随产量变动而变动的成本之和。由于在一定生产时期内固定总成本是一个不变的量，所以固定总成本是一个常数，其成本曲线是一条水平线。而单位固定成本是指单位产品所包含的固定成本的平均分摊额，即固定总成本与产品数量（销量或产量）之比，它随产品数量（销量或产量）的增加而减少，随产品数量（销量或产量）的减少而增加。

（2）变动成本　企业在生产经营中，随产品数量（产量或销量）的变化而变动的成本费用。如原材料、燃料、运输、储存、生产工人的工资等支出。在一定范围内，变动成本与产品的数量（产量或销量）成正比例关系变化，即成本随产品数量（销量或产量）增长而增加。

变动成本包括变动总成本和单位变动成本。变动总成本是指在某个生产时期内对可变投入的总花费。它是企业在可变投入要素上支出的全部费用。它一般随产量的变化而变化。而单位变动成本是变动总成本与产品数量（销量或产量）之比，即在短期内平均每生产一单位产品所消耗的变动成本。随着生产效率的提高，批量采购原材料价格优惠，产量的增加，单位变动成本将减少；但产量增加到一定程度后，单位变动成本由于边际产量递减规律而增加。因此单位变动成本会随着产量增加出现先下降而后上升的变动规律。变动总成本是指单位变动成本与数量（销量或产量）的乘积。

（3）总成本　固定成本和变动成本之和。单位成本是指单位固定成本和单位变动成本之和，也是总成本与产品数量（销量或产量）之比。单位产品平均成本随生产效率提高、规模经济效益的逐步形成而下降，呈递减趋势。当产量或销量为零时，总成本等于固定成本。

（4）边际成本　每增加一个单位产品而引起总成本变动的数值。在一定产品数量上，最后增加的那个产品所耗费的成本，引起总成本的增量，总成本的这个变化量即边际成本。一般而言，随着产量的增加，总成本递减的增加，边际成本将下降。企业可根据边际原则，只要定价高于变动成本，就可以获得边际贡献，用以抵补固定成本，以寻求最大利润的均衡产量；同时，以边际成本制定产品价格，可以使资源得到合理利用。

（5）机会成本　企业利用一定的时间或资源进行一项生产经营活动时，失去的利用这些资源生产经营另一项活动的机会。也指以放弃用同样的经济资源来生产其他产品时所能获得的收入作为代价的成本。

2.企业定价目标　影响企业产品定价的一个重要内部因素。它与企业战略目标一致，并为营销目标服务。不同医疗器械企业的定价目标，或同一医疗器械企业不同时期的定价目标是多种多样、各不相同的。在此列举其中的六种。

（1）以获取利润为目标　利润目标是企业定价目标的重要组成部分，获取利润是企业生存和发展的必要条件，是企业生产经营的直接动力和最终目的。这一定价目标主要有两种形式：以追求利润最大化为目标和以获取适度利润为目标。

1）以追求利润最大化为目标　以追求企业长期目标的总利润最大化为定价目标。最大利润并不意味着最高价格，即使是拥有专卖权并垄断市场的企业，也不可能长期维持过高的价格，因为它可能遇到替代品的挑战、竞争者的加入、消费者的不满以及政府的干预等。利润最大化包含两层含义：①追求企业长期总利润的最大化，有时为达到这一目标短期内企业还可能承受一定的亏损；②企业整体经营效益最大化。医疗器械企业生产经营多种产品时，其中有些品种价格可能定得很低，甚至亏本出售，以招徕顾客。如很多医疗器械类产品对主产品以低价销售，目的是为了吸引顾客购买其互补产品，从而从大量销售的互补产品中获取更大的利润。

2）以获取适度利润为目标　企业为了保全自己，减少市场风险，或者限于实力不足，适当地加上一定量的利润作为医疗器械产品的价格，以获取正常情况下合理利润的一种定价目标。以适度利润为目标确定的价格一方面可以使企业避免不必要的激烈竞争；另一方面由于价格适中，消费者愿意接受，还符合政府的价格指导方针，可以使企业获得长期稳定的利润。因此它是一种兼顾企业利益和社会利益的定价目标。

（2）以获取投资收益率为目标　企业定价以其投资额为出发点，以达到其预期的投资收益率作为定价目标。即把企业的预期收益水平规定为占投资额的一定百分比。因此，企业确定收益率高低时，必须考虑产品的质量与功能、同期银行利率水平、消费者对产品价格的反应以及自身在同类企业竞争中的地位和实力等因素的影响。如果企业预期收益率定得过高，产品价格就会过高，企业会处于市场竞争的不利地位；反之，又会影响企业投资的回收。所以，企业预期的收益率一般在高于银行存贷款利率的基础上，制定适当的预期收益率，以获得长期稳定的收益。而以此作为定价目标的企业，企业及其产品在市场上具备以下两个条件：①该企业在行业中处于领导者地位，具有较高的威信和影响力，竞争力比较强；②采用这种定价目标的多为新产品、独家产品以及低价高质量的标准化产品。

（3）以提高市场占有率为目标　市场占有率，又称市场份额，是指一个企业的销售额占整个行业销售额的百分比，或者是指企业的某一产品（或品类）的销售量（或销售额）在市场同类产品（或品类）中所占比重。市场占有率是企业经营状况及其产品在市场上竞争能力的综合反映。企业为了追求长期利益，巩固和提高自身的竞争地位，往往通过市场占有率指标的核算，来准确了解企业在市场中的地位，并把它作为企业的定价目标。

一般情况下，企业通常的做法就是通过给自己的产品制定较低的价格迅速占领市场，不给潜在的竞争对手留下太多的机会，迅速扩大企业的产品和企业的知晓度和知名度，为后续产品的不断销售提供先决条件。可是定出较低价格并不是在任何情况下都能提高市场份额，只有具备下列条件时，企业才能以提高市场占有率作为定价目标：①市场对产品价格变化比较敏感，因而低价能有效地促使企业产品销售量增大，从而提高市场占有率；②随着生产经验的积累，生产批量的扩大，能使企业生产和销售费用显著降低；③企业的经济实力足以承受一定时期内低价所导致的利润和成本的损失；④低价能有效地抑制现实的或潜在的竞争，不会导致竞争者之间的价格混战。

但对一些竞争尚未激烈的产品，企业在产品入市时定价可高于竞争者的价格，利用消费者的求新心理，在短期内获取较高利润。待竞争激烈时，企业再适当调低价格，赢得主动，扩大销量，也是企业所采用的一种提高市场占有率的策略。

（4）以维持生存为目标　当企业由于生产能力过剩、市场竞争激烈、顾客需求发生变化、产品销路不畅、资金周转困难，甚至濒临倒闭时，生存比利润更重要，企业往往会把维持生存作为主要的追求目标。为了确保企业继续生产和使存货出售，企业必须制定较低的产品价格来保持企业的活力。对于企业而言，只要产品的价格能够弥补变动成本和一部分固定成本，短期内可以维持企业的生存。但是这种定价目标只能是一种暂时的、过渡的定价目标。

（5）以适应竞争为目标　企业为避免在激烈的市场竞争中发生价格竞争，而以对产品价格有决定影响的竞争对手或市场领导者的价格为基础进行企业产品的定价，以此来适应市场的竞争。采用这种定价目标的企业，必须经常广泛地收集资料，及时准确地把握竞争对手的定价政策和价格策略，并在将本企业产品的质量、特点和成本与竞争对手的产品进行权衡比较，然后再制定出本企业产品的价格，以高于、低于或等于竞争者的价格出售产品。

（6）以产品质量领先为目标　一些企业为了在市场上树立一个产品质量最优的形象，往往在生产成本、产品开发研究以及促销方面做出较大投入，为了弥补这些支出，往往都给自己的产品制定一个较高的价格。采用这一目标的企业必须具备以下两个条件：①高品质的产品；②优质的服务。

3.企业营销中的其他要素　企业产品的市场特性、规模和实力，销售渠道不同及企业营销人员的素质和能力、促销费用的高低等，都会影响企业产品价格的制定。

（1）医疗产品　企业对医疗产品定价时，必须考虑产品的各种市场特性，诸如医疗器械产品的质量、声誉、生命周期、流行性、竞争地位等。如果医疗器械产品的质量高、声誉好、在市场竞争中处于优势地位，其价格可远远超过其成本，则采取高价策略；反之，只能采取低价策略。

（2）规模实力　企业规模大、实力强，则在价格制定上有较大的选择空间。如果有必要，则可以选用薄利多销或者是价格正面竞争策略。相反，如果规模小、实力弱，企业生产成本一般高于大企业，在价格制定上就会比较被动。

（3）销售渠道　在企业生产经营过程中，绝大多数生产企业并不是将其医疗器械产品直接销售给消费者或用户，而是借助于市场营销中介机构，即中间商进行推广和销售。对渠道成员的控制程度高，并且所选择的医药中间商销售合作能力强，企业则可以在价格决策中有较大的灵活性；反之，则应相对固定。

（4）人员素质和能力　企业营销人员的素质高、能力强，能熟悉生产经营相关环节，充分掌握市场销售、供求变化等情况，并具备价格理论知识和一定的实践能力，则能为企业制定最有利价格和选择最适当时机调整价格提供相关参考依据。

（5）促销费用　由于市场竞争的日益加剧及中国医疗器械市场的快速增长，促销费用在价格构成中的比重也在不断加大。由于各种产品的性质及其所处的生命周期阶段不同，单位产品的促销费用也不相同。促销费用越多，医疗产品价格就越高；促销费用越少，医疗产品价格就越低。因此，企业促销费用耗费的多少将影响医疗产品的定价水平。

（二）外部因素

影响医疗产品定价的外部因素主要包括国家相关政策和法规、市场因素和竞争因素、消费者心理等。

1.国家政策法规　在市场经济条件下，各国政府都制定了一系列的政策和法规，对市场价格的制定和调整做出了相应的限制和管理，国家制定价格政策的目的是平衡供求，抑制价格虚高、减轻消费者负担，保证企业合理盈利、促进市场健康发展。

医疗器械是关系到人民生命健康的特殊产品。医疗器械类产品的相关政策依据有《中华人民共和国药品管理法》《中华人民共和国价格法》《中华人民共和国反不正当竞争法》和《中华人民共和国反垄断法》等法律法规，其中《中华人民共和国药品管理法》规定药品生产经营企业必须执行政府定价和政府指导价。如国家发展和改革委员会及价格主管部门规定实行政府定价的避孕药具，实行政府定价。

未纳入价格主管部门定价目录的医疗产品，实行市场调节价，由企业自主制定产品价格。但政府对企业自主定价产品，绝非放手不管，如果价格出现大幅度波动，根据价格法等相关法律法规，政府价格主管部门将依法进行干预。

对于医疗机构的产品价格，不可能完全由市场调节，而应采取由政府指导下的有限接受市场调节的机制。如取消公立医疗机构医用耗材加成，实现全部公立医疗机构医用耗材"零差率"销售。另外，为完善价格形成机制，进一步降低高值医用耗材虚高价格，由国家医保局牵头，将持续推进建立高值医用耗材价格监测和集中采购管理平台，建立部门间高值医用耗材价格信息共享和联动机制，强化购销价格信息监测；对于临床用量较大、采购金额较高、临床使用较成熟、多家企业生产的高值医用耗材，按类别探索集中采购，鼓励医疗机构联合开展带量谈判采购，积极探索跨省联盟采购；建立高值医用耗材基本医保准入制度，实行高值医用耗材目录管理，健全目录动态调整机制。

2.市场因素　企业给产品定价不但要考虑企业营销目标、生产成本、营销费用等因素，而且必须考虑市场需求状况和需求的价格弹性等市场因素。

（1）价格与需求的关系　市场需求是影响企业对产品定价的重要因素，也是医疗器械企业定价必须考虑的重要因素，当产品价格高于某一水平，将无人购买，因此市场需求是企业制定产品价格的上限。一般而言，价格与需求之间成反比关系。当产品的价格上涨时，市场需求就会减少，将出现供过于求的情况，会造成产品积压；当产品的价格下跌时，市场需求会随之增加。这是供求规律的客观反映。因此企业要满足需求，达到供求平衡，在制定产品价格时必须要考察产品的市场需求。

（2）需求价格弹性　简称需求弹性，是指因产品价格变动而引起的需求量相应变动的比率。它反映了某一产品价格变动时，产品需求变动对其价格变动的敏感程度。需求弹性分析，就是应用弹性原理就产品需求量对价格变动的反应程度进行分析、计算、预测、决策。

　　不同产品的需求变动受其价格变动影响的程度不同，即不同的产品，它们的需求弹性也不同。企业制定的产品价格高低会影响企业产品的销售，以及企业营销目标的实现。所以，企业在给产品定价时，必须测定该产品的需求价格弹性。

　　需求的价格弹性一般通过需求价格弹性系数来测定，以 Ed 表示弹性系数，则其计算公式为需求变动的百分比除以价格变动百分比。

$$需求弹性系数（Ed）= \left| \frac{需求量变动百分比}{价格变动百分比} \right| = \left| \frac{\Delta Q/Q}{\Delta P/P} \right|$$

式中，P 表示价格，ΔP 表示价格变动量；Q 表示需求量，ΔQ 表示需求变动量。

　　由于价格变化和需求量变化的方向是相反的，因而需求的价格弹性系数是一个负数，在利用系数来分析时用绝对值表示。不同的商品其需求价格弹性不同，需求弹性的强弱决定企业的价格决策。需求价格弹性可归纳为以下三种情况。

　　Ed 大于 1，说明该产品的需求是富有弹性的，或者说该产品的需求量对价格变动的反应是非常敏感的，如奢侈品、名贵药材等。对该产品而言，价格稍有变化，需求量就会发生很大变化，因此，对该产品可采取适度降价策略，这样做尽管会使单位产品利润下降，但可能刺激需求，增加销售量，通过薄利多销从而增加产品总的销售收入和利润。

　　Ed 等于 1，说明该产品的需求是单一弹性的。此类产品价格的变动，会引起需求量的等比例的变动，对销售收入的影响不大，因此可将其他营销措施作为提高盈利率的主要手段。

　　Ed 小于 1，说明该产品的需求缺乏弹性，或者说该产品对价格变动的相对反应并不是特别敏感的。对于该产品而言，即使是大幅度地降低价格，也不会引起需求量的大幅度增加，因此，企业为了增加收益，可以适当调高该产品价格。

　　3.竞争因素　产品的最高价格取决于企业产品的市场需求，最低价格取决于产品的成本费用。在最高价格和最低价格的幅度内，企业能把产品价格定得多高，则取决于竞争者同种产品的价格水平。

　　在医疗器械市场上，竞争异常激烈。企业的任何一次价格的制定或调整都会引起竞争者的关注，并有可能导致竞争者采取相应的措施。因此，企业必须采取适当的方式，了解竞争者所提供的产品质量和价格、技术性能、销售服务、主要竞争对手的实力状况，以及产品在生命周期中所处的阶段，并与竞争产品比质量比价格，从而更准确地制定本企业产品价格。如果企业的产品与竞争者的产品相似，就可以制定与竞争者相当的价格；如果产品质量优于竞争者的产品，则可以把产品价格定得高于竞争者产品价格；如果比竞争者产品质量差些，则可以将价格定得低一些。

　　4.消费者心理　对于任何一种产品，消费者在购买或使用时都会因个人条件、环境的不同而产生不同的心理反应过程，即消费心理。它体现在消费者对产品价格的态度上就是所谓的价格心理。消费者在选购自己所需产品时，通常会依据消费者自己的感受，将产品价格与产品价值做比较。而这种感受和评价，就是消费者价格心理的一种重要表现。只有他们在感到物有所值时才会购买。同时，消费者在购买产品时的心理动机也是不同的。如在经济欠发达地区，人们的心理动机偏重于对物美价廉、经济实惠产品的追求，企业产品价格应适当定得低些；而在经济发达地区，人们的消费的心理动机则偏重于追求产品的品牌、档次、时尚、新颖，他们最关心的并不是价格。因此，企业定价时，必须考虑消费者的消费心理和动机，研究和掌握消费者的消费心理动机，这样才能制定出适当的产品价格。

第二节　定价方法的选择

💬 **案例讨论**

　　案例　某医疗器械有限公司是一家家用医疗器械专业销售商，公司主要经营一、二类医疗器械、保健用品、化妆品等产品。公司除自营产品外，还代理销售多家国内及全球最大的医疗器械生产企业知名品牌的电子血压计、血糖仪等产品。该公司长沙直营门店经销的国际国内相关的产品分高、中和低三档。其中医疗器械类产品中高档医疗器械占销售额的30%，中档医疗器械占50%，低档医疗器械占20%。且公司常常会利用不同节假日将一部分医疗器械、保健用品等轮流推出降价活动，有些甚至低至成本价。轮到下几种产品降价时，上几种产品又恢复到原价，这样就给顾客造成一种物美价廉的印象，引得顾客乐意登门。从而使企业一度成为国内知名的家用医疗器械专业公司。

　　讨论　为什么要轮流进行降价活动？

　　价格在创造顾客价值和建立顾客关系中发挥着关键作用，因此企业管理者将定价视为创造和获得顾客价值的重要工具。企业定价主要依据成本、需求和市场竞争这三个因素。因此，企业定价的方法根据这些因素可以分为成本导向定价法、需求导向定价法和竞争导向定价法。

一、成本导向定价法

　　成本导向定价法以产品的成本为主要依据来制定产品的价格。它以产品成本为基础，加上预期的利润，即为产品的基本价格（图6-1）。根据采用的成本项目和所追求的利润指标的不同，计算单位产品价格的成本导向方法也不同。在此介绍成本加成定价法、目标收益定价法、盈亏平衡定价法和边际贡献定价法等四种方法。

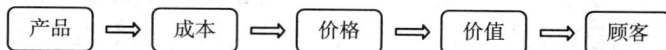

　　产品 ⇒ 成本 ⇒ 价格 ⇒ 价值 ⇒ 顾客

图6-1　以成本为基础的定价

（一）成本加成定价法

　　这是一种简单的定价方法，是指在单位产品成本基础上，加上一定百分比的加成来制定产品销售价格。加成的含义就是以成本为基础的一定比率的利润，也叫预期利润。由于利润的多少是按一定比例反映，这种比例习惯上称为"几成"，所以这种方法称为成本加成定价法。其计算公式如下。

　　单位产品价格=单位产品总成本 ×（1+成本加成率）

式中，加成率即预期利润占产品成本的百分比，也叫预期利润率。

　　例如，某生物工程股份有限公司生产某型号器械设备产品单位变动成本为50元/台，年摊销总固定成本为300万元，预计销量为10万台，企业期望达到的利润率为产品总成本的20%，则该型号器械设备的单价计算方式如下。

　　单位产品固定成本=总固定成本/销量=3 000 000/100 000=30（元/台）

　　单位产品总成本=单位产品的固定成本+单位产品的变动成本=30+50=80（元/台）

单位产品价格 = 单位商品成本 × （1+ 成本加成率）=80 × （1+20%）=96（元/台）

在成本加成定价法中，加成率的确定是定价的关键。一般情况，加成率的大小与产品的需求弹性和企业预期盈利有关，需求弹性大的产品，加成率低，以求薄利多销；需求弹性小的产品，加成率不宜低。市场上医疗器械同档次类型产品往往会形成大多数企业所共同接受的加成率。

成本加成定价法的优点：首先，因企业成本自己掌握，可简化定价工作，便于企业开展经济核算。其次，当同行都采用此种定价方法时，企业的价格就会趋于相似，价格竞争将会减到最低。再次，在成本加成的基础上确定的价格，如果所定的价格能被消费者接受，则能保证企业全部成本得到补偿。此定价方法的不足：它是从保证生产者的利益出发进行定价的，没有考虑市场竞争因素和供求状况的影响，尤其忽视了消费者的价格心理。因此，采用这种定价方法制定的产品价格，难以适应市场竞争的变化形势。只有当产品销量与产品成本相对稳定、竞争不太激烈的情况下，才可以采用。

（二）目标收益定价法

目标收益定价法是根据某一估计销量下的总投资额为依据，及投资的目标收益率来制定价格的方法。目标收益率即投资报酬率，目标收益即投资报酬，它是投资额或占用资产总额与投资报酬率的乘积。投资报酬率的确定，在前面定价目标中已做阐述，其计算公式如下。

目标收益率 = （1 / 预期投资回收期）× 100%

单位目标利润 = （总投资额 × 目标收益率）/ 预期销售量

单位产品价格 = 单位总成本 + 单位目标利润

= （固定总成本/预期销量）+ 单位变动成本 + 单位目标利润

例如，某生物医疗电子股份有限公司为其某型号器械设备产品定价，投资总额为2000万元，目标收益率为20%，该商品预期年销量为10万台，该产品年固定成本为400万元，单位变动成本为120元/台，则每台该规格型号器械设备的目标收益价格计算方式如下。

单位产品目标利润 = （投资总额 × 目标收益率）/ 预期销量

= （20 000 000 × 20%）/ 100 000

= 40（元/台）

单位商品价格 = （固定总成本/预期销量）+ 单位变动成本 + 单位目标利润

= 4 000 000/100 000 +120+40 = 200（元/台）

目标利润定价法的优点：首先，它更全面地考虑了企业资本投资的经济效益。其次，有助于确定可以接受的能获得一定资产报酬的最低价格，只要估计的销售量较为准确，价格就会较为准确，进而能保证企业利润目标的实现。不足：它与成本加成定价法相类似，也很少考虑市场竞争因素和供求状况的实际情况，只是从保证生产者的利益出发确定价格。利用估计的销售量来确定价格，而实际上不一定能保证销售量达到预期目标，从而影响目标收益率的实现。所以在实际定价中，还必须结合企业实力和市场两方面因素加以调整。

（三）盈亏平衡定价法

盈亏平衡定价法也叫保本定价法或收支平衡定价法，是根据盈亏分界点的总成本来确定产品价格的一种方法。盈亏分界点是指企业收支平衡、利润为零时的销售量，即在销量既定的条件下，计算保证此时企业既不亏损也不盈利时的产品价格水平。其计算公式如下。

盈亏平衡点的销售量 = 固定成本 / （单位产品价格 − 单位产品变动成本）

在此价格下实现的销售量，使企业刚好保本，因此，该价格实际上是保本价格，也就是盈亏平衡价格，其计算公式如下。

单位产品盈亏平衡价格=（固定总成本/盈亏平衡点的销售量）+单位变动成本

医疗器械公司可利用此方法进行定价方案的比较与选择。对于任一给定的价格，都可以计算出一个保本销售量。企业要在几个价格方案中进行选择，只有给出每个价格对应的预计销售量，将其与盈亏平衡点价格下的保本销售量进行对比，低于保本销售量，则方案可以被淘汰。而在保留的定价方案中，具体如何选择再依企业的定价目标而定。

例如，某医疗器械股份有限公司生产某型号产品，该产品的年固定总成本为180 000元，单位变动成本为50元，年保本销售量为10 000件，则该产品的单位保本定价计算方式如下。

单位产品盈亏平衡价格=（固定总成本/盈亏销售量）+单位变动成本

=（180 000/10 000）+50

=68（元/件）

盈亏平衡定价法侧重于总成本费用的补偿。在实际营销过程中，医疗器械企业生产经营多条产品线和多种产品项目，有主要产品和附属产品。此时利用盈利点之间的相互补充性，在产品进行定价时，企业可以不用单纯考虑该种产品的盈利状况。可以从保本入手，让一种产品价格与保本价持平，甚至低于保本价，以此来增加其他产品盈利点的收入，并以此确定企业最佳的产品结构及产量与价格的最佳组合。

（四）边际贡献定价法

边际贡献定价法又叫变动成本定价法，即以单位产品的变动成本为依据，加上单位产品贡献，形成产品的单位价格。其计算公式如下。

单位产品价格=单位产品变动成本+单位产品边际贡献

例如，某生物科技股份有限公司的生产某产品，该产品年固定成本为40万元，单位产品的变动成本为50元/盒，预计销售量为4000盒，如果企业计划的边际贡献为20万元，则该商品的单价计算方式如下。

单位商品销售价格=单位变动成本+单位产品边际贡献

=单位变动成本+边际贡献/总销售量

=50+200 000/4000

=100（元/盒）

产品销售价格超出变动成本的部分被视为边际贡献。所以所有产品销售收中扣除变动成本后的余额，不论能否真正成为企业盈利，都是对企业的贡献。其意义在于：单位产品的销售量收入在补偿其变动成本之后，首先用来补偿固定成本费用。在盈亏分界点之前，所有产品的累积边际贡献均体现为对固定成本的补偿，无盈利可言。到达盈亏分界点之后，产品销售收入中的累积贡献才是现实的盈利。

边际贡献定价法比较灵活，适用于以下三种情况：①市场竞争激烈，产品供过于求，库存积压；②企业生产能力过剩、订货不足，为维持生存，减少固定成本的亏损；③固定成本已经被主要产品分摊。此定价方法对有效地应对竞争、开拓新市场、调节需求的季节差异以及形成最优产品组合，可以发挥巨大的作用。

二、需求导向定价法

需求导向定价法又叫市场导向定价法或顾客导向定价法。就是指根据市场需求状况和消费者对产品的感觉差异来确定价格的方法。这类定价方法的出发点是顾客需求，以顾客对产品价位的理解为依据来制定价格（图6-2）。主要包括理解价值定价法、需求差异定价法和反向定价法。

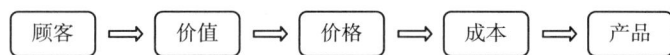

$$\boxed{顾客} \Rightarrow \boxed{价值} \Rightarrow \boxed{价格} \Rightarrow \boxed{成本} \Rightarrow \boxed{产品}$$

图6-2 以需求为基础的定价

（一）理解价值定价法

理解价值定价法又称认知价值定价法。就是根据消费者对产品价值的理解程度为依据，运用各种营销策略和手段影响消费者对商品价值的认知，形成对企业有利的价值观念，再根据产品在消费者心目中的价值来确定价格。

理解价值定价法的关键是企业能否对消费者的理解价值有准确的判断，判断失误造成产品价格过高或过低都会给企业带来不利的影响。企业如果过高地估计消费者的理解价值，便会定出偏高的价格，难以达到应有的销量；反之，则会定出偏低的价格，减少企业的盈利。

为了准确地把握消费者的理解价值的准确资料信息，企业必须进行广泛的市场调研，了解消费者的需求偏好，根据产品的性能、用途、质量、品牌、服务等要素在消费者心目中的认知和评价，判定消费者对产品价值的理解程度，确定产品的初始价格；然后，在初始价格条件下，预测可能的销量，在分析目标成本和销售收入、销量与价格的基础上，确定最终价格。在此过程中，企业可通过突出产品特色，塑造企业和产品独特形象，并结合整体营销组合策略，使消费者感到购买此产品能获得更多的相对利益，从而提高消费者可接受的产品价格上限。

（二）需求差异定价法

需求差异定价法是企业对同一种产品依据消费者不同的需求强度而制定不同价格的方法。这种定价方法用于同一产品在同一市场上制定两个或两个以上的价格，或使不同商品价格之间的差额大于其成本之间的差额。其好处是可以使企业定价最大限度地符合市场需求，促进商品销售，有利于企业获取最佳的经济效益。另外，这种采用多种价格销售产品的需求差异定价法，更能增加销量，实现顾客的不同满足感。需求差异定价主要有：顾客差异定价、产品外观差异定价、颜色差异定价、时间差异定价、地区位置差异定价等。

（三）反向定价法

反向定价法又叫销售价格倒推法，是通过市场调研估算出消费者可以接受的价格，反向推算出产品的批发价、出厂价的定价方法。这种方法不是以企业产品实际成本为依据，而是重点考虑市场需求状况。依据消费者能够接受的最终销售价格为出发点，结合企业产销量、利润目标等因素制定出消费者可以接受的市场零售价，然后逆向推算出批发价、出厂价。其计算公式如下。

产品批发价 = 消费者可接受价（零售价）/（1+批零差价率）

产品出厂价 = 批发价格 /（1+进销差价率）

例如，某医疗器械有限公司通过市场调查，估计消费者对某种型号的家用医疗器械可接受的价格是1800元，该产品在零售环节的批零差价率是20%，批发环节的进销差价率是10%，该产品的出厂价格计算方式如下。

零售商可接受的价格（批发价）=消费者可接受价格（零售价）/（1 + 批零差价率）
=1800/（1+20%）=1500（元）

批发商可接受的价格（出厂价）=零售商可接受价格（批发价）/（1 + 进销差价率）
=1500/（1+10%）=1364（元）

反向定价法制定出的产品价格由于是以消费者可以接受的价格为基础的，所以既能适应市场竞争，又能满足消费者的需求。

三、竞争导向定价法

竞争导向定价法是指企业以竞争者的同类产品价格为依据，通过研究竞争对手的生产条件、服务状况、价格水平等因素，充分考虑自身的竞争实力、参考成本和供求状况来确定价格的方法。竞争导向定价法主要包括：随行就市定价法、密封投标定价法、主动竞争定价法。

（一）随行就市定价法

随行就市定价法也称流行水准定价法或通行价格定价法，是指企业按照同行业的现行平均价格水平定价。采用此定价方法，一般基于以下情况：①需求弹性难以测量，产品的成本测算比较困难，而企业又希望得到合理利润，不愿意打乱市场现有秩序；②竞争对手不确定；③消费者也已认可和接受了行业平均价格。

随行就市定价法定价可以随同行业中处于领先地位的大企业价格的波动而同水平波动；也可以随同行业产品平均价格水准的波动而同水平波动。此方法可以为企业节省时间、减少风险、避免竞争，使同行间和平相处，适合小型企业采用。

（二）密封投标定价法

密封投标定价法是在买方需要大型器械设备、大批量产品购买时，发布招标公告，由多家卖方在同意招标人所提出的条件的前提下，密封投标出价竞争，最后以最有利于买方的价格成交的一种定价方法。它是我国医疗机构采购医疗器械（设备及耗材）集中招标采购必须采用的定价方法。

在招标投标方式下，参与投标的企业以密封递价给招标单位以参加竞争，就是为了争取本企业中标，因此投标价格是企业能否中标的关键性因素。一般而言，报价高，利润大，但中标机会小；如果因价高而招致败标，则利润为零；反之，报价低，虽然中标机会大，但利润小。那么企业应该怎样确定投标价格呢？

首先，企业根据自身的成本，确定几个备选的投标价格方案，并依据成本利润率计算出企业可能盈利的各个价格水平，即企业目标利润。其次，分析竞争对手的实力和可能报价，确定本企业各个备选方案的中标机会。其中，竞争对手的实力包括对手的信誉声望、产品质量和服务水平、产品的产销量及市场占有率等要素，其可能报价则在分析历史资料的基础上得出。再次，根据每个方案目标利润和中标机会，计算每个方案的期望利润。最后，根据期望利润最高水平的价格作为最佳的投标递价方案。其计算公式如下。

方案的期望利润＝企业目标利润×中标概率（％）

例如：企业递价10 000万元，利润700万元，估计中标的可能性为30％，企业的期望利润为210万元。如果其他递价，核算的期望利润低于210万元，则递价10 000万元为最佳投标报价。但也有例外，当企业有特殊的优势和原因能使企业中标在握时，就不一定用期望利润标准；另外，当企业的处境不佳，定价目标在于渡过难关时，投标递价应力争低些，以力争获取低利的机会。

目前，我国医疗机构医疗器械（设备及耗材）集中招标采购制度还在不断地完善中，企业只有不断了解、掌握招标制度的新变化，才能以合适的递价取得招标的成功。从而真正做到既减轻社会医药费用负担，又增加企业效益。

（三）主动竞争定价法

主动竞争定价法与随行就市定价法相反，是指定价企业不是追随竞争者的价格，而是根据本企业产品的实际情况和竞争对手的产品差异状况来确定价格的方法。通常运用主动竞争定价法，实施价格差异和产品差异，不仅可以应对竞争者，还可使企业利润大增。

采用这种定价方法的前提：①企业必须具备一定的实力，以便支付较大的广告、包装和售后服务等费用以维护"质优价高"的良好企业形象；②企业的产品有自己的特色和优势，在消费者心目中有独特的产品形象；③企业所定的价格可能高于或低于市场平均价格水平，也可能与市场价格水平保持一致。这充分体现了定价的灵活性，便于及时进行价格调整。这种定价方法在异质产品市场上经常为一些实力雄厚或产品独具特色的企业所采用。

第三节　定价策略的运用

价格是市场营销组合中十分敏感而又难以控制的因素，定价策略是否运用得当，直接关系到产品对消费者的吸引力，影响产品的销售数量和企业利润。企业为了达到经营目标而采取的定价策划和谋略，需要考虑多方面的因素，从而制定出灵活的定价策略。

一、新产品定价策略

新产品的定价是企业价格策略的一个关键环节。新产品价格制定得正确与否，直接关系到新产品能否被消费者接受，能否为以后占领市场和获得预期利润打下基础。一般来讲，新产品定价有撇脂定价策略、渗透定价策略、温和定价策略三种，见表6-1。

表6-1　新产品定价策略

定价策略	描述
撇脂定价策略	企业对新产品制定很高的初始价格推向市场，以期快速掠夺高额收益
渗透定价策略	企业对新产品制定很低的初始价格进入市场，旨在迅速和深入地渗透市场，短时间内吸引大量购买者，赢得较高的市场份额
温和定价策略	介于"撇脂"和"渗透"定价策略之间的价格策略，使新产品价格适中，同时兼顾各方利益

（一）撇脂定价策略

撇脂定价策略又称高价策略，就是企业在新产品上市初期，把产品的价格定得较高，以便在短期内获取最大利润，犹如从鲜奶中撇取脂肪。

企业采用这种策略，目的就在于利用新产品刚刚进入市场，没有竞争产品，消费者缺乏同类产品的可比性，用高价来提高消费者对新产品的评价，提高产品档次，从而获得较高利润。但企业产品的高价并不是持久的，一旦有竞争对手出现，企业就会随时根据竞争的需要降低产品的价格，以维持和巩固自己的优势。例如一些国内知名的医疗器械生产企业及外资企业就是利用其优秀的品牌形象及顾客求新、求异的心理，采取撇脂定价策略，把价格定得很高，从市场中撇取高额的利润。在医疗器械行业涉及的医药、机械、电子、塑料等多个行业中的高新技术医疗器械和设备，其产品技术含量高，介入门槛较高，通常也采取撇脂定价策略。

主要优点：①高价便于树立产品是高档产品的印象，从而增加产品的市场吸引力；②可以在短期内收回新产品的开发费用，获得较高的投资报酬率，并有较高的利润；③有利于企业掌握价

格主动权。当高价引发竞争或市场反应不佳时，可以主动降价。

主要缺点：①容易诱发竞争。因价高利大，在短期内会吸引大量竞争者涌入市场，一旦形成竞争，产品价格必然下降，影响企业本身的长期目标；②不利于开发和拓展市场。在新产品尚未建立起声誉时，高价策略使得消费者难于接受新产品，甚至无人问津；③损害消费者利益。因价格远高于价值，必然损害消费者利益，引起顾客的反感。

适用条件：①产品的质量和形象必须优越，能够和产品的高价格相符合；②市场需求量较大，需求缺乏弹性，高价对需求的影响较小；③消费者对产品的评价较高，并且能够接受高价格；④在一段时间里有专利保护，属于独家经营，没有竞争者加入。

（二）渗透定价策略

渗透定价策略又称薄利多销策略、低价策略，它与撇脂定价策略截然相反，是指企业在向市场推出新产品时，尽量把价格定得低于预期价格的定价策略。它是利用保本微利、薄利多销的方法进行市场渗透，快速吸引大量购买者。其目的不是争取短期更大利润，而是尽快争取最大可能地提高市场占有率。

主要优点：可以迎合消费者求实、求廉的心理，快速占有比较大的市场份额，从而通过提高销售量来获得企业利润；也较容易得到销售渠道成员的支持；还可以有效地阻止竞争对手的加入，有利于控制市场。

主要缺点：定价过低，一旦市场占有率扩展缓慢，回收成本速度也会慢，将导致风险大；由于产品价格较低容易使消费者怀疑产品的质量保证，在消费者心目中造成低档产品的印象。

适用条件：①需求价格弹性较大，消费者对价格非常敏感，稍微降低价格，市场需求会大幅增加；②产品的市场容量大，生产该产品的规模经济效益明显，存在着强大的竞争潜力；③低价位要能阻止竞争，否则，价格的优势是短暂的。

采用哪种策略更为合适，企业应根据生产能力及成本、市场需求、竞争状况、市场潜力等因素综合考虑。

（三）温和定价策略

温和定价策略又称满意定价策略，是介于"撇脂"和"渗透"之间的定价策略，即按照本行业的平均定价水平或者按照当时市场行情来制定价格。该策略既能保证企业获得一定的初期利润，又能为消费者所接受。

主要优点：通过该方法制定出的价格既能吸引广大消费者购买，又能赢得各方满意，同时企业还可以有计划地在适度的时间收回企业的研制成本。

主要缺点：定价缺乏鲜明的特色，对各方面兼顾太多；在特殊营销环境下，很大程度上容易丧失市场占有率及扩大获得高额利润的机会。

适用条件：①产品在市场上供求基本平衡；②企业对利润的追求不太迫切；③产品的需求弹性较大，企业希望长期维持平稳的价格。

二、产品组合定价策略

产品组合定价策略是对不同组合产品之间的关系和市场表现进行灵活定价的策略。对于多品种生产经营的企业，产品组合内各种产品的需求和成本之间存在内在的相互关系，并且各自面对的竞争程度不同。企业会从总体利益出发，寻求一组能够使产品组合整体利润最大化的价格。医疗器械类企业产品组合定价策略主要包括产品线定价策略、替代产品定价策略、互补产品定价策略和一揽子定价策略，见表6-2。

表6-2　产品组合定价策略

定价策略	描述
产品线定价策略	对同一产品线下的不同产品实行差别定价
替代产品定价策略	对功能、用途基本相同，而规格、型号等不同的产品定价
互补产品定价策略	为必须与主要产品一起使用的产品定价
一揽子定价策略	为共同出售的产品组合定价

（一）产品线定价策略

产品线是一组相互关联的产品，是产品组合中的某一产品大类，所以也称为产品大类定价策略。产品线定价策略是指企业根据购买者对同一产品线不同档次产品的需求，精选设计几种不同档次的产品和价格点的策略。大家常见的"普通版""典藏版"等就是此定价策略的应用。

企业对产品线下每个产品会设计不同的特色。为同一产品线中的不同产品定价时，应该考虑不同产品之间的成本差异，更应反映顾客对不同产品属性的感知价值，以支持不同产品的价格差距。星巴克的咖啡分为大、中、小三种杯型产品供大家选择；某一医疗器械生产企业轮椅生产线下生产不同材质、规格型号、外观的电动轮椅或者手动轮椅车；家用制氧机的3L、5L、7L等不同型号不同价格产品，都是采取的产品线定价策略。

在采用此定价策略时，企业应主要考虑三个方面因素：①同一产品线下不同产品的成本差别；②消费者对不同产品特色的认可度和看法；③竞争对手产品的价格。如果产品线中前后两个相互关联产品的价格差额较小，顾客就会更多地购买性能较先进的产品。此时，如果这两个产品的成本差异小于价格差额，企业的利润就会增加。

（二）替代产品定价策略

替代产品是指功能和用途基本相同，使用过程中可以互相替代的产品。替代产品定价策略是指企业为实现既定的营销目标，有意识地安排本企业替代产品之间的价格比例关系而采取的定价措施。

企业在生产或经营着两种以上有替代关系的产品时，这两种产品的市场销售量常常表现为此消彼长，这种增加或减少与产品价格的高低有着十分密切的关系，即降低一种产品的价格，不仅会使该产品的销售量增加，而且会同时降低替代产品的销售量。例如，某医疗器械经营企业销售不同规格、型号的弹簧表式血压计、听诊法自动血压计、上臂式和手腕式电子血压计等产品。就可以用替代产品定价策略进行产品的定价，企业也可以利用这种效应来调整产品结构。如企业用相对价格诱导需求，以牺牲某一品种，稳定和发展另一些品种；企业也可以利用这种效应，提高某一知名产品的价格，突出它的豪华、高档、创造一种声望，从而利用其在消费者心目中的良好形象而增加其他型号产品的销售量；或者适当提高畅销品价格，降低滞销品价格，以扩大后者的销售，使两者销售相互得益，增加企业总盈利。

（三）互补产品定价策略

互补产品是指两种或两种以上功能相互依赖、需要配套使用的产品。互补产品价格策略又称"附属产品定价策略"，是指将互补产品中的基本产品定低价、配套产品定高价的定价策略。它是企业利用价格对消费连带品需求的调节功能全面扩展销售量所采取的定价方式和技巧。

此定价策略一般是把价值高而购买频率低、需求价格弹性高的主件产品价格定得很低来吸引顾客，而把与之配套使用的价值低而购买频率高、需求价格弹性低的易耗品价格适当定高些。这样可以取得相关产品销售量，同时增加的良好效果。医疗器械公司常会对一些主件产品低利定价，甚至是免费赠送，但在耗材上设定较高的利润率。例如，某品牌家用血糖仪定较低价格，而把与该设备的耗材试纸等产品的价格定得高些，以此来弥补血糖仪设备低价的亏损，企业还可以从其互补品的销售中获取预期的利润。

运用互补产品定价策略的公司必须慎重，有时往往难以在主要产品和互补产品的定价之间寻求恰当的平衡。如果运用不当，被迫购买高价互补产品的消费者会认为是趁火打劫，将可能因此对公司产品产生抵制情绪；甚至可能使打算初次尝试的消费者望而却步，或者购买之后使用时感到不舒服。

（四）一揽子定价策略

一揽子定价策略又称"捆绑定价策略"，是指企业将两种或两种以上产品或服务组合在一起，以低于各项单品价格之和的一个特别优惠价格出售。大家常见的各店铺的商品中"大礼包""礼盒"等运用的就是此定价策略，例如，某企业生产的某品牌生活套装：牙膏、牙刷及沐浴液、洗发水和洗面奶等五件旅行套装，它们的单独销售价格分别是牙膏8元/盒、牙刷5元/个、沐浴液18元/瓶、洗发水20元/瓶和洗面奶35元/瓶，这几件产品的价格总共要花费86元，但组合五件套装却以68元的较低价格出售。

企业对家用医疗器械类产品也常会运用此定价策略，如把家庭保健器材电子血压计和电子血糖仪等产品组合；家庭护理设备产品中的家庭急救药箱；家庭医疗康复设备按摩仪、煎药器、家用颈椎腰椎牵引器等系列产品组合在一起，以一个优惠价格进行销售；而对高价值医疗器械产品，主要是针对消费者在购买耐用器械产品时担心维修不便等心理，把商品本身的价格与确保消费者安全使用的费用加总计算，以一个较低的组合产品价格来吸引消费者购买，以降低消费者的消费风险和增强安全感。一揽子定价策略可以促使消费者购买一些原本不会购买的产品。所以采取此定价策略，产品组合价格必须足够低，这样才能吸引消费者的购买。

三、价格调整策略

由于市场营销环境的不断变化，企业常常会调整其基础价格，以适应各种顾客差异和不断变化的环境。价格调整策略重点考察以下五种：折扣与津贴定价策略、需求差别定价策略、心理定价策略、促销定价策略和动态定价策略，见表6-3。

表6-3 价格调整策略

定价策略	描述
折扣与津贴定价策略	为回报顾客大量购买、较早付清货款或淡季购买等行为而降低价格
需求差别定价策略	调整产品的基本价格以适应不同的顾客、产品、时间和销售地点
心理定价策略	根据消费者心理因素调整价格
促销定价策略	暂时降低产品价格，以促进短期销售
动态定价策略	持续地调整价格以满足个体顾客需求和环境特点

（一）折扣与津贴定价策略

折扣与津贴定价策略也叫"折扣与让价策略"，就是企业为调动各方面积极性或鼓励顾客做出有利于企业的购买行为，对标价或成交价款根据交易的具体内容和条件，企业给予购买方一定的价格优惠或减让的一种定价策略。这种给顾客以优惠、鼓励顾客购买的方式，是争取顾客、提高市场占有率的一种有效方法。常见的折扣形式有现金折扣、数量折扣、交易折扣、季节折扣、价格津贴等。

1.现金折扣 又称"付款期折扣"。就是企业对在约定付款期内提前付款的购买者给予的一种价格折扣策略。采用现金折扣的目的主要是为了鼓励购买者尽早付款，减少赊销。

使用现金折扣时应考虑三个方面的因素：①折扣率的大小；②给予折扣的限制时间的长短；③付清全部货款期限的长短。例如某器械批发企业与购买者成交某产品时，现金折扣的条件为2/10，净款20，即在20天的付款期限内，如果购买者在成交后10天内付清货款，可以享受原价2%的现金折扣，超过10天要付全价，但最迟应该在20天内要付清货款。

现金折扣也为医疗器械公司乐于采用，因为这样可以提早收回货款，加速资金周转，并减少呆账的风险，减少企业的利息费用，吸引顾客的购买兴趣。

2.数量折扣 又称"批量折扣"。是指企业根据顾客购买产品数量或金额的多少，分别给予大小不同折扣的一种定价策略。一般来说，对于购买数量大、购买金额多的顾客，给予其折扣也就越大。以此来鼓励购买者大量购买，或吸收顾客长期购买本企业的产品，从而降低企业在销售、储运等环节中的成本费用。数量折扣有以下两种形式。

（1）累计数量折扣 同一购买者在一定的时期内购买产品累计达到一定数量或金额时，企业按购货量的不同给予不同的价格折扣。时间的长短，可以任意制定为一周、一月、一季、半年、一年等。采用这种策略有利于稳住顾客，鼓励购买者长期购买本企业产品，使之成为企业可信赖的老主顾。此类购买者越多，企业越容易掌握其产品的销售规律。但这种策略在实施中也会遇到一些问题，如购买者为获得较多的折扣率，可能在规定期限届满前大批进货，这将影响企业营销计划的统筹安排。

（2）非累计数量折扣 又称一次性折扣，这是指顾客每次购买产品达到一定数量或金额时，企业给予其一定的折扣优惠。每次购买的数量、金额越大，折扣率就越大。目的在于鼓励顾客一次性地大量购买，从而节省费用，增加销售量，增加盈利，加速资金周转。

3.交易折扣 又称"功能折扣"。是生产企业根据中间商在营销中担负的不同交易职能，而给予不同价格折扣的一种定价策略。其目的是鼓励中间商向生产企业大量订货，增加生产企业销售量。实行交易折扣的依据是依买方企业性质而定，不同性质的企业，它处于分销渠道的不同环节，其所担负的功能不一样，开支的费用就存在差异。需要卖方以各不相同的折扣率补偿。因此，交易折扣率的大小，应根据买方企业所提供的功能性服务和正常流通环节多少而定。

4.季节折扣 又称"季节差价"。是指企业对生产或经营的季节性产品，为鼓励顾客提前进货或在淡季购买而给予的一种价格折扣策略。其目的是鼓励批发商、零售商早期进货，消费者早期购买或淡季购买，以便企业充分合理利用设备进行常年的均衡生产或经营；减少资金占用和仓储管理压力，加速资金周转。如对有季节性需求的一些家用器械类产品就可以采用这一策略。

5.价格津贴 价格折让是另一种形式的价格减让，包括以旧换新津贴、促销津贴、运费津贴等。以旧换新津贴是对购买新产品的返还旧商品的顾客的价格减让方式。促销津贴是制造商为回报经销商对广告和促销活动的参与而提供的报酬或价格减让。运费津贴是为了扩大产品的销售范围，对较远的顾客在产品价格上给予一定的折扣，以弥补其全部或部分运费，以吸引较远的顾客。

（二）需求差别定价策略

需求差别定价策略，又称"弹性定价策略"。是指企业在给产品定价时，根据不同的需求强度、不同的购买力、不同购买地点和不同购买时间等因素，按照两种或两种以上不同的价格销售某种产品或服务。这些不同的因素导致商品具有不同的价格差异，这种差异是以顾客需求差异为基础。它体现了定价的灵活性。差别定价策略有以下几种形式。

1. 顾客差别定价　企业对同一产品或服务按照不同的价格销售给不同的顾客。例如，对老顾客和新顾客，或是对会员顾客和非会员顾客，就采用不同价格，对老顾客或办理会员的顾客给予一定的优惠；同一产品销售给批发商、零售商或消费者，采用不同的价格；一些企业会对某些社会成员如军人、教师、残疾人、老年人等给予价格优惠，而其他顾客不享受优惠；博物馆对学生和老年人收取较低的门票等。

2. 产品形式差别定价　企业根据不同的式样、花色、规格型号的产品分别制定不同的价格，并且这种价格上的差异与成本差异不成比例。它主要反映了消费者对产品额外的心理需求。例如，经典颜色的产品价格要高于一般颜色的产品；包装款式精致的保健品价格要高于一般包装的保健品；精装产品或礼品装产品比一般简装的产品要贵。

3. 时间差别定价　企业对同一产品在不同季节、不同月份、不同日期甚至不同时点制定不同价格。例如，药店在会员日的促销活动中对某些药品的优惠价格以及产品在销售淡、旺季的价格差别，工作日和周末的价格也有所不同。

4. 地点差别定价　企业对不同销售地点的产品或服务，即使提供产品的成本费用一样，也应制定不同的价格。例如，在城市的繁华地域与偏远地域，经济发达地区与经济欠发达地区等企业都可以制定不同的价格，剧院、体育馆对不同的座位制定不同的价格。

采用需求差别定价策略，必须要满足一定的条件：①要分析市场需求差别，遵循市场细分原则，做好市场细分；②进行市场细分和差异性成本不能超出从差别定价中获得的额外收益；③要反映消费者感知价值的真实差异，防止引起顾客的反感和敌意。

（三）心理定价策略

心理定价策略是指企业根据消费者在购买产品时的心理需要和心理感受来制定产品价格。这是根据消费者需求心理制定价格的策略。常见的心理定价策略有尾数定价、声望定价、习惯定价、参照定价等策略。

1. 尾数定价　又称"非整数定价策略"。是指企业在制定产品的价格时，根据消费者求实、求廉消费心理，以零头数结尾，拆整为零，以促进消费者购买欲望的一种定价策略。例如，将一种产品定价为198元，就让消费者感觉价格不到200元，相当便宜。

尾数定价主要具有如下心理功能。

（1）尾数会使消费者产生没进入更贵一档的感觉，零头价格会使消费者产生便宜感，从而增加产品的销售。

（2）零头价格使消费者觉得企业定价认真、准确、合理，是企业精心计算、对顾客负责任的最低价格，购买不会吃亏，从而产生信任感。

（3）尾数定价还能符合地区、民族消费者的风俗习惯，容易给消费者留下一种数字中意的感觉，如价格尾数为"9"表示长寿、长久；价格尾数为"8"，谐音"发"，引导顾客产生吉祥、发财的联想。基督教忌讳13、中国人和日本人忌讳4，如果产品价格正好在这些数字上，应调整和变通。

2. 声望定价　企业根据消费者求名好胜心理，企业或品牌凭借在消费者心目中所享有的声誉和威望，制定高于其他同类产品价格来增进消费者购买欲望的定价策略。与尾数定价策略迎合消费者的求廉心理相反，声望定价策略迎合了消费者的高价显示心理。这是消费者受相关群体、所属阶层、地位、身份等外部刺激影响而产生的对某些特殊商品愿意花高价购买的心理反应，以达到显示身份、地位、实现自我价值的目的。

企业的名牌优质产品、时尚产品及奢侈品，这些产品市场声誉极佳，顾客非常信任，甚至以追逐这些产品为荣耀，因此，定价较高反而能刺激消费。相反，如果名牌产品价格定得过低，消费者认为"便宜无好货"，或是购买低价产品认为降低了自己的身份，反而会影响产品的销售。声望定价最适宜于名牌药品、化妆品、知名企业医疗器械等质量不易鉴别的产品或服务。

声望定价策略是企业利用顾客仰慕名牌商品或名店声望而产生的心理所采用的策略，价格中的一部分是为虚名付的款，因而这种定价策略的运用必须慎重，价格不是越高越有利，一旦价格高得离谱，很可能适得其反，使消费者心目中存在的"价高质必优"的信念产生动摇。

3. 习惯定价 企业将市场上长期流通、广为消费者所熟悉的产品价格定在消费者已知和习惯的固定水平上，以稳定消费者购买情绪的一种定价策略。

经常性重复购买的产品，尤其是常用产品的价格，消费者在再次购买时，心里会联想到之前购买时的情境及当时购买的价格，从而在消费者心目中形成一种习惯性标准。企业给这类产品定价时，要尽量顺应消费者的习惯价格，不能随意改变。如果随意涨价，容易使消费者产生不满情绪；如果随意降价，则会引起消费者对产品品质的怀疑，影响产品的销售。即使产品生产成本大幅度提高或发生了通货膨胀，也不宜轻易提价。在这种情况下，企业可以采取价格以外的措施来改善处境，如改善经营管理、生产或经营新的花色品种，或改进包装、强化促销、改进服务等方式，使产品以新面貌出现于市场。例如，医疗器械类一类产品如纱布口罩或一次性使用医用口罩，就适宜用此定价策略。如果企业迫不得已必须调整习惯价格，也要做好解释宣传工作，求得消费者的理解，以期形成新的习惯价格。

4. 参照定价 对一个将要陈列在一个更高价格的同一品牌或竞争品牌产品旁边的特定产品确定一个适中的，而不是低廉的价格。参照定价策略是以"孤立效应"为基础。孤立效应认为：一个商品如果以紧挨着一个价格更高的替代商品的方式出现，将比它单独出现更有吸引力。

在大多数情况下，消费者并不具有足够的技能或信息来判断自己是否在支付合理价格，在此基础上，企业可以影响或者利用消费者的参照价格心理进行定价。例如，某医疗器械公司门店将某品牌标价高达2480元的昂贵家用氧气瓶与标价为4680元的同品牌不同款式家用氧气瓶陈列在一起，让消费者进行比价，从而达到前者的高销量目的。

（四）促销定价策略

促销定价策略是指企业会选择一定的时间将少数商品以低于正常价格，甚至低于成本的价格暂时性地降价销售，以促使消费者产生兴奋和急切的心情来招揽顾客的定价方法。

采用促销定价策略的产品价格，通常与打折、赠送，以及与其他活动捆绑在一起进行。平常大家所谓的"跳楼价""亏本大甩卖"等都是促销定价策略。促销定价策略使用不当常会损害企业形象和利润，所以公司必须权衡其短期销售激励和长期品牌建设的关系。常用的促销定价策略一般有招徕定价、特别事件定价、现金回扣、低息融资等定价策略。

1. 招徕定价 又称"特价品定价"。是指企业为了招徕顾客，特意将某几种产品的价格定得非常低，使其低于市场价甚至低于成本以吸引顾客，增加其他商品的连带性购买的一种促销定价策略。它是企业以牺牲少数产品的利润，而促进其他正常标价产品的销售，以达到扩大销售，获得更多的利润。这一定价策略常为综合性药店、医药超级市场，甚至高档产品的专卖店所采用。

2. 特别事件定价 企业利用开业庆典或开业纪念日或节假日，如春节、国庆节等时机，对某些产品制定临时性的价格优惠，以吸引更多的消费者产生强大的购买行为的一种促销定价策略。

企业借用特定事件来营造轻松愉快的活跃销售气氛，增大客流量，以带动整体产品的销售，从而获取更大的销售额和利润。这一定价策略也常为医疗器械公司及器械类产品的专卖店所采用。

3.现金回扣定价 企业对在特定的时间内购买企业产品的消费者给予现金回扣，来刺激消费者在某一特定时期内购买其产品的一种促销定价策略。此策略可以使企业在不必降低目录价格的情况下达到清理存货，减少积压的目的。例如，本店商品一律买100元送20元现金回扣券，现金回扣券限一个月内使用。

现金回扣定价策略一方面可以刺激销售量的上升；另一方面部分消费者买到产品后，因为没有将赠券寄回或未能在限定日期内使用以获取回扣，而使企业的费用低于降价时的成本。这一定价策略常为新开业的店面所采用。

4.低息融资定价 企业不采取降价，而是采取向顾客提供低息贷款的方式鼓励顾客提前购买其产品的一种促销定价策略。如汽车制造业、房地产行业、大型高值医疗器械产品等通过降低贷款成本，实行分期付款的方式来吸引顾客。例如，某医疗器械某产品总价款为500万元/台，增值税税额为65万元。为了减轻购货单位负担，公司规定：购买该产品可于购买日支付货款265万元，余款可分3年于每年年末等额支付，利率按同期银行借款年利率核算。

而如今现代医院使用的如全息数字编码彩色超声诊断系统、伽马射线全身立体定向放射治疗系统等市值较高、体积较大的医疗设备产品，医疗器械的经销商就会通过延长贷款期限，减少顾客的付款金额来消除顾客对贷款成本的顾虑，以刺激购买。但是，如果分期付款额很高、贷款的归还期很短，那么这种融资的效果就有可能受影响。

（五）动态定价策略

动态定价是指企业根据市场需求和自身供应能力，对在网上销售的同一产品以浮动的价格适时地销售给不同的消费者或不同的细分市场，以实现收益最大化的定价策略。

基于B2C电子商务环境下医疗器械类的常见的动态定价策略有时机定价、动态推销、综合动态定价等网络定价策略。

1.时机定价 在互联网电子商务运营模式下，企业利用互联网技术或各种商务网络平台，根据不同时间消费者所能承受的价格的不同而实施的定价策略。器械类产品常见的时机定价策略有清理定价，它是企业在产品生命周期末期经常运用的策略。例如，随着家庭医疗检测和健康装备产品的创新，产品更新换代较快，当产品处于生命周期末期时，企业急于减少损失，会对生命周期较短的一些高科技产品在B2C的网站上设置特价商品区，及时清理多余库存，加快资金的回收，以备需求的不测变化。

时机定价策略的关键在于把握顾客不同时间对价格承受的心理差异。例如，对于冲动型购买者对创新电子产品趋之若鹜，他们愿意为此支付更高的价格，那么在一些B2C的电子商务网站上商家就可以根据此特点来灵活制定产品的价格。

2.动态推销 企业利用互联网赋予的强大优势，从顾客网上浏览和购买历史中进行数据挖掘，获取顾客的特点和行为特征，通过分析顾客信息并根据供应情况和库存水平的变化，量身定做适应消费者需求的产品，并相应地制定产品价格的网上定价策略。

企业在电子商务网站上实施此定价策略，可以根据特定的顾客搜寻和购买活动，购买产品的金额数量，以及能够消费什么价位的产品及其购买意愿等，在网上及时地推送适当价格的产品。例如，在器械类的网店，对顾客在网站上浏览或购买过的产品会进行数据记录和分析，每当回头顾客再次登录网站，网店便会根据顾客的消费记录，给予个性化的产品和购买建议。

动态推销策略的优点是可以准确地为顾客提供不同的产品，以满足顾客的个人兴趣；可以迅速、频繁地进行价格调整，通过各种促销优惠以实施差异化的产品定价；通过多种交货方式及时清理库存积压，以保证增加销售量和提升销售收入。其不足之处在于如果运用不当，可能损害某些顾客群体的利益，破坏重要的客户关系。

3.综合动态定价　对相关动态定价策略的综合运用。如果顾客对相同产品或服务的价值认同存在差异，而需求形态却相对固定或者是不确定，企业就可综合运用各种动态定价策略，根据顾客对不同的产品或服务偏好、价格心理，有针对性地采取多种动态定价策略相结合。因此，企业应根据需求的变化有选择地综合运用好动态定价策略。

动态定价一方面能够使企业更好地应对市场条件的变化，企业根据不同渠道和产品配置，设置多重定价，并经常对这些价格做出调整；另一方面动态定价能使企业恰如其分地把握好客户价格承受心理，经济有效地满足消费者的需求，从而使企业做到淡季拉动消费，旺季抑制需求。例如，一些医疗器械公司通过网站对客户信息的良好把握，对产品进行网上销售时，经常调整产品报价，有时上浮，有时下调。最终实现销售收入最大化。

岗位对接

本章主要介绍了医疗器械经营与管理及其他医疗器械相关专业学生成为合格医疗器械销售及售后工程师必须掌握的内容。

本章对应岗位包括营销师、医疗器械购销员、医疗器械销售、医疗器械质量管理员等。上述从事医疗器械销售及服务等岗位的从业人员除需掌握医疗器械服务道德规范基本内容外，医疗器械从业人员还需掌握产品成本的核算，能根据企业定价目标及定价方法，恰当运用企业的定价策略。在国家相关法律法规及政策条件下，依据市场的变化灵活制定医疗器械产品价格，以更好地服务于客户和市场。

本章小结

价格竞争是市场竞争的核心。企业只有有效地进行定价，参与市场竞争，适应市场需求，才能为企业创造更大的利润，然而医疗器械与其他医药类产品一样，它是关系到人民生命健康的特殊产品。在其定价方面，除了以盈利为导向，掌握一般产品的定价策略外，还需考虑医疗器械类产品的国家相关法律法规及政策导向。

本章简述了价格的构成；把影响医疗器械产品定价的相关因素：企业产品的成本、企业的定价目标、国家的政策法规、市场需求状况、市场竞争状况、消费者的心理等，归纳为内部因素和外部因素两方面进行了重点阐述；并介绍了成本导向定价法、需求导向定价法、竞争导向定价法等定价方法；在上述基本原理的基础上介绍了新产品定价策略、产品组合定价策略、价格调整策略等定价策略。

习题

一、单项选择题

1.以提高市场占有率为定价目标的企业通常（   ）。
    A.具备大量生产和销售的能力　　　　　　B.采用高于竞争者的价格
    C.侧重短期内的最高利润　　　　　　　　D.在生产技术和产品质量上处于领先地位

2.某器械产品的需求价格弹性系数为0.5，为增加商品的销售额应该（   ）。
    A.适当提价　　　　　　　　　　　　　　B.适当降价
    C.维持价格不变　　　　　　　　　　　　D.先大幅降价后小幅提价

3.一般具有优越条件，如占据市场主导地位或产品具有专利的企业，最适宜采用的定价目标是（   ）。
    A.获取投资收益率　　　B.扩大市场占有率　　　C.维持生存　　　D.适应竞争

4.企业对同一种产品依据消费者不同的需求强度而制定不同价格的方法，这是（   ）。
    A.理解价值定价法　　　B.价格折扣定价法　　　C.需求差别定价法　　　D.主动竞争定价法

5.某公司规定购买产品时一次性付清货款的顾客可享受9折优惠，这种定价策略属于（   ）。
    A.数量折扣　　　　　　B.现金折扣　　　　　　C.差别折扣　　　　　　D.交易折扣

6.某医疗器械公司根据投资总额、预期销售量和投资回收期等因素来确定价格的方法，称为（   ）。
    A.盈亏平衡定价法　　　B.目标收益定价法　　　C.边际贡献定价法　　　D.需求差别定价法

7.某医疗器械公司门店将某品牌标价高达2490元的昂贵家用氧气瓶与标价为4680元的同品牌不同款式家用氧气瓶一起陈列，此策略属于定价策略中的（   ）。
    A.习惯定价策略　　　　B.声望定价策略　　　　C.参照定价策略　　　　D.尾数定价策略

8.某医疗器械门店有意识地将来自同一厂家的家用制氧机的3L、5L、7L三种不同型号产品分别定价为2180元/台、2680元/台、3560元/台。这属于定价策略中的（   ）。
    A.一揽子定价策略　　　　　　　　　　　B.产品线定价策略
    C.互补产品定价策略　　　　　　　　　　D.替代产品定价策略

9.企业根据市场需求和自身供应能力，对在网上销售的同一产品以浮动的价格适时地销售给不同的消费者或不同的细分市场，以实现收益最大化的定价策略，称为（   ）。
    A.动态定价策略　　　　B.新产品定价策略　　　C.心理定价策略　　　D.参照定价策略

10.将互补产品中的基本产品定低价、配套产品定高价的定价策略，称为（   ）。
    A.一揽子定价策略　　　　　　　　　　　B.产品线定价策略
    C.互补产品定价策略　　　　　　　　　　D.替代产品定价策略

二、简答题

1.相对于其他类别医疗产品，数百万元以上的大型医疗设备，如超声聚焦刀、核磁共振、热疗机等，其高价值医疗设备的价格基本上是由市场决定的，其定价可以远远高于其实际成本数倍甚至数十倍。影响这类产品定价的因素很多，市场行情、制造成本、利润期望、渠道设计、推广方式、经营理念、治疗收费标准等都是企业需要考虑的因素。

以A上市医疗设备公司为例来探讨企业产品的定价策略，A公司主要经营自主开发的超声诊断设备及手术室洁净系统、DR等产品，面向基层医疗单位。以超声设备为主导产品，最新开发的某型光子热疗智能系统（简称热疗机）属于大型肿瘤治疗设备，是利用红外线辐射进行全身热疗的肿瘤治疗设备。该型热疗机在医院肿瘤治疗设备中的定位是一种比较普及通用的、能增强放化疗疗效的、能延长生存期的、能提高免疫力的，主要应用于晚期或转移恶性肿瘤患者的中高端医疗设备。产品适用于地市级以上肿瘤医院或综合医院肿瘤科。

相对于之前某公司开发出的国内第一代热疗机产品，A公司的热疗机在设计中取消了全身麻醉概念，制造成本和临床应用都有所改进。公司该如何为该型号光子热疗智能系统设计合理的价格体系成为公司管理层的一个难题。

A公司通过走访全国30多家综合医院肿瘤科和肿瘤专科医院，了解它们对热疗产品的认识和看法，以及对热疗的认知和接受程度。经过市场调研，发现市场上还没有一种占主导地位的热疗产品。而亚高温全身热疗代表全身热疗理论和临床的最新发展方向，A公司的热疗机完全有机会在该领域达成市场占有率第一并长期保持。市场上竞争对手的第一代该产品报价已调整到400万~500万，成交价格在300万~400万。其他微波全身热疗机在300万~600万，而市场上对A公司该型红外线全身热疗机可以接受的价格在300万~500万。

通过计算，公司每台该产品的价格构成为：生产成本80万元、营销支出中直销120万元（分销营销支出30万元）、企业利润24万元、税费37.2069万元、超值服务利润25万。为了最广泛程度地推广普及全身热疗，使大多数患者接受，也能保证医院投资回收，公司决策者与相关部门经过交流探讨，最终确定了该型热疗机的相关价格。

价格体系是决定销售政策的关键，是整个营销战略的灵魂所在，所以一个好的价格体系不仅仅应该是合理的，而且应该是有效的。

（1）A公司的定价目标是什么？分析影响A公司该热疗机定价的因素主要有哪些？

（2）你认为A公司该热疗机可以采取哪种定价策略？

2.简述企业在哪些情况下，可以采取边际贡献定价法进行定价？

（胡良惠）

第七章　医疗器械分销渠道策略

知识目标

1. **掌握**　医疗器械分销渠道的概念；分销渠道的功能、类型；渠道成员的选择与评估；分销渠道的评估。
2. **熟悉**　分销渠道的结构流程的组成；中间商的选择与确定；分销渠道成员激励的方法；分销渠道调整的内容。
3. **了解**　分销渠道各类型的优缺点；渠道成员的组成；渠道调整的原因。

技能目标

1. **学会**　根据医疗器械分销渠道的分类，选择合适的中间商；根据医疗器械企业分销渠道管理目标的设定，对分销渠道进行评估与调整。
2. **具备**　根据医疗器械企业实际情况拟定渠道成员的选择标准，并根据渠道成员的评估结果对渠道成员采取相应的激励措施的能力。

第一节　分销渠道的选择与评估

案例讨论

　　案例　JJ医疗器械公司是一家主营中低端产品及耗材的民营企业，采用直销加代理的混合模式，重点销售区域是部分大城市以及本地城市的医院。JJ公司根据企业和市场状况对经销商和代理商进行选择和评估，由于国内本土的国有和民营企业因为具有强劲的地域关系优势，因此其在熟悉的地域内，针对一些大型医院，采用直销的方法；而对于其他区域，则采用代理的方式或者某种器械型号采用代理制而对另外的型号采用直销制。与此同时，JJ公司每年会对代理商、经销商进行评估，对于不符合要求的中间商进行培训或撤换，同时，采用多种方式激励中间商，提高他们的销售热情。JJ公司近年来市场销售额也是逐年大幅度提高。

　　讨论　JJ公司对代理商的评估和管理有哪些方式？

　　分销渠道策略决定了分销渠道工作的开展，也决定了分销渠道的最终成果。医疗器械分销渠道中对成员的选择和评估至关重要。在经济和市场需求的持续增长下，医疗器械发展迅速。医疗器械产品只有到达消费者或者患者手中才能实现其价值。在现代市场环境中，由于生产者同消费者（或用户）之间存在着时间、地点、数量和所有权等方面的差异和矛盾，只有克服这些差异和矛盾，才能得以在正确的时间、正确的地点、按正确的数量和价格、把正确的产品从生产者转移到消费者（或用户）手中。产品从生产者到消费者（或用户）的流通过程，是通过一定的渠道实现的。

一、概述

（一）分销渠道的定义

营销学家菲利普·科特勒提出的分销渠道定义反映以所有权转移为基础来反映渠道的结构，并且强调参与流通过程的中间商的作用，即"一条分销渠道是指某种货物或劳务从生产者向消费者（或用户）移动时取得这种货物或劳务的所有权或帮助转移其所有权的所有企业和个人。因此，一条分销渠道主要包括商人中间商（因为他们取得所有权）和代理中间商（因为他们帮助转移所有权）。此外，还包括作为分销渠道的起点和终点的生产者和消费者，但是，不包括供应商、辅助商等"。反映出了分销渠道以所有权转移为基础来反映渠道结构，并强调了流通过程的中间商的作用。

因此，本章将医疗器械产品分销渠道定义为医疗器械产品或服务从医疗器械生产企业向消费者（或用户）转移过程中取得医疗器械产品所有权，或者帮助所有权转移的所有个人或企业。

（二）医疗器械分销渠道的结构流程

医疗器械分销渠道反映某一医疗器械产品价值实现的过程和商品实体的转移过程。分销渠道一端连接生产，另一端连接消费，是从生产领域到消费领域的完整的商品流通过程，即分销渠道就是产品或劳务从生产者领域流向消费者领域转移过程中所经过的路线和通道。要把医疗器械产品从生产者转移到消费者手上，能够同时满足生产厂家、消费者及中间商的需求。为了使这一转移过程能够有效完成，分销渠道的各个机构由几种类型的流程联结起来，主要是由实体流程、所有权流程、信息流程及促销流程、付款流程等流程组成。

1.**实体流程**　又称物流，是指医疗器械产品从生产者转移到最终消费者的过程。包括产品实体的储存、运输，也包括与之相关的产品包装、装卸、加工等活动。

2.**所有权流程**　又称商流，是指医疗器械产品所有权在渠道中的成员之间转移的过程。实现的主要是医疗器械产品从生产领域向消费领域转移过程中的一系列买卖交易活动。如原材料所有权从供应商转移到生产商，产品所有权由生产商向中间商，最终向消费者转移。所有权的转移由一个机构向另一个机构转移。

3.**信息流程**　医疗器械产品从生产领域向消费领域转移过程中所发生的一切信息的收集、传递和处理活动。它包括生产者向中间商、消费者的信息传递，也包括中间商及其消费者向生产者所进行的信息传递，即在渠道中每一相邻的机构会进行双向信息交流，而不相邻的机构之间也会有各种信息交流。

4.**促销流程**　在医疗器械产品从生产领域向消费领域转移的过程中，渠道成员通过广告公司或其他宣传媒体向另一个渠道成员或消费者所进行的一切促销活动。它主要通过广告、宣传、销售推广和公共关系等促销手段，影响另一个渠道成员或消费者的购买行为，促进销售。

5.**付款流程**　又称货币流，是指医疗器械产品从生产领域向消费领域转移的交易活动中所发生的货币活动。它与商流的方向相反，即由消费者将货款支付给中间商，再由中间商扣除佣金或差价后支付给生产商，一般要以银行或其他金融机构作为中介。如图7-1所示。

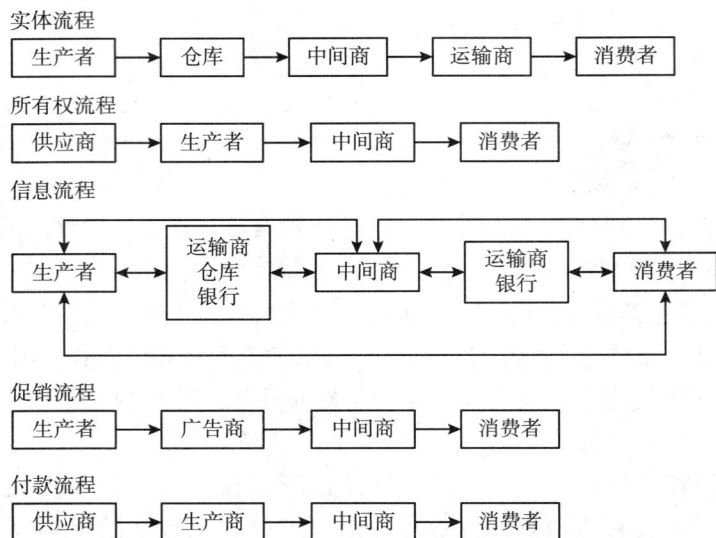

实体流程

生产者 → 仓库 → 中间商 → 运输商 → 消费者

所有权流程

供应商 → 生产者 → 中间商 → 消费者

信息流程

生产者 ↔ 运输商仓库银行 ↔ 中间商 ↔ 运输商银行 ↔ 消费者

促销流程

生产者 → 广告商 → 中间商 → 消费者

付款流程

供应商 → 生产商 → 中间商 → 消费者

图7-1　医疗器械分销渠道流程模式

（三）医疗器械分销渠道的功能

分销渠道对医疗器械产品从生产者转移到消费者所必须完成的工作加以组织，其目的在于消除产品（或服务）与使用者之间的差距。分销渠道的主要职能有以下几种。

1.研究　收集制订计划和进行交换时所必需的信息。

2.促销　进行关于所供应的货物的说服性沟通。

3.接洽　寻找可能的购买者并与其进行沟通。

4.配合　使所供应的货物符合购买者需要，包括制造、分等、装配、包装等。

5.谈判　为了转移所供货物的所有权，而就其价格及有关条件达成最后协议。

6.实体分销　从事商品的运输、储存。

7.融资　为补偿渠道工作的成本费用而对资金的取得与支用。

8.风险承担　承担与从事渠道工作有关的全部风险或部分风险。

二、分类和设计

我国幅员辽阔，只以一种营销模式很难在全国范围内以较低成本扩大市场，且医疗器械对售后服务水平要求较高。

（一）分类

1.直接分销渠道和间接分销渠道　按流通环节的多少，可以将分销渠道划分为直接分销渠道与间接分销渠道；间接分析渠道又分为短渠道与长渠道。两者之间的区别在于有无中间商。

（1）直接分销渠道　生产企业不通过中间商环节，直接将产品销售给消费者，也叫作零级渠道。直接渠道是工业品分销的主要类型，例如，大型设备、专用工具及技术复杂需要提供产品、专门服务的产品等。这种渠道模式为大多数医疗器械生产经营企业采用，主要适合于大型医疗器械的分销。

优点：①有利于产、需双方直接沟通信息，可以按需生产，更好地满足目标顾客的需要。由于是面对面的销售，用户可以更好地掌握医疗器械产品的性能、特点和使用方法；生产者能直接了解用户的需求、购买等特点及其变化趋势，进而了解竞争对手的优势和劣势及其营销环境的变化，为按需生产创造了条件。②可以降低医疗器械产品在流通过程中的损耗。由于去掉了医疗器械产品流转的中间环节，减少了销售损失，因此能加快医疗器械产品的流转。③可以使购销双方在营销方式上相对稳定。一般来说，按直销渠道进行产品交换，交换的数量、时间、价格、质量、服务等都按合同规定履行，购销双方的关系以法律的形式于一定时期内固定下来，使双方把精力用于其他方面的战略性谋划。

缺点：①目标顾客方面：医疗器械生产企业仅凭自己的力量去广设销售网点，自行设置销售机构和销售设施，配有销售人员，这不仅增加了销售费用，还分散了生产企业的精力，这样做往往力不从心，甚至事与愿违，很难使产品在短期内广泛分销，很难迅速占领或巩固市场，企业目标顾客的需要得不到及时满足，势必转而购买其他厂家的产品，这就意味着企业将失去目标顾客和市场占有率。②协作伙伴方面：经营企业在销售方面比生产企业的经验丰富，这些中间商最了解顾客的需求和购买习性，在产品流转中起着不可或缺的桥梁作用。而生产企业自销产品，就拆除了这一桥梁，势必自己去进行市场调查，包揽了中间商所承担的人、财、物等费用，这样就加重了生产者的工作负荷，分散了生产者的精力。更重要的是，生产者将失去中间商在销售方面的协作，产品价值的实现增加了新的困难，目标顾客的需求难以得到及时满足。③生产者与生产者方面：当生产者仅以直接分销渠道销售产品，致使目标顾客的需求得不到及时满足时，同行生产者就可能趁势而进入目标市场，夺走目标顾客和商业协作伙伴。在生产性团体市场中，企业的目标顾客常常是购买本企业产品的生产性用户，他们又往往是本企业专业化协作的伙伴。所以，失去目标顾客，又意味着失去了协作伙伴。当生产者之间在科学技术和管理经验的交流方面受到阻碍后，本企业在专业化协作的过程中将更加步履艰难，这又影响着本企业的产品实现市场份额和商业协作，从而形成一种不良循环。

（2）间接分销渠道　医疗器械产品从生产者向消费者（或用户）转移过程中经过一层以上中间商的销售渠道。像小型家用医疗器械产品、医用耗材以及康复类产品较常采用间接渠道。

间接渠道的长短按照医疗器械产品流通环节的多少来划分，可以分为长渠道和短渠道，具体包含一级渠道、二级渠道、三级渠道。

1）一级渠道　生产商→中间商（代理商/经销商）→消费者。主要适用于普通低值医疗器械产品，如常规分析仪器、检验仪器等。

2）二级渠道　生产商→中间商（批发商/代理商）→中间商（经销商/零售商）→消费者。

3）三级渠道　生产商→中间商（代理商）→中间商（批发商）→中间商（零售商）→消费者。部分家用医疗器械采用这种模式，以满足家庭医疗器械的需求。

长渠道策略是指产品分销过程中经过两个或两个以上的中间环节；短渠道是指采用一个中间环节或直接销售产品。

优点：①有助于产品广泛分销。中间商在产品流转的起点同生产者相连，在其终点与消费者相连，从而有利于调节生产与消费在品种、数量、时间与空间等方面的矛盾。既有利于满足目标顾客的需求，也有利于企业产品价值的实现，更能使产品广泛地分销，巩固已有的目标市场，扩大新的市场。②缓解生产者人、财、物等力量的不足。中间商购买了生产者的产品并交付了款项，就使生产者提前实现了产品的价值，开始新的资金循环和生产过程。此外，中间商还承担销售过程中的仓储、运输等费用，也承担着其他方面的人力和物力，这就弥补了生产者营销中力量的不足。③可以进行间接促销。消费者往往是货比数家后才购买产品，而一位中间商通常经销众多厂家的同类产品，中间商对同类产品的不同介绍和宣传，对产品的销售影响甚大。此外，实力较强的中间商还能支付一定的宣传广告费用，具有一定的售后服务能力。所以，生产者若能取得与中间商的良好协作，就可以促进产品的销售，并从中间商那里及时获取市场信息。④长渠道由于渠道长、分布密，能够有效覆盖市场，从而扩大商品销售范围和规模。短渠道则可以减少流通环节，节约流通费用，缩短流通时间，同时，短渠道能使信息反馈更为迅速、准确，有利于开展销售服务工作，提高企业信誉，也有利于密切生产者和中间商及消费者的关系。

缺点：①可能形成"需求滞后"。中间商购买了产品，并不意味着产品就从中间商手中销售出去了，也有可能销售受阻。对于某一生产者而言，一旦其多数中间商的销售受阻，就形成了"需求滞后"，即需求在时间或空间上滞后于供给，但生产规模既定，人员、机器、资金等照常运转，生产难以剧减。当需求继续减少，就会导致产品的供给更加大于需求。若多数产品出现类似情况，便造成所谓的市场疲软现象。②可能加重消费者的负担，导致抵触情绪。流通环节增大储存或运输中的产品损耗，相应费用就会增加，使商品价格提高，就会增加消费者的负担。此外，中间商服务工作欠佳，可能导致顾客对产品的不满情绪，甚至引起购买的转移。③渠道越长，越不便于直接沟通信息。如果与中间商协作不好，生产企业就难以从中间商的销售中了解和掌握消费者对产品的意见、竞争者产品的情况、企业与竞争对手的优势和劣势、目标市场状况的变化趋势等。在当今信息爆炸的时代，市场风云变幻，企业如果对市场信息把握不准，生产经营必然会迷失方向，也难以保持较高的营销效益。

2. 宽渠道和窄渠道　渠道宽窄取决于渠道的每个环节中使用同类型中间商数目的多少。

（1）宽渠道　企业使用的同类中间商多，产品在市场上的分销面广。

（2）窄渠道　企业使用同类中间商少，分销渠道窄。根据分销渠道的宽窄，分销渠道策略可以分三种。

1）密集分销　制造商尽可能地通过许多负责任的、适当的批发商和零售商推销其产品。消费品中的便利品和产业用品中的供应品，通常采取密集分销。

2）选择分销　制造商在某一地区仅仅通过少数几个精心挑选的、最合适的中间商推销其产品。它适用于所有产品。相对而言，消费品中的选购品和特殊品最宜于采取选择分销。

3）独家分销　制造商在某一地区仅选择一家中间商推销其产品，通常双方协商签订独家经销合同，规定经销商不得经营竞争者的产品。

3. 长渠道和短渠道　渠道的长短取决于中间环节（层次）的多少。分销渠道的长度取决于商品在整个流通过程中经过的流通环节或中间层次的多少，经过的流通环节或中间层次越多，分销渠道就越长，反之分销渠道就比较短。

（1）长渠道　经过两道以上中间环节后到达消费者手中的渠道。长渠道的优点包括市场覆盖面广、占有分销资源多、可以借用分销渠道的资源、适用于顾客密度较小较分散的区域。缺点是控制程度低、管理难度大、服务难度大、容易造成渠道成员之间的矛盾。

（2）短渠道　产品直接到达消费者或只经过一道中间环节的渠道。其优点包括市场密集、企业对渠道的控制程度高。缺点是企业外部组织承担了大部分分销渠道职能、需要大量的资源投入、市场覆盖面窄。

4. 传统分销渠道和网络分销渠道　按照产品在流通环节中所使用的中间商类型，可以将分销渠道划分为传统分销渠道和网络分销渠道。

（1）传统分销渠道　由各自独立的生产商、批发商、零售商和消费者组成的分销渠道。渠道各成员之间是一种松散的合作关系，各自追求自己的利润最大化，最终使整个分销渠道效率低下。传统分销渠道系统，又称为松散型的分销模式，顾名思义，渠道各成员之间的关系是临时的、偶然的、不稳定的。一般成员间呈金字塔式的体制，因其广大的辐射能力，为医疗器械产品占领市场发挥了巨大的作用。其经典模式：厂家→总经销商→二级批发商→三级批发商→零售店→消费者。

（2）网络分销渠道　随着电子商务的发展，越来越多的商家通过网络进行了线上销售模式，如网上旗舰店、微信营销等。网络营销渠道是凭借互联网提供可利用的产品和服务，以便使用计算机或其他能够使用技术手段的目标市场通过电子手段进行和完成交易活动，小型家用医疗器械器械、低值耗材类医疗器械常用此方式。

利用互联网的信息交互特点，网上直销市场得到了长足的发展。因此，网络营销渠道可以分为以下两大类。

1）通过互联网实现了从生产者到消费者（或用户）的网络直接营销渠道，简称网上直销。这时传统中间商的职能发生了改变，由过去环节的中间力量变为直销渠道提供服务的中介机构，如提供货物运输配送服务的专业配送公司、提供货款网上结算服务的网上银行，以及提供产品信息发布和网站建设的网络服务提供商和电子商务服务商。网上直销渠道的建立，使得生产者和最终消费者可以直接连接与沟通。

2）融入互联网技术后的中间商机构提供网络间接营销渠道。传统中间商由于融合了互联网技术，大大提高了中间商的交易效率、专门化程度和规模经济效益。同时，新兴的中间商也对传统中间商产生了冲击。基于互联网的新型网络，间接营销渠道与传统间接分销渠道有着很大不同：传统间接分销渠道可能有多个中间环节，如一级批发商、级批发商、零售商，而网络间接营销渠道只需要一个中间环节。

（二）设计

分销渠道设计是指建立以前从未存在过的分销渠道或对已存在的渠道进行变更的营销活动。当企业明确渠道目标和影响因素后，企业就可以设计几种渠道方案以备选择，设计其方案步骤。

1.确定渠道模式　医疗器械企业分销渠道设计首先是要决定采取什么类型的分销渠道，是派推销人员上门推销或以其他方式自销，还是通过中间商分销，需要考虑多方面因素。如果决定由中间商分销，还要进一步决定选用什么类型和规模的中间商的问题。

2.确定中间商的数目　决定渠道的宽度。这主要取决于产品本身的特点，市场容量的大小和需求面的宽窄。通常有四种可供选择的形式。

（1）密集性分销　运用尽可能多的中间商分销，使渠道尽可能加宽。医疗器械产品中耗材类家用医疗器械产品如创可贴、纱布、一次性医用口罩等适于采取这种分销形式，以提供购买上的最大便利。

（2）独家分销　在一定地区内只选定一家中间商经销或代理，实行独家经营。独家分销是最极端的形式，是最窄的分销渠道，通常只对某些技术性强的中高端医疗器械产品适用如CT、MRI、临床检验类仪器等。独家分销对生产者的好处：有利于控制中间商，提高他们的经营水平，也有利于加强产品形象，增加利润。但这种形式有一定风险，如果这一家中间商经营不善或发生意外情况，生产者就要蒙受损失。

采用独家分销形式时，通常产销双方议定，销方不得同时经营其他竞争性商品，产方也不得在同一地区另找其他中间商。这种独家经营妨碍竞争，因而在某些国家被法律所禁止。

（3）选择性分销　介于上述两种形式之间的分销形式，即有条件地精选几家中间商进行经营。这种形式对各类产品都适用，它比独家分销面宽，有利于扩大销路，开拓市场，展开竞争；比密集性分销节省费用，较易于控制，不必分散太多的精力；有条件地选择中间商，还有助于加强彼此的了解和联系，使被选中的中间商愿意努力提高推销水平。因此，这种分销形式效果较好。

（4）复合式分销　生产企业通过多条渠道将相同的产品销售给不同的市场和相同的市场。这种分销策略有利于调动各方面的积极性。

3.规定渠道成员彼此的权利和责任　在确定了渠道的长度和宽度之后，企业还要规定出与中间商彼此之间的权利和责任，在生产商同中间商签约时应包括以下内容，如对不同地区、不同类型的中间商和不同的购买量给予不同的价格折扣，提供质量保证和跌价保证，以促使中间商积极进货。还要规定交货和结算条件，以及规定彼此为对方提供哪些服务，如产方提供零配件，代培技术人员，协助促销；销方提供市场信息和各种业务统计资料。

三、成员构成

（一）概述

医疗器械产品的分销过程是产品从生产商，经过中间商周转，最终到达用户或消费者的过程。医疗器械的渠道成员就是指在产品分销的过程中通过多种方式结合在一起形成有效渠道的各类机构和个人。一个特定渠道成员的出现或消失是由其执行必要渠道功能而给终端用户增值的能力所决定的。医疗器械渠道的关键成员是生产商、中间商（批发商、零售商和代理商、经销商）和消费者（或用户）。

（二）医疗器械分销渠道成员

分销渠道成员构成中起点是生产商，终点是终端用户，最基本的就是中间商。

1.生产商 制造医疗器械产品的企业。它是形成渠道价值链的基础，在渠道中起着举足轻重的作用。在整个销售渠道中，生产商决定着目标市场、产品定位策略等，也决定着产品销售渠道的设计与建设。他们致力于提高产品的销售量和市场占有率，不断地与渠道中的其他成员发生联系，从而保证商品分销渠道的畅通。

2.中间商 处于生产者和消费者之间，参与产品交易活动，促进买卖行为发生和实现的具有法人资格的经济组织或个人。中间商，按其在流通过程中所起的不同作用可以分为批发商和零售商，按其是否拥有商品所有权可以分为经销商和代理商。在商品流通过程中，中间商所起的作用非常重要，它们是生产商和终端用户之间的纽带与桥梁。实际上，分销渠道策略的中心问题就是中间商的选择以及生产者与中间商、最终消费者或用户之间关系的协调问题。

（1）批发商 专门从事购买医疗器械产品或者服务，把生产商的供给与零售商的需求结合在一起。批发商处于商品流通的起点和中间阶段，交易对象是医疗器械生产企业和零售商，一方面它向生产企业购进商品，另一方面它又向零售商批销商品，并且是按批发价格经营商品。它充当了生产商推销中心和零售商采购中心的角色，减少了众多的买主与卖主各自频繁交易的次数，节省了流通费用，提高了产品的成交率。其经营收入主要是通过向其他中间商或生产商提供对商品的集散、销售与其他技术服务，从而赚取进销差价及部分服务费。

（2）零售商 将医疗器械商品或服务直接销售给最终消费者的中间商，是相对于生产者和批发商而言的，处于商品流通的最终阶段。零售商的主要经营模式主要以药店、医疗器械专卖店、商店及超市为主，其中药店占主要销售份额。

零售商在销售产品过程中，同一渠道上产品种类延展性较强，因为当一种商品销售在这条渠道获得成功后，同类产品在同一条渠道进行复制花费的成本及面临的风险均较低，渠道上产品良好的扩展性是零售终端渠道上医疗器械企业容易成功的最主要的原因。

∽ **知识链接**

零售渠道案例

以某品牌医疗器械产品为例：该品牌医疗产品线繁多，加之其主要的销售渠道集中在零售领域，在同一个门店里既可以卖家用制氧机，也卖轮椅车，还可以卖新开发的电子血压计，渠道的利用效率较高，只要产品品种充足，制造能力得到保证，此类企业的销售规模就能较快增长。

（3）经销商　从事商品交易业务，在商品买卖过程中拥有产品或服务的所有权的中间商。经销商可以指在某一区域和领域只拥有销售或服务的单位，也可以指个人。其特点：经销商具有独立的经营机构，拥有商品的所有权（买断制造商的产品/服务），获得经营利润，可以多品种经营，经营活动过程不受或很少受供货商限制，与供货商责权对等。

（4）代理商　从事购买、销售或二者兼有的工作，但不取得商品所有权的商业单位。与批发商不同的是，他们对其经营的产品没有所有权，所提供的服务比有限服务商人批发商还少，其主要职能在于促成产品的交易，借此赚取佣金作为报酬。与批发商相似的是，他们通常专注于某些产品种类或某些顾客群。

医疗器械产品代理根据委托人给予代理人的权限，可以分为独家代理、一般代理、总代理及经纪商等。

1）独家代理　委托人给予代理商在国内外一定地区和一定期限内的代理权，独家代理商受到某些限制，例如不得再代理同类的业务（防止同业竞争条款）等，同时，委托人也不得另外再指定其他的代理商，所以说这种代理具有排他性。

销售独家代理是独家代理中的主要类型，其代理关系的建立通过委托人与独家代理商签订协议来实现。销售代理商的销售范围不受区域限制，拥有商品的定价权和促销策划权，类似医疗器械生产企业的销售部门。委托企业在合同期内，只能委托一个销售代理商，委托企业不再直接进行销售活动，因此，销售代理商和生产企业之间关系十分紧密。

2）一般代理　不享有排他的代理权的代理。在这类代理中，代理人仅为委托人在当地招揽生意，或根据委托人的要求与卖主洽谈生意，由委托人签订买卖合同，代理商按成交金额收取佣金。委托人可以在同一地区和一定时期内委托几家代理商代理其经营业务，也可在代理区域内直接招揽顾客，由企业和顾客直接交易，而且不给代理商任何佣金。

3）总代理　委托人在指定地区的全权代理，权限大，可以在指定的地区和一定期限内除了享有独家代理的权利外，还能代委托人进行全面的业务活动，如洽谈交易、签订买卖合同、履行合同、处理货物等。同时还往往有权代表委托人办理一些其他非商业性的事务。

4）经纪商　没有现货，没有产品所有权，只是受人之托拿着产品说明书替买主找卖主，或替卖主找买主的个人或组织。作用是为买卖双方牵线搭桥，协助买卖双方进行谈判。其特点是不持有库存，不参与融资也不承担风险，交易成功后收取一定的佣金。

知识链接

血糖仪企业渠道设计

某医疗器械股份有限公司主要涉及家用医疗器械产品，开发了一种新型血糖测量仪，可以快速出结果。该公司以不同的分销方式将产品有效地送到用户市场。可供选择的分销类型如下。

1.企业销售人员直销制　医疗器械生产企业销售人员直接将产品销售给消费者。

2.建立区域总经销制　医疗器械生产企业在选定的区域（城市）设立总经销商，由总经销商通过自己的渠道，将产品分销给消费者。

3.建立区域总代理制　医疗器械生产企业在选定的区域（城市）设立总代理商，由总代理商通过自己的渠道，将产品分销给消费者。

4.加盟连锁经销制　加盟连锁经销制是特许经营的一种经销模式，是指特许经营权拥有者以合同约定的形式，允许被特许经营者有偿使用其名称、商标、专有技术、产品及运作管理经验等从事经营活动的商业经营模式。

3.消费者 购买、使用、保存和处理商品或服务的个人或最终产品使用者，是医疗器械渠道的终端客户，包括个人、医疗机构、学校、政府机构等社会组织。在分销渠道中，消费者指整个分销渠道的终点，而消费者的需求偏好、购买习惯、收入水平等直接影响分销渠道的建设。

四、选择标准和评估

（一）选择标准

医疗器械渠道成员的选择，就是从众多的相同类型的分销成员中选出适合公司渠道结构的，能有效帮助完成公司分销目标的分销伙伴的过程。主要是选择渠道成员的中间商。医疗器械生产企业应当结合自身的条件和综合实力，考虑企业的目标和营销战略，选择最合适的医疗器械营销渠道的中间商，一般情况遵循以下原则和标准。

1.选择渠道成员的原则

（1）共同发展原则 生产商选择渠道成员时应遵循的基本原则。生产厂商与渠道成员之间合作的前提，在于他们之间相互认同，共同发展。

（2）形象匹配原则 医疗器械公司选择渠道成员时应遵循的最普遍的原则，也就是我们通常所说的"门当户对"。一个渠道成员的形象必然代表着厂商的企业形象。对于拥有卓越品牌的厂商来说，尤其要重视对渠道成员形象的考虑。通常情况下，知名厂商总是与资金实力雄厚、商誉好的渠道成员结为合作伙伴或战略合作伙伴。

（3）进入目标市场原则 医疗器械厂商选择渠道成员时应遵循的最重要的原则。要让厂商的产品迅速地进入目标市场，以方便目标市场的消费者购买到本厂商的产品。这就要求渠道经理、渠道总监或其他决策者在选择渠道成员时，注意该渠道成员当前是否在目标市场拥有分销通路及销售场所等。

（4）产品销售原则 医疗器械厂商选择渠道成员时应遵循的最核心的原则。厂商选择渠道成员的核心目的在于通过渠道成员的帮助，完成其营销目标，因此，厂商在选择渠道成员作为合作伙伴的时候，通常都比较注重渠道成员的实际销售能力。

2.选择渠道成员的基本标准

（1）中间商经营产品的范围 要选择具有合法经营该医疗器械该产品资质的中间商作为合作伙伴，同时，尽可能选择长期从事该类产品的市场销售人员，他能够熟悉该类产品市场特点和营销要点，但是对于超出该类别范围的其他产品，可能缺乏市场知识和营销经验。

（2）中间商的商业信誉 了解其在社会上的诚信度，了解其他商业客户对其的评价，是否代理过形象出众的医疗器械产品或服务。这不仅影响回款情况，还关系到产品在市场推广情况。一般来说，中间商的信誉度高，能够快速烘托并帮助企业建立品牌形象。

（3）中间商的经营能力 中间商是否有较强的经营能力是指是否具有较强的市场渗透、销售和商业辐射能力。经营实力表现为中间商在产品吞吐规模上，产品吞吐规模大的，其销售渠道网络规模往往也大，有较强经营能力的中间商还可能为企业产品开展广告、促销活动等宣传，能将产品迅速覆盖到很大的区域。另外就是中间商对企业销售策略也可以理解为合作程度，因为最终的目的是要把企业的销售思想贯彻到它的网络中去，要做到这点，没有中间商的理解支持是很难办到的。

（4）中间商的管理能力 了解中间商销售管理是否规范、高效，了解人力资源管理有关制度和管理人员的才干、知识水平和业务经验等。根据《医疗器械监督管理条例》规定，申请《医疗器械经营企业许可证》应具有与经营规模和经营范围相适应的质量管理机构或者专职质量管理人员。质量管理人员应当具有国家认可的相关专业学历或者职称。

（5）中间商的物质设施和服务能力　中间商是否能提供比较充分的技术服务与咨询指导，是否有一批有经验、懂技术的服务人员，是否具备一定仓储、物流服务能力，是否具有良好的公共关系，这些都可以反映中间商的综合服务能力。

（6）中间商的财务状况　了解中间商的资金实力和资信状况，是否有足够的货币支付能力，是否能够按时结算。良好的财务状况能够扩大广告促销规模，或者提供预付款以及允许顾客分期付款，能够吸引更多的消费者。

（7）中间商的合作诚意　若没有良好的合作诚意，再有实力的中间商也不能选择。

（二）评估

渠道成员的评估是指生产商定期按一定标准对中间商的表现进行评价。中间商的选择是否合理，对生产企业的产品进入市场、占领市场、巩固市场和培育市场起着关键性的作用。而中间商的选择是否合理又依赖于对每一个相关中间商的评估。如果中间商不能达到预期的标准，就要必须迅速找到主要原因，采取改进措施。如果一定的期限内无法改进，就要考虑放弃或更换中间商。

分销渠道成员评估的标准有各级经销商资信情况、销售配额完成情况、平均存货水平、对损坏与丢失货物的处理、零售店商品陈列情况、销售人员的销售水平、与企业的促销和培训计划的合作情况、向顾客的交货时间、中间商提供给顾客的服务等。

医疗器械企业对渠道成员的评估方法包括：加权评分法、销量分析法、销售费用分析法、盈亏平衡分析法。

我们重点介绍加权评分法。该方法的基本原理是对拟选择作为合作伙伴的每个中间商，就其分销能力和条件进行打分评价，做出最终选择。由于不同中间商存在的分销优势和劣势的差异，比如销售业绩、发展前景、竞争状况、合作态度、服务能力、管理能力、经营能力、商品库存等存在差异，因而每个项目的得分会有所区别，企业可以根据自身需求灵活确定评价因素。不同的因素对分销渠道目标完成的关系程度和重要性不同，通过赋予相应的权重表示，然后计算每个中间商的期望值总得分，选择得分较高的。表7-1是某医疗器械企业在选择中间商时进行的权重分析。

表7-1　加权评分法选择中间商（样例）

评价因素	权重	中间商1		中间商2		中间商3	
		打分	加权分	打分	加权分	打分	加权分
销售业绩	0.20	85	17.00	70	14.00	80	16.00
发展前景	0.15	70	10.50	80	12.00	85	12.75
合作态度	0.15	90	13.50	85	12.75	90	13.50
服务能力	0.20	65	13.00	75	15.00	60	12.00
管理能力	0.10	75	7.50	80	8.00	85	8.50
经营能力	0.15	80	12.00	90	13.50	75	11.25
商品库存	0.05	80	4.00	60	3.00	75	3.75
总分	1.00	545	77.50	540	78.25	550	77.75

第二节　分销渠道的管理与调整

💬 案例讨论

案例　医疗器械公司对分销渠道有效的管理和激励，有利于将产品铺向市场，提高企业产品对市场份额的占有率。SS医疗器械公司是一家主营中小型医疗器材及耗材的外资企业，2002年进入国内市场，分销模式一直采用代理制渠道销售模式，目前产品销售额在国内医疗器械市场名列前茅。该公司最终端的客户是患者，重点销售区域是大城市以及沿海城市的医院。目前由于国内医疗设备市场和器械市场还处于改革和完善阶段，企业为了更好地站稳市场，关注核心城市和一线城市的渠道建设及管理，售后服务由厂家以及代理共同来提供，同时，SS公司给经销商提供良好的技术培训，对终端客户也提供一流的服务，使得经销商能够放心销售。

讨论　SS公司对分销商有哪些管理和激励手段？

一、管理

分销渠道管理是指医疗器械生产企业为实现公司的分销目标而对现有渠道进行管理，以确保渠道成员相互协调和通力合作的一切活动。其内涵是通过计划、组织、激励、控制等环节来协调与整合分销渠道所有参与者的工作活动，以实现对市场需求的有效响应，达到以最低的分销成本、提供最好的顾客服务。为保证分销渠道有序、有效地运行，医疗器械分销渠道建立后应进行合理有效的管理。

分销渠道的管理既要对分销渠道成员的激励与扶持，又要及时对分销渠道进行检查和调整。有效的激励和扶持方法可使中间商提高推销本企业产品或服务的积极性，提高中间商的工作效率和服务水平。分销渠道的检查和调整，能使渠道保持或提高分销功能。因此，对分销渠道的管理工作主要是对中间商的激励及分销渠道的评估与调整。

为了进行有效的分销渠道管理，首先明确分销渠道的管理目标。分销渠道管理的目标是指在一定时期内，通过有效的渠道管理所要达到的目的。具体有效的渠道管理目标包括：货畅其流、价格稳定和市场最大化。

1.货畅其流　有效渠道管理的最基本的目标。对于医疗器械生产企业来说，良好的渠道管理是为了确保真正充分发挥营销渠道的作用和功能。而在现实医疗器械市场中，有些企业会收到来自经销商关于供货不及时的抱怨。如果分销渠道无法确保产品在消费者需要的时间和地点出现，显然就存在渠道管理的问题。因此，保证供货及时，在此基础上帮助经销商建立并理顺销售子网，分散销售及库存压力，加快产品的流通速度成为分销渠道管理的首要任务。

2.价格稳定　渠道管理的第二个重要任务，其目标就是保证产品的价格的稳定。忽略对不同级别经销商的产品价格的管理，销售价格体系管理如果存在漏洞，就会给经销商可乘之机，将很快导致市场价格混乱，造成低价冲货、窜货的现象，最终危害生产企业自己的利益。对于拥有数量众多的渠道成员的大型企业来讲，实现价格统一和稳定，无疑是个巨大的挑战。

3.市场最大化　渠道管理的第三个目标，即全面有效的渠道管理力求通过恰当的激励措施和终端管理活动，使市场最大化。除了产品本身的价格和促销外，产品的分销渠道是继续争夺市场的有力武器。充分有效的渠道管理，尤其是销售终端的管理，如良好的商品布局和优秀的销售服务等，必然导致产品销量的上升、市场份额的扩大和市场占有率的增加。

以上三个目标之间有着有机的联系，并且有时段性的要求，在不同时期有不同的重点。

二、成员激励

分销渠道成员激励是指生产商在选定中间商之后，为促进渠道成员达成生产商营销目标的合作而采取的措施或活动。理论研究表明，中间商与生产商之间存在不同利益目标和思维模式。中间商首先是客户的采购商，其次才是供应商的销售代理商。他关心的是客户需要的产品，除非提供一定的刺激，否则中间商是不会保留单一品牌的销售的。为了调动分销渠道成员的积极性，医疗器械企业需要对医疗器械中间商不断进行激励，使医疗器械中间商配合医疗器械产品的市场营销策略、遵守企业的销售政策。为激发渠道成员的经营积极性，生产商对中间商采用的激励措施很多，主要分为直接激励和间接激励。

1.直接激励 生产企业直接通过物质或金钱作为奖励来肯定中间商在销售量和市场规范操作方面的成绩。具体措施有以下几点。

（1）提供市场信息，协助市场开发。根据市场需求及时向中间商提供适销对路的医疗器械产品，并协助做好相应的医疗器械市场开发的工作。通常家用医疗器械需要做大众的促销工作，对于非家用医疗器械生产企业则需派专业营销人员培训、协助经销商进行目标医疗机构的销售推广。

（2）制定合理价格与折扣政策。合适的医疗器械产品价格不仅有助于市场销售，而且会使中间商获得相应的利润。因而在制定时充分考虑企业成本与消费者的承受能力，同时根据实际销售业绩，给予中间商合理的价格折扣（通常有累计数量折扣和一次数量折扣两种）是鼓励中间商积极销售本企业产品的有效手段。

（3）设立合理的返利激励，鼓励中间商多销货早回款。通常做法是在一定时期内，中间商的产品销售累计一定数量，或是经销商实现当月回款时，给予他们一定数量的返利；相反，当中间商没有达到合同约定的销售量或不按期回款时，则给予一定的惩罚。实践中，要对返利机制进行实时监测与评价，避免返利不当应用而造成了窜货乱价的短期行为。

（4）广告激励。 各类医疗器械产品生产企业可通过负担广告费用，或者与中间商合作广告等形式，扩大企业和品牌的知名度，以促进市场销售。医院医疗机构使用的医疗器械产品的生产企业，则应在能力范围内负责医院医疗机构的推广工作，或者由中间商负责医院的推广工作，而生产企业承担相应的费用，以促进临床使用量提高。

2.间接激励 生产企业通过非物质或非金钱奖励，通过帮助渠道成员进行销售管理，以提高销售的效率和效果来激发渠道成员的积极性，常用措施主要有以下几种。

（1）技术、培训支持。 医疗器械生产企业可提供技术指导、产品宣传资料、举办产品展示会、帮助培训中间商销售人员或者邀请中间商参加生产企业的业务培训等。支持中间商开展业务活动，提高业务水平，改善经营管理，促进产品销售。

（2）帮助零售商进行销售终端整理。终端管理的内容包括铺货和商品陈列等。通过定期拜访，帮助零售商整理货架，设计商品陈列形式，在举办促销活动时，给予一定支持与帮助。

（3）帮助经销商管理其客户网，来加强经销商的销售管理工作。帮助经销商建立客户档案，包括客户的店名、地址、电话，并根据客户的销售量将它们分成等级，并据此告诉经销商对待不同等级的客户应采用不同的支持方式，从而更好地服务于不同性质的客户，提高客户的忠诚度。

（4）建立企业战略联盟。这是指生产企业和渠道成员为了完成同一目标而结合起来的营销统一体，即生产企业和中间商共同制定销售目标、存货水平、广告促销计划等。其目的是建立长期稳定的合作关系，并促进经销商经营效率的提高。

除此之外，企业还可以通过合理分配利润、支持营销策略、支持资金、提供市场信息、签订长期合作协议和建立长期合作伙伴关系等方法来激励分销渠道成员。

三、评估和调整

（一）评估

分销渠道的建设不是一劳永逸的，而是需要根据环境的变化持续改进，以便有效地提高分销渠道的效益，保持分销渠道的活力。分销渠道评估的实质是从那些看起来似乎合理又相互排斥的方案中选择最能满足企业长期目标的方案。因此，分销渠道方案确定后，医疗器械生产企业需要定期对分销渠道进行评估，以便帮助其找到目前营销过程中的问题与不足，提高管理水平，找出最优的渠道路线。

医疗器械分销渠道评估是指医疗器械生产企业通过系统化的手段对其分销渠道及中间商的效率与效果进行客观考核和评价的活动过程。分销渠道评估对象包括了对整个渠道系统的评估和对渠道成员的评估。

1.分销渠道的评估标准 医疗器械企业对分销渠道评估的标准有三个，即经济性、可控性和适应性，其中最重要的是经济性标准。

（1）经济性标准评估 经济性标准是最重要的标准，这是企业营销的基本出发点。经济性标准评估主要是比较每个方案可能达到的销售额，即比较不同分销渠道哪种方式销售额增加同实施这一渠道方案所需要花费的成本做一比较。同时，分析其近年来销售额水平及变化趋势，在此基础上，企业对上述情况进行评估，从中选择最佳分销方式。这种比较可以从以下角度进行。

1）静态效益比较法 在同一时间对各种不同方案可能产生的经济效益进行比较，从中选择经济效益较好的方案。

例如，某医疗器械公司决定在某地区销售该公司生产的麻醉机，现有两种方案可供选择：方案一是向该地区直接派出销售机构和销售人员进行直销。这一方案的优势是，本企业销售人员专心于推销本企业产品，在销售本企业产品方面受过专门训练，比较积极肯干，而且顾客一般喜欢与生产企业直接打交道。

方案二是利用该地区的代理商。该方案的优势是，代理商拥有几倍于生产商的销售人员，代理商在当地建立了广泛的交际关系，利用中间商所花费的固定成本低。

通过评估两个方案实现某一销售额所花费的成本，得出利用中间商更划算。

2）动态效益比较法 对各种不同方案在实施过程中所引起的成本和收益的变化进行比较，从中选择在不同情况下应采取的渠道方案。

（2）可控性标准评估 企业对分销渠道的选择不仅要考虑短期经济效益，还要考虑企业能否对分销渠道实施有效的控制。因为分销渠道稳定与否对企业能否维持并扩大其市场份额、实现长远目标关系重大。企业对自销系统渠道的控制能力最强，但由于人员推销费用较高、市场覆盖面较窄，因此不可能完全利用这一系统进行分销。而利用中间商分销就应充分考虑渠道的可控性，一般来说，建立特约经销或独家代理关系的中间商较容易控制，但这种情况下，企业也必须相应地做出授予商标、技术、管理模式，以及在同一地区不再使用其他中间商的承诺。中间商的销售能力对企业的影响又很大，因此应慎重决策。

然而，对分销渠道控制能力的要求并不是绝对的，并非所有企业、所有产品都必须对其分销渠道实行完全的控制。如市场面较广、购买频率较高、消费偏好不明显的一般家用医疗器械就无须过分强调控制；而购买频率低、消费偏好明显、市场竞争激烈的高端医疗器械，分销渠道的控制就十分重要。又如在产品供过于求时往往比产品供不应求时更需强调对分销渠道的控制。总之，对分销渠道的控制应讲究适度，以求在合理的控制程度下较好地实现企业的销售目标。

（3）适应性标准评估 每一个分销渠道的建立都意味着渠道成员之间的关系将持续一定时间，不能随意更改和调整，而市场却是不断发展变化的。医疗器械产品种类较多，适应人群广泛，因此，企业在选择分销渠道时就必须充分考虑其对市场的适应性。首先是地区的适应性，产品或服务的分销渠道在某一特定的地区建立，应与该地区的市场环境、消费水平、生活习惯、人群需求等相适应；其次还要考虑渠道在目标市场与市场定位上的适应性、营销因素上的适应性、中间商的适应性等。总之，适应性要求企业在分销渠道决策时保留适度弹性，能根据市场形势的变化对其分销渠道进行适当调整，以更好地实现企业的营销目标。

2.分销渠道评估的方面 从企业的角度评估整个渠道的效率与效果，可以从渠道管理组织评估、渠道运行状况评估、渠道服务质量评估、渠道经济效果评估这四个方面进行评估。

（1）渠道管理组织评估 这个主要评估企业团队成员（表7-2），包括两方面内容：一是要考察渠道系统中销售经理的素质，比如在市场上的某一渠道系统中，从事销售工作3年以上且达到一定学历以上的地区经理占销售经理总数的比例有多大，该比例越大，表明销售管理组织的素质和能力就越强；二是考察零售渠道终端的控制力，比如厂商分支机构是否有自控的零售终端。如果有，自控零售终端的销售额占厂商分支机构所在地销售额比例是多少？

表7-2 分销渠道团队构成及称谓

渠道团队（理论称谓）		分销渠道团队（实际称谓）		
		大型医疗器械企业	中型医疗器械企业	小型医疗器械企业
渠道经理	高层渠道经理	营销总经理	总经理	总经理
	中层渠道经理	地区销售经理/产品部门经理	渠道主任/销售总经理	
	基层渠道经理	销售业务经理/品牌经理	销售网点经理	销售经理
渠道员工	销售人员	营销员	推销员	业务员

（2）渠道运行状况评估 以渠道建设目标和分销计划为依据，考察任务分配是否合理、渠道成员的合作意愿与努力程度、渠道冲突的性质与程度、销售是否达到既定目标等，具体分析时从渠道的畅通性、渠道的覆盖面、渠道的流通能力及其利用率、渠道的冲突等方面展开。

1）渠道的畅通性 医疗器械企业的分销渠道只有使产品所有权转移、流动、结算、信息传递等畅通无阻，才能保障产品从生产商及时送到最终客户手中。

2）渠道的覆盖面 衡量营销渠道运行质量和功能的重要指标之一。对分销渠道的覆盖面评估包括分销渠道的成员数量多少、渠道成员分布区域情况、商圈的大小。

3）渠道的流通能力及其利用率 分销渠道的流通能力是指单位时间内平均经由该渠道从生产商转移到最终客户的产品从渠道上通过的数量和时间的比例。流通能力的利用率说明分销渠道成员参与产品分销的积极性发挥的程度，即实际商品流通量与流通能力的比较。其计算公式如下。

流通能力利用率=商品的实际流通量/分销渠道的流通能力×100%

考核流通能力利用率的指标有平均发货批量、平均发货间隔期、日均零售量、平均商品流通时间。

4）渠道的冲突 渠道成员发现其他渠道成员从事的活动阻碍，或者不利于本企业实现自身的目标，进而发生的种种矛盾和纠纷。分销渠道是一系列独立的经济组织的结合体，也是一个高度复杂的社会营销系统，当生产商和中间商有不同的目标、任务、权利不明确，或中间商对生产企业依赖过高时，他们之间就会出现分歧，就必然出现冲突。

渠道冲突的表现类型按照渠道成员关系，可以把渠道冲突分为三类：水平冲突、垂直冲突和多渠道冲突。

①水平冲突：同一渠道模式中，同一层次的中间商之间的利益冲突。医疗器械营销领域中常见的水平渠道冲突主要表现形式为同层次的代理商之间跨区域销售，即窜货问题、压价销售等。其主要原因是中间商利益争夺和企业目标市场的中间商数量、分管区域的规划不合理。如果发生此类冲突，生产企业应及时采取措施，缓和并协调矛盾。

②垂直冲突：分销渠道系统中不同层次的成员之间的冲突。一个典型的医疗器械营销渠道冲突例子，某些医疗器械批发商可能抱怨生产企业在价格方面控制太紧，留给自己的利润空间太小，而提供的服务（如广告、推销等）太少；零售商对批发商或生产企业，可能也存在类似的不满。垂直渠道冲突也称作渠道上下游冲突。垂直渠道冲突带来的问题：①在分销过程中上游分销商不可避免地要同下游经销商争夺客户，这会大大挫伤下游渠道成员的积极性；②当下游经销商的实力增强以后，希望在渠道系统中有更大的权利，也会向上游渠道成员发起挑战。因此，生产企业必须从全局着手，妥善解决垂直渠道冲突，促进渠道成员间更好地合作。

③多渠道冲突：医疗器械生产企业建立了两个或两个以上的分销渠道，并互相向同一市场出售其产品或服务时发生竞争。例如，某家用医疗器械生产企业同时利用互联网销售平台、销售队伍、中间商三条渠道进行产品销售，那么这三条渠道之间的冲突就是多渠道冲突。这种冲突主要表现在销售网络紊乱、价格差异等方面。在互联网时代，多渠道冲突有一种新的冲突形式——电子商务渠道和传统渠道间的冲突。当多渠道冲突发生时，生产企业要重视引导渠道成员之间进行有效的竞争，权衡分销渠道的影响力，并加以协调。

任何营销渠道都会不同程度地存在着冲突，但合作必然是营销渠道的主旋律，合作意味着相辅相成地去取得比单独经营时更高的经济效益。只有促进合作，才能使渠道的整体活动效率最大，因此，促进合作也是解决冲突的基本方法。

🔗 知识链接

渠道冲突的市场表现形式

1. **窜货**　又被称为倒货、冲货，即产品越区销售，可分为自然性窜货、良性窜货和恶性窜货三种。

2. **大客户冲突**　渠道大客户是指购买数量大且购买情况复杂的中间商。所谓大客户冲突是指大客户与生产商之间的利益冲突。

3. **"通路费用"冲突**　生产商的产品摆上零售商的货架，最终转变成消费者手中商品而必须向零售商支付的交易费用。

4. **营销流程冲突**　主要有物流冲突、商流冲突、信息流冲突、资金流冲突及促销流冲突。

（3）渠道服务质量评估　对服务质量的评估可以从信息沟通、实体分配服务、促销效率和顾客抱怨与处理等方面进行。

1）信息沟通　分销渠道中间商是医疗器械市场的搜集者和传送者，而生产企业是信息的接收者和使用者。信息沟通质量主要考察渠道下游对上游所反馈的市场和产品信息是否有效。

2）实体分配服务　也称为物流。它指对原料和最终产品从生产者向使用者转移，以满足消费者的需要，并从中获利的实物流通的计划、实施和控制。实体分配服务的基本功能包括物质的运输、保管、装卸、包装以及与之相联系的物流信息。其质量好坏通过是否满足消费者需求的及时程度来判断。

3）促销效率　在促销活动的前后渠道中产品流通量的变化与预期效果的比较。促销效率的事后评估是检验促销活动是否达到预期目标以及促销花费是否合算的较好途径，同时也是为下一次促销决策提供参考和衡量的标准，从而避免盲目行动的风险。

4）顾客抱怨与处理　消费者对产品或服务不满和责难。一方面反映渠道提供产品或服务没有达到他的期望与需求；另一方面，也表示消费者仍旧对经营者抱有期待，希望能提高服务水平。

（4）渠道经济效果评估　评估渠道的经济效益，即财务绩效评估，主要体现在销售分析、市场占有率分析、渠道费用分析、盈利能力分析和资产管理效率分析。

1）销售分析　衡量销售目标与实际销量之间的关系。主要有两种方法：销售差异分析和微观销售分析。

①销售差异分析：衡量实际销售额和计划销售额的差异及原因。假设年度计划要求在第一季度销售产品6000万元，但在第一季度结束时却实际实现销售额3000万元，销售绩效缺口为3000万元，即为预期销售额的50%。销售差异分析就是要详细评价在这季度未完成额中有多少是由于什么原因等所造成的，例如销售代表工作不努力、有竞争者进入、居民收入水平下降等方面。

②微观销售分析：为了准确回答销售差异分析的原因，分别从产品、销售地区以及其他有关方面考察其未能完成预定销售份额的具体原因及作用程度，具体包括：是产品质量下降，是竞争者的排挤，还是企业销售预算减少，他们作用的程度到底是多大。

2）市场占有率分析　某企业某一医疗器械产品的销售量（或销售额）在市场同类产品（或品类）中所占比重。反映企业在市场上的地位。企业的市场占有率升高，则表明它较其竞争者的情况良好，竞争力越强；如果下降，则说明相对于竞争者其绩效较差。有三种基本测算方法：①总体市场份额，指某医疗器械企业销售量（额）在整个行业中所占比重；②目标市场份额，指某医疗器械企业销售量（额）在其目标市场即其所服务的市场中所占比重；③相对市场份额，指某企业销售量与市场上最大竞争者销售量之比，若高于1，表明其为这一市场的领导者。

3）渠道费用分析　分销渠道中发生的各种费用的总和。理想的情况是渠道费用的增长幅度低于销售额的增长幅度。

4）盈利能力分析　企业在一定时期内赚取利润的能力，利润率越高，盈利能力就越强。对于经营者来讲，通过对盈利能力的分析，可以发现经营管理环节出现的问题。对公司盈利能力的分析，就是对公司利润率的深层次分析。

盈利能力指标主要包括：营业利润率、成本费用利润率、盈余现金保障倍数、总资产报酬率、净资产收益率和资本收益率六项。实务中，上市公司经常采用每股收益、每股股利、市盈率、每股净资产等指标评价其获利能力。指标越高，表明渠道经济效果越好。

5）资产管理效率分析　用来衡量公司在资产管理方面的效率，即用于衡量公司资金周转状况的指标。包括营业周期、存货周转率、应收账款周转率、流动资产周转率和总资产周转率。其中，资金周转率、存货周转率两项指标越高，表明渠道获利能力越强。

存货周转率=销售成本/年平均存货（考察存货流转速度的指标，与行业有关）

应收账款周转率=年销售收入/年平均应收账款余额（考察应收账款规模与回收速度的指标，与行业有关）

总资产周转率=年销售收入/资产总额（反映资产周转速度有两种形式：周转率与周转天数，周转天数=360/周转率）

（二）调整

医疗器械市场营销环境是不断发展变化的，尤其在国家新政策医药耗材（含高值耗材和一般耗材）和诊断试剂（IVD）明确执行两票制的新发展下，医疗器械营销工作者不仅要做好营销渠道的建立与运行管理工作，而且还要根据实际情况进行修正。原先的分销渠道经过一段时间以后，可能已不适应市场变化的要求，必须进行相应调整。

1.分销渠道调整的原因　任何分销渠道都是在动态市场商运行的，其调整原因包括以下几个。

（1）企业的产品和市场环境发生了变化　如企业开发出新产品，而新产品与现有产品有较大的差异，则现有渠道可能就不适合新产品分销，这时就需要进行渠道的调整。又如，医疗器械市场环境不断地变化，使有些渠道成员不能继续在渠道中服务，或该产品分销渠道在市场效益差或成本太高等，都可以使企业要对原有渠道进行调整。

（2）产品生命周期发生了变化　由于消费者的需求变化以及影响市场的其他因素所造成的产品生命期会发生变化，企业必须根据其变化规律，调整分销渠道，以达到渠道目标要求。

（3）企业的营销目标、政策发生了重大变化　例如，企业的定价策略发生了较大变动，对某些产品或某种产品大幅度降价，改变了原生产的目标市场，这往往就需要考虑对原有渠道进调整，使之能较好地服务于现在的目标市场。

（4）竞争的需要　例如当竞争者的渠道明显优于本企业时，往往会促使企业进行渠道的调整。

2.分销渠道调整的原则

（1）渠道覆盖率要与企业市场营销战略一致　分销渠道调整的主要目的是在满足目标市场顾客需求的基础上，扩大企业渠道的覆盖率。企业在扩大渠道覆盖率的同时，要围绕企业市场营销战略目标，在不牺牲重点客户的利益的前提下，尽可能满足重点客户的特殊需求，提高渠道覆盖率。

（2）妥善处理渠道冲突　如果生产商同时拥有多条分销渠道，或期望对分销渠道中不同中间商所承担的渠道功能进行重新调整，往往容易触及某些渠道成员的利益，渠道调整过程中容易引发渠道之间或渠道成员之间的冲突。同时，新设立的分销渠道可能与原有的分销渠道争夺客户，对于渠道功能的重新安排，也可能使原有分销渠道中某些渠道成员的利益受损。因此，企业在调整过程中如果产生冲突要妥善处理，对于利益受损者做出适当的补偿。

（3）渠道增值　分销渠道调整的目的是为了使渠道增值。通过渠道增值服务激励分销商，对保障渠道政策执行不变形、提高分销商忠诚度具有很强的现实作用。渠道增值可能为企业带来新的业务或企业渠道整体的覆盖面增大，或者降低了渠道成本，或者提高了渠道效率。

3.分销渠道调整的步骤

（1）分析渠道调整原因　确定这些原因是否为渠道调整的必然要求，如分析分销渠道环境、分析消费市场、中间商市场、竞争者市场的变化，以及渠道网络外部的大环境的变化。

（2）在对分销渠道选择的限制因素研究基础上重新制定分销目标　找出现有限制渠道合理运转的因素，并重新制定新的渠道管理效率目标，甚至是渠道战略目标。

（3）对现有渠道进行评估分销渠道的调整与改进　根据新的渠道目标的要求，选择适当的渠道调整方式，建立新的分销渠道。

4.分销渠道调整的措施　一般来说，对分销渠道的调整有三个不同层次。

（1）增减分销渠道中的个别中间商　保持原有渠道模式不变，只是增加或减少个别中间商。

由于个别中间商的经营不善而造成市场占有率下降，影响整个渠道效益时，可以考虑对其进行削减，以便集中力量帮助其他中间商做好工作，同时可重新寻找几个中间商替补。这时需要认真权衡增加或减少中间商所能带来的销售量增加或减少与所付代价之间的关系。

（2）增减渠道环节　原有基本营销渠道类型不变，根据需要适当增减渠道环节。如在原有市场区域内增加或取消代理商这一层。一般情况下，需对通过增减渠道环节可能给企业盈利带来的影响进行比较、进行决策。

（3）调整整个分销渠道　根据产品不同生命周期而对渠道策略进行的必要调整，或是由于经营产品的改变而对渠道进行根本性的重新设计。这是渠道调整中最复杂、难度最大的一类，因为它要改变企业的整个渠道策略，而不只是在原有基础上简单调整。例如，放弃原先的直销模式，而采用代理商进行销售；或者建立自己的分销机构以取代原先的间接渠道。这不仅要改变整个已经习惯的分销渠道，而且要调整企业已经习惯的市场营销组合，并要制定相应的政策。

总之，不合理的分销渠道策略制约企业的发展，由于自身条件、市场条件、商品条件的变化，企业要适时对现有渠道进行评估和调整。调整过程中难免会引起整个渠道功能的重新分配，可能遭到企业内部某些利益者的反对，也可能受到某些渠道成员的抵制。但是对于企业来说，整体的分销效率才是最重要的，因此要遵循以上规律决定分销渠道是否需要调整、如何调整。

岗位对接

本章主要介绍了医疗器械经营与管理及其他医疗器械相关专业学生成为合格医疗器械购销员及相关管理人员必须掌握的内容。

本章对应岗位包括营销师、医疗器械产品业务员、医疗器械购销员、医疗器械营销总监、医疗器械质量管理员等。上述从事医疗器械管理、销售及售后服务等岗位的从业人员均需掌握医疗器械服务道德规范基本内容，医疗器械从业人员应对市场有整体了解，并熟悉医疗器械分销体系建立流程，会依据各项指标评估和筛选医疗器械分销商，能够对分销体系进行合理的激励与管理。

本章小结

医疗器械产品分销渠道为医疗器械产品或服务从医疗器械生产企业向消费者（用户）转移过程中取得医疗器械产品所有权或者帮助所有权转移的所有个人或商业组织。分销渠道的各个机构是由几种类型的流程联结起来的，主要是由实体流程、所有权流程、付款流程、信息流程及促销流程等流程组成。分销渠道的主要功能包括：研究、促销、接洽、配合、谈判、实体分销、融资、风险承担。医疗器械分销渠道的分类包括：直接分销渠道和间接分销渠道、宽渠道和窄渠道、传统分销渠道和网络分销渠道。分销渠道的设计首先确定渠道模式，其次确定中间商的数目，最后规定渠道成员彼此的权利和责任。分销渠道成员的构成有生产商、中间商、消费者。分销渠道管理目标的设定要把握货畅其流、价格稳定、市场推广原则。渠道成员激励采用直接激励和间接激励。同时，随着医疗器械企业产品和市场的动态变化，要适时对分销渠道进行评估及调整。企业评估整个渠道的效率与效果，可以从渠道管理组织评估、渠道的运行状况评估、渠道的服务质量评估、渠道的经济效果评估这四个方面进行评估。分销渠道调整的措施可以从增减分销渠道中的个别中间商、增减渠道环节、调整整个分销渠道等方面来施行。

习题

一、单项选择题

1. 医疗器械分销渠道成员不包括（   ）。

    A. 生产商和消费者   B. 经销商   C. 代理中间商   D. 储运商

2. 以下不属于医疗器械分销渠道结构流程的是（   ）。

    A. 实体流程   B. 商流   C. 收款流程   D. 信息流程

3. 直接分销渠道也叫作（   ）。

    A. 零级渠道   B. 一级渠道   C. 二级渠道   D. 三级渠道

4. 根据渠道的每个环节中使用同类型中间商数目的多少，医疗器械分销渠道可以分为（   ）。

    A. 直接分销渠道和间接分销渠道   B. 宽渠道和窄渠道

    C. 传统分销渠道和网络分销渠道   D. 垂直渠道和水平渠道

5. 选择渠道成员的原则不包括（   ）。

    A. 共同发展原则   B. 产品销售原则

    C. 商业信誉原则   D. 进入目标市场原则

6. 分销渠道管理目标有（   ）。

    A. 货畅其流   B. 价格稳定   C. 市场最大化   D. 渠道权力的保持

7. 以下不是激励分销渠道成员的主要方法有（   ）。

    A. 合理分配利润   B. 支持营销策略   C. 提供市场信息   D. 精神支持

8. 医疗器械企业对分销渠道评估的标准不包括（   ）。

    A. 合理性   B. 经济性   C. 可控性   D. 适应性

9. 以下不属于医疗器械分销渠道评估的方面（   ）。

    A. 渠道管理组织评估   B. 渠道的运行状况评估

    C. 渠道的服务质量评估   D. 渠道的融资功能评估

10. 按照渠道成员关系，以下不属于渠道冲突的是（   ）。

    A. 水平冲突   B. 垂直冲突   C. 单一渠道冲突   D. 多渠道冲突

二、简答题

1. S公司现阶段渠道营销模式采用省级总代理、地市分销模式，这种模式在市场竞争激烈的地区，由于缺乏营销渠道冲突应对机制，经销商和生产商都是独立经济体，各自看待问题角度不同，定位和理念也有所不同，因此带来成本升高等问题。同时，S公司在开拓市场时，多依靠当地经销商的宣传，促销过程控制不够，资金缺乏有针对性的运用，导致效益不佳，渠道成员消极。

（1）什么是渠道冲突？

（2）作为医疗器械企业如何更好地加强渠道的建设与管理？

2. "两票制"对医疗器械耗材领域不同层级的中间商有何影响？

（曲怡蓉）

第八章　医疗器械促销策略

微课

PPT

知识目标

1. **掌握**　医疗器械促销的含义和作用。

2. **熟悉**　医疗器械促销的方式和特点；促销组合策略以及影响促销组合的因素；医疗器械人员推销的形式；医疗器械广告促销方案的制定。

3. **了解**　医疗器械人员推销的过程和对推销人员的基本要求；广告的定义和分类；选择广告媒体，广告效果的测定方法。

技能目标

1. **学会**　设计医疗器械促销组合，能够选择合适的促销策略。

2. **具备**　熟练运用人员推销的方式进行医疗器械产品销售；医疗器械广告促销方案策划和实施的能力。

第一节　促销与促销组合

案例讨论

案例　某血压计品牌进入中国市场已经有25年了，主要销售家用医疗器械，市场份额达到50%左右。该血压计品牌结合近年中国医改"以预防为主"的发展方向，在原有医疗机构市场的基础上，积极探索家庭医疗保健市场。在促销方面，一是注重公共推广，让家用血压计走进社区、商业中心，让消费者现场试用，互动交流；二是加大促销力度，有计划地在终端市场（商店、药店）开展丰富多彩的促销活动，如"母亲节""父亲节""重阳节"等敬老爱老的主题活动；三是加大广告力度，以"家人的健康，是我最关心的""血压不稳定人群的随身小护士"作为广告语，以"携带方便，操作简单，品质一流"作为广告核心，运用电视、报纸、户外、网络广告等多种媒介宣传品牌；四是维护公共关系，结合当地的媒体环境，注重社交媒体投入，坚持做自己的官方网站、微博、公众号等，把某血压计品牌的核心理念和健康知识传递给大家。

讨论　该血压计公司采用了哪些促销手段？

一、促销

促销是传统4P市场营销组合中的最后一个策略工具，企业的市场营销活动远远不只是创造顾客价值，还必须运用促销活动清晰地、有说服力地沟通这种价值。促销不是一种简单的工具，而是多种工具的组合。在整合营销观念的基础上，企业必须仔细地协调这些促销工具来传递关于产品的信息。仅仅依靠开发优质的产品，制定具有吸引力的价格，设置方便购买的渠道，还不足以建立良好的客户关系，还应该做好销售促进工作，比竞争对手更好地满足顾客的需要。与顾客沟通其价值主张，激发顾客的兴趣和够买欲望，促使其够买行为的产生。企业必须有明确的目的和全面的计划，努力沟通，相互协调，建立整合营销沟通方案。促销就是信息的沟通，良好的沟通对建立和维持各种营销关系都非常重要。

（一）定义

促销也称促进销售，是企业通过各种促销方式，将有关企业及产品的信息传递给目标市场，激发消费者的购买欲望，促进消费者实现购买或潜在购买行为的一系列活动的统称。促销的实质就是促进营销者（包括生产企业和经营企业）与消费者或潜在消费者之间的信息沟通，这种沟通是双向的。一方面，企业作为商品的供应者和经营者，需要把企业自身及产品的信息或服务传达给消费者，使其做出积极的判断和选择；另一方面，消费者把对产品或服务的认知及需求反馈给企业，促进企业按照市场的需求进行生产和经营。促销活动是一种有针对性的宣传，其目的就是引导和刺激消费者产生购买行为，最终实现产品或相关服务的转移。

医疗器械促销是指医疗器械企业向目标市场宣传介绍产品的特点，引导和激发医疗机构或普通消费者的购买欲望，以实现购买或潜在购买行为的过程。医疗器械促销的实质是医疗器械生产和经营企业与医疗机构或普通消费者之间的信息沟通。医疗器械作为一种特殊的商品，在其促销过程中，除了要达成营销总目标外，还应遵循国家相关法律法规政策，所以，医疗器械的促销目标应与国家医疗政策相一致。

（二）作用

市场营销本身就包括买方和卖方两个方面，企业只有通过信息沟通才能与消费者建立联系，从而促成买卖双方的交易。促销的实质就是促进买卖双方的信息沟通，增进了解，唤起消费者需求，引导消费者的购买动机，最后实现产品的销售。同时，通过消费者的信息反馈，了解市场需求，为今后多次达成交易创造更有利的条件。促销主要有以下几方面的作用。

1.传递信息，引导消费　在产品进入市场或即将进入市场时，企业通过促销手段及时向中间商和消费者提供产品信息，引起社会公众的关注。通常医疗器械企业会通过新闻发布会、医疗器械博览会、媒体广告等形式发布传递新产品信息，引导中间商和消费者选择购买相关产品，达到促销的目的。

2.激发欲望，扩大需求　在产品的促销宣传中，不仅可以诱导需求，甚至可以创造需求。消费需求的原始动机是由人类生存和发展的需要而引发的。随着经济的发展和人民生活水平的提高，人们生存和发展的需求不断拓展，逐渐形成了新的潜在需求。促销的重要作用是通过促销活动推介新的产品，引导激发消费者的购买欲望，创造新的消费需求，挖掘潜在的消费者，从而达到扩大需求的目的。

3.突出特点，促进交易　在同类产品市场中，许多产品的基本功能差别不大，消费者很难准确地识别和区分产品的性能和功效。企业可以采取促销活动，宣传自己的产品有别于竞争对手产品的特点，突出产品的优势，显示出自身产品给顾客带来更好的满足，加深消费者对企业产品的了解，以此来促进交易。

4.形成偏好，稳定销售　市场竞争激烈，企业产品的销售量可能波动很大，出现不稳定状态，甚至出现大的滑坡。通过有效的促销活动，企业可以得到市场的有效反馈信息，及时做出相应的调整，加强促销的目的性，形成消费者对企业及其产品的消费习惯或偏好，从而稳定销售市场。

（三）方式及特点

促销的方式多种多样，主要有人员推销、广告、公共关系、营业推广和直复营销等方式构成。每种促销方式都各有特点（表8-1），营销人员根据产品的特点和营销目标选择不同的促销方式，以提高促销的效率，降低促销成本。企业通常将多种促销方式同时使用，如何将各种促销方式进行组合，是促销策略中需要考虑的重要问题。例如，对特定医疗机构的促销方法是以人员推销为主，以营业推广为辅，同时采用专业学术会议和医疗器械产品博览会等其他方式进行促销。

表8-1　各种促销方式的优缺点比较

促销方式	优点	缺点
人员推销	直接沟通信息，反馈及时，当面促成交易	占用人员多，费用高，接触面窄
广告	传播面广，形象生动，节省人力	只针对一般消费者，难以立即成交
公共关系	影响面广，信任度高，可提高企业知名度和声誉	花费力量较大，效果难以控制
营业推广	吸引力大，激发购买欲望，促成消费者及时采取购买行为	接触面窄，有局限性，有时会降低商品价格
直复营销	针对特定个人，即刻性、定制化、互动性强，可以及时更改	要求高，成本高，无法批量生产

1.人员推销　企业派出推销人员直接向消费者传递并沟通信息，推荐产品和服务，以促进产品的销售。主要包括当面拜访、电话、信函、展销会等。面对面推销不仅可以有助于快速建立消费者的偏好、促成交易，还可以迅速收集消费者对企业产品和服务的反馈意见。

2.广告　由企业以付费的形式，通过一定的媒介，将产品、服务或营销构思传递给目标消费者的一种大众传播行为。主要包括广播、电视、印刷、互联网、移动、户外等形式。广告的传播面广泛，生动形象，极大地节省了人力资源。

3.公共关系　企业为了建立和维护自身形象，有意识地与社会公众直接或间接地进行信息交流的活动。主要包括新闻发布会、赞助、公益活动、网络公关等。通过有计划的宣传和策划，建立良好的企业形象，与各方面企业公众建立长久的关系。

4.营业推广　在短期内采取各种激励措施，引发消费者的购买行为，刺激需求的特殊促销活动。主要包括折扣、赠品、优惠券、展销、现场示范等。营业推广活动具有极大的吸引力，可以短期内激发消费者的购买欲望，迅速促成交易。

5.直复营销　通过直接与个体消费者或某消费群体建立联系，以获得即刻反馈和长久客户关系的促销活动。主要包括直邮、目录、电话营销、网络营销等。直复营销具有四个特点：①非公众性，信息直接针对特定个人；②即刻性，信息可以迅速准备好；③定制化，可以针对特定顾客私人定制；④互动性，营销人员和消费者建立对话，可以根据消费者的反馈及时更改。直复营销很适合高度目标化的市场，能够建立一对一的客户关系。

二、促销组合设计

（一）促销组合

促销组合又称营销沟通组合，即企业根据促销目标、产品特点和市场环境等因素，对各种促销方式进行组合搭配的一系列活动。主要由人员推销、广告、公共关系、营业推广、直复营销等促销方式构成。

（二）促销组合策略

不同的促销组合形成不同的促销策略。如医疗器械产品一般施行以人员推销为主体的促销方式，普通日用品施行以广告为主体的促销方式。在以某一种促销方式为主体的促销组合中，因为其促销目标、市场环境、企业性质、产品特点等不同，采取的促销策略也不同。一般来说，企业的促销策略可以分为两种基本类型：推动策略和拉引策略。

1.推动策略 以人员推销方式为主的促销组合，采用逐步把产品推向目标市场的策略。生产企业将产品推向中间商（经销商），再从中间商推向医疗机构或零售商（药店），零售商再推向大众消费者。推动策略的目的在于说服中间商，使他们接受企业的产品，从而让企业产品逐渐地渗透到分销渠道中，最终抵达消费者。推动策略主要适合于科技含量较高、价值较大、用途较窄的大型医疗设备。

图8-1 推动策略

2.拉引策略 通过以广告方式为主（结合公共关系和营业推广等）的促销组合，把消费者吸引到特定产品上来的促销策略。消费者对企业的产品产生需求，主动要求够买，促使中间商进货，以促进销售。拉引策略的目的在于引起消费者的购买欲望，增加更多的购买力，给分销渠道施压，进而使购买指向逐级地传递到企业。拉引策略主要适用于科技含量不高、价值较小、用途广泛的中小型医疗设备。

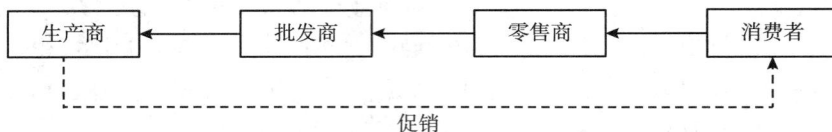

图8-2 拉引策略

推动策略将产品通过分销渠道向最终消费者推广，重点放在推动上，着重强调企业的能动性，表明消费需求是可以通过企业的努力而被激发和创造的。拉动策略是生产商将其营销努力集中在最终消费者身上，重点放在拉引上，着重强调消费者的能动性，表明消费需求是决定生产的原动力。有些医疗器械企业只运用推式战略，有些医疗器械企业只运用拉式战略，大多数的企业综合使用两种战略。例如，在B2C模式中，公司通常采用拉式战略，将资金更多地投入广告中，其次是营业推广、人员推销和公共关系。在B2B模式中，公司更倾向推动战略，在人员销售上投入更多资金，其次才是营业推广、广告和公共关系。

（三）影响促销组合的因素

促销决策中最重要的就是要找到一个最佳的促销组合。在实际的促销活动中采取什么样的促销组合，是受促销目标、产品特性、产品生命周期、市场条件和促销预算等因素共同制约的。所以，企业在制定和运用促销组合时，必须综合考虑以下因素。

1.促销目标 企业期望从未来一段促销阶段中所能获得的预期效果。促销目标是影响促销方式选择的重要因素，不同的促销目标会影响促销组合的选择。消费者的购买决策不是一次性完成的，而是分为不同的阶段。一般医疗器械促销目标分为知晓、了解、喜爱、偏好、信服和购买六个阶段（图8-3）。针对某些产品，消费者可能一无所知或有可能只了解一点，这时促销的目标就是要建立产品的知晓度，促销组合应以广告和公共关系为主；对于某些产品，消费者已经知晓，但是还没有产生喜爱和偏好，这时促销的目标就是要使消费者对产品产生好感和长久的感情，促销组合应以人员推销和营业推广为主；有些消费者虽然已经被说服，但依然没有做出购买决策，这时的促销目标就是要引导这些潜在消费者最后确定行动，此时，促销组合应以营业推广为主。总之，在进行促销组合时，要根据促销目标所处的不同阶段，对多种促销方式进行适当选择，组合使用，从而最终达到促销目标。

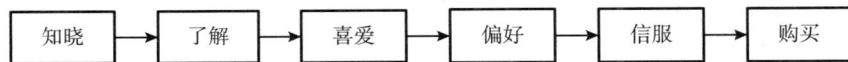

图8-3 促销目标所处的六个阶段

2.产品性质 不同性质的产品，因其目标消费者的购买需求或国家政策不同，所采取的促销组合及促销策略也有很大不同。一般来说，消费者广泛，价值较小、技术难度较低的产品，适合采用广告的促销方式；消费者集中，价值较大、技术难度高的产品，适合采用人员推销的促销方式，如大型医疗设备等。营业推广、公共关系两种方式对不同的产品反应相对均衡，但依然非常重要，应根据具体情况进行组合使用。

3.产品生命周期 在产品生命周期的不同阶段，企业促销的重点和目标不同，要相应制定不同的促销组合。导入期，重点是让消费者了解产品，所以主要采取广告方式，同时也可以通过人员推销诱导中间商。成长期和成熟期，重点是增进消费者的兴趣、偏好，多采取不同形式的广告，介绍产品的特点、效用。衰退期，重点是促成持续的信任和购买，靠多做广告效果已不明显，适合采取营业推广的方式增进购买，见表8-2。

表8-2 产品生命周期不同阶段促销目标和采取的促销方式

产品生命周期	促销目标	促销方式
导入期	认识和了解产品	广告、公共关系，辅以营业推广
成长期	提高产品知名度，树立品牌形象	广告、公共关系，辅以人员推销
成熟期	提高产品的信誉，增加销售量	营业推广、人员推销，辅以广告
衰退期	促成信任购买，维持品牌形象	以营业推广为主

4.市场条件 目标市场的地理范围、市场规模和消费者特征等因素都会影响企业促销组合的选择。一般来说，目标市场的地域广泛且较分散，属于低值易耗产品，潜在顾客的数量较多，促销组合中广告的作用要大一些；反之，目标市场的地域较窄且集中，属于高值消费品，潜在顾客的数量有限，促销组合中人员推销的作用更大。如医院医疗器械采购产品，目标市场集中，产品价值较大，潜在顾客有限，促销方式以人员促销为主。

5.促销预算 企业预计用于促销活动的费用。究竟用多少资金进行促销活动，是企业面临的最艰难的决策之一。不同的竞争格局，不同的企业和产品，不同的促销方式所需要的促销费用都不同。在满足促销目标的前提下，以较低的促销费用达到较好的促销利润，是判断一个促销组合是否合理的重要标准。促销预算的方法一般分为四种。

（1）量入为出法 以企业能够负担的资金水平为标准制定促销预算，总费用不能超出企业现有的承受能力。一般适用于中小企业，他们用总收益减去运营费用和资本费用，将剩余的资金用于促销支出。这种方法简单易行，但容易忽略促销对销售量的影响，每年的促销预算都不确定，很难制定长期的市场规划。以中小企业的财务状况来确定可以支出多少广告费用，容易导致在促销上花费过度或费用不足。

（2）销售比例法 企业以一定期限内销售量或销售额的百分比计算出促销预算总额的方法。这种方法简单易行，又能保证促销费用在一个合理的区间浮动，具有一定的优势。很多医疗器械企业都愿意参照这种方法进行促销预算，但是这种方法还是过于呆板，具有一定的弊端。促销预算的确定是以资金的可获得性（销售额的变化）而确定的，而非以市场机会为基础。例如，某企业产品销售额急转直下，由于促销预算是按每年的销售额确定，这种方法会阻止为扭转销售额下降而增加促销投入的可能。

（3）竞争对等法　企业比照竞争对手的促销预算来决定本企业的促销支出。他们监视竞争者的广告和营业推广等促销活动，获取促销费用的估算，然后根据行业平均水平制定自己的促销预算。但是，事实上每个企业的情况都不同，没有证据表明竞争者能比你的公司在促销费用的制定上技高一筹，或者说投入与竞争者对等的预算也不一定能打赢促销战。

（4）目标任务法　企业根据自己的促销目标，制定需要完成这些促销目标的任务，然后估计完成这些任务的成本，最后计算这些成本的总和作为促销预算。这是最合乎逻辑、最科学的方法，其优点在于，明确了促销费用与促销结果之间的关系，可以灵活地适应市场营销环境变化，其缺点在于，操作难度大，成本比较高，容易造成入不敷出。

第二节　人员推销

💬 案例讨论

案例　新入职的推销员小强，在进入A医疗器械公司后得知，B医院设备科正在进行招标，A公司经营的医疗器械产品正好符合B医院的这次招标要求，但是前期因为人员不到位，这次A公司并没有参与这次招标，现在距招标截止还有一天的时间。抱着试一试的态度和不到最后绝不放弃的精神，小强决定参加这次招标。首先，他亲自乘坐火车去拜访远在外地开会的B医院设备科主任，努力要来招标书，然后连夜和同事制作投标书，争分夺秒，精心制作，在第二天下午截标前成功投出了A医疗器械公司的标书。最后，小强制作的标书在众多竞争者中脱颖而出，为A公司赢得了这次投标，成为他入职后的第一单，得到了A公司领导的赏识，同时与B医院设备科主任建立了良好的关系，为今后的推销工作打下了坚实的基础。

讨论　通过案例，请分析人员推销的优势是什么？

一、概述

医疗器械人员推销是指医疗器械生产或经营企业的推销人员运用一定的推销手段，与医疗器械使用单位、经销商和个人等顾客直接接触，传播和沟通产品信息，促使顾客产生购买行为的过程。人员推销是一种传统的促销方式，具有灵活机动、方便直接、信息互动等优点，具有强大的生命力。在医疗器械促销中，人员推销是一种最常用的方式，医疗器械企业雇佣销售代表，将产品销售给医疗器械使用单位或最终消费者。医疗器械的使用单位包括各级医院、保健院、社区卫生服务中心、疾病控制中心等。

二、特点和形式

（一）特点

医疗器械人员推销与其他促销方式相比具有不可替代的作用，是一种重要的促销方式，具有以下特点。

1.针对性强，形式灵活　推销人员与顾客直接接触，能可靠地发掘推销对象，把推销对象迅

速集中到目标顾客身上，避免了许多无效劳动。例如，医疗器械推销人员通过接触医院相关人员并实施推销过程时，可根据其身份特点，随时调整自己的推销策略及技巧，充分发挥推销人员的主观能动性，保证其推销效率。

2.双向沟通和双重性　销售人员是企业和顾客之间的桥梁，连接了企业和顾客之间的关系，他们同时为企业和顾客服务，可以进行双向沟通。企业销售人员代表公司与顾客面对面接触，一方面能将企业的产品信息和服务及时、准确地传递给顾客；另一方面又可以了解顾客的需求和意见，并迅速将其反馈给企业，使其产品更符合消费者的需求。人员推销的目的是满足用户需求与实现扩大销售，具有双重性。顾客很有可能因为对销售人员的忠诚，而对企业和产品产生忠诚感，顾客与销售人员的良好关系将导致顾客与企业及其产品的关系更加牢固。

3.长期稳定，具有前瞻性　推销人员在和推销对象面对面接触中，容易建立长期的友谊和感情，从而拉近企业与顾客之间的联系，使顾客对某一企业的产品产生偏爱。在这种长期稳定的关系基础上开展促销活动，不仅有助于促成交易，还可以为企业未来其他产品的销售或服务的推广奠定良好的基础，具有前瞻性。

4.人员要求高，成本较大　一方面由于每个销售人员直接接触的顾客有限，尤其是在市场范围广阔的情况下，务必要通过增加销售人员来扩大销售面，故销售支出增加，人员成本较高；另一方面，医疗器械产品促销是一个对专业要求比较高的工作，医疗器械推销人员不仅要具有良好的推销技巧，还要具有医疗设备应用技术和政策方面的专业知识，对推销人员的要求较高，耗费的人力物力也较大。

（二）形式

1.上门推销　目前医疗器械生产和经营企业采取的最常见的推销形式，由销售人员携带产品宣传册、说明书或电子宣传材料等拜访客户，进行产品推销。这种推销形式对销售人员的整体素质和专业能力要求比较高。要求能针对各级医院、疾病控制中心、医疗机构等特殊顾客的要求提供高质量的服务，满足顾客的需求。医疗器械的采购周期较长，尤其是大型医疗设备（采购期1~2年），推销人员上门持续的拜访，能够很好地增进买卖双方的感情，取得信任，为进一步的洽谈合作打下坚实基础。

（1）向医院推销医疗器械　推销人员进入医院之前，应做好当面拜访的前期准备工作。要搜集医院和相关科室的资料；提前了解要拜访人员的信息；准备好需要携带的资料，包括个人名片、产品彩页、技术资料、预算方案、项目实施方案等。向医院推销医疗器械主要包括三个层面：院长拜访、科室主任拜访和设备科长拜访。

1）院长拜访　院长或分管院长的拜访非常重要，他们具有采购医疗器械的最终决策权，是推销策略中必须要经过的环节。院长层次的决策者要考虑医院的全局，对科室提交的采购申请进行综合考量，既要考虑到医院的需求，又要考虑新增设备所带来的经济效益和社会效益，以及医疗器械企业的综合实力。

①拜访要点：事前做好充分准备，时机合适（提前预约），推销人员层次要高，沟通技巧成熟稳健。

②拜访目标：通过售后服务、技术和价格等优势宣传产品，展示公司实力，重点突出产品的社会价值和经济效益。赢得院长对企业产品的好感和认可。

2）科室主任拜访　科室主任是将销售人员领进门的人，在推销过程中占据着重要位置，必须给予足够的重视。通常科室主任会根据临床诊断治疗的需要，结合科室的运转情况，充分考虑产品的临床价值和经济价值，对医疗器械的采购提出申请。科室主任的拜访必须要提前进行，并且要连续、多次拜访。

①拜访要点：有计划、有针对性，要控制好时机和节奏。有目标的传递企业和产品信息，帮助其书写采购申请报告，唤起科室主任的购买欲望，做好拜访记录，及时调整和反馈各方面信息。

②拜访目标：充分介绍产品的情况，说明其临床效果和经济效益，取得对方信任。摸清医院采购程序和相关规则，充分沟通，建立合作关系。最后，达到能与科室主任共同面对竞争者和医院决策层的目标。

3）设备科长拜访 医疗器械的购买申请通常首先要递交给医院的设备科，由设备科统一汇总、审核后提交到院长会讨论。设备科是拟定采购计划、执行采购任务、签订采购合的重要部门。设备科长的拜访也是重中之重，一旦采购计划在院长会通过后，设备科长要代表医院审核医疗器械企业和产品的资质，商谈价格，提出售后服务的要求，明确合同细节，负责产品的安装调试、验收、回款等，并负责设备后期的维修与维护等工作。

①拜访要点：充分重视，多次沟通，建立良好关系。积极将科室采购申请列入医院总的采购计划，帮助设备科长掌握产品信息和价格，起草合同，并尽快实施采购。

②拜访目标：充分介绍产品安装、调试和售后服务等情况，给予充分的技术支持。帮助企业给决策层提供有关本产品的正面反馈信息，积极落实采购计划。

（2）向经销商推销医疗器械 医疗器械经销商是指将医疗器械产品以批发的形式，经过中间渠道销售给医院或零售商的经营公司。经销商模式作为市场营销的重要渠道，是很多医疗器械生产厂家广泛采用的推销模式。医疗器械经销商因其对当地的医疗市场非常熟悉，具有地利和人和的优势，确定经销商一般要经过以下几个步骤。

1）寻找经销商 生产厂家的推销人员可以通过熟悉的经销商介绍、参加医疗器械博览会、查阅经销商名录或慕名求购等方式寻找目标经销商。

2）考察经销商 生产厂家的推销人员需要通过考察来掌握目标经销商的情况，包括资金实力、经营能力、市场信誉及与各级医院的紧密程度等，以保证经销商的实力和可信度，进而维护好企业的销售渠道。

3）拜访经销商 生产厂家的推销人员要充分宣传企业的实力和发展前景，重点介绍企业产品的优势，树立经销商信心注重产品质量、进销差价和厂家的售后服务能力，同时运用各种策略来吸引经销商，比竞争对手更好地满足经销商的需求，突出品牌效应。

2.柜台推销 医疗器械生产和经营企业在各个区域设定销售点（药店），由营业员作为推销人员接待顾客（个人消费者），并推销所需医疗器械。与上门推销不同，柜台推销是等待顾客上门之后的推销，以低值产品为主，如康复、理疗和一次性医疗器械。从柜台购买的顾客多为个人消费者，购买需求明确，但缺乏专业知识，要求推销人员熟悉产品的性能、功效、使用方法和注意事项等，能够专业地介绍产品，同时，还要具有良好的接待礼仪和服务态度，引导顾客的需求，激发顾客的购买欲。

3.会议推销 医疗器械推销人员利用参加各种专业学术会议和医疗器械博览会的机会，向参会的医务人员和主办机构推荐本公司产品的推销形式。这两类会议是医疗器械行业专有的促销形式，能够树立企业形象，推介新产品。很多医疗机构和医疗设备经销商在会议现场签订采购订单，方便高效，为医疗器械企业提供了良好的促销机会。

三、过程

根据医疗行业的特点，各个医疗机构的推销仍然以人员推销为主，整个推销过程要本着互利共赢的目标，达到双方都能满意的效果。一般医疗器械人员推销的过程包括：确定客户、推销准备、拜访客户、推销洽谈、异议处理、促成交易与服务六个步骤。

1.确定客户　医疗器械产品具有其特殊性，目标客户的范围比较集中，主要来自医院等相关医疗机构。医生、科室主任、院长和设备科主任等都是比较固定的潜在客户，推销人员需要通过考量客户的购买需求、购买能力和购买决策权这三个方面的因素，来确定真正的目标客户。

2.推销准备　推销人员要通过各种渠道了解客户的基本情况，分析客户的类型，拟定推销计划。首先，可以通过互联网搜索、公司前辈介绍、亲朋好友推荐等方式了解客户的信息。其次，还要通过参加各种社会团体活动或医疗器械博览会等，了解同类产品中竞争对手的特点和情况，分析其优势和劣势。最后，要准备好本企业的各种产品资料、宣传材料、计划书、价目表等，做好推销前的各项准备工作。

3.拜访客户　推销人员在正式拜访客户之前，最好事先沟通或预约，防止被直接拒绝。通过电话预约、熟人介绍或其他方式提前接触客户，都可以为正式拜访做好预热。推销人员应根据客户的工作特点和沟通习惯，确定拜访的时间和地点。拜访客户是推销人员正式接触客户的开始，推销人员应该充分地重视，想办法建立良的第一印象。通过恰当的礼仪、优雅的谈吐、专业的素养等引起客户对自己和产品的关注，取得对方的好感，成功地接近客户。

4.推销洽谈　在与客户进行约见和正式拜访成功后，就企业产品和交易的情况进行正式的谈判。推销人员向客户全面介绍企业及产品的情况，使客户充分了解企业的实力和产品的优势，消除客户的疑虑与异议。推销洽谈是整个推销过程中的一个关键环节，能否说服客户，达成最终交易，就看洽谈环节是否成功。所以在洽谈环节中，首先要让客户感到推销人员的诚信，其次才是采取有针对性的、鼓舞性的、灵活性的方式方法，确定各项事宜，尽快拟定合同，促成交易。

5.异议处理　客户异议是指在推销过程中客户对产品价格、技术要求、交易条件、售后服务等信息提出怀疑、不满，甚至是反对意见。推销人员要正确认识客户的异议，冷静分析，耐心解答，换位思考。通过解释、协商、私下沟通等方式积极化解异议。虽然有些异议看似有些吹毛求疵，但是，有时越是对产品要求高的人，提出异议就越多，越能表明对产品的兴趣。所以，对产品经过了仔细斟酌和思考的顾客，往往诚心购买的程度越高。推销人员应尽可能多地掌握产品的相关知识，耐心解答客户提出的各种问题，因势利导，解除疑虑，最终化解异议。

6.促成交易与服务　促成交易是推销的最终目的，客户在经过前面的拜访、洽谈、异议处理等环节后最终完成了购买行为。推销人员应该确认成交信号，完成成交手续。交易完成并不是推销过程的结束，医疗器械推销人员还要做好设备采购后的安装、调试和售后服务等工作。要经常与客户保持联系，定期回访，反馈产品使用的情况，听取医院和科室的意见和建议。只有这样才能与客户保持长期的合作关系，促进老客户的持续购买或介绍其他新客户购买产品，不断扩大自己的客户群体。

四、基本要求

人员推销是一个错综复杂的过程，推销人员要能根据不同的环境、对象，审时度势、灵活地进行推销。采用不同的推销技巧，吸引客户的注意力，争取促成交易。推销人员既要有很好的洞察能力、沟通能力，又要懂得相关的专业知识。一般来说，对推销人员有以下基本要求。

1.具有丰富的医疗器械专业知识和相关法律法规知识　医疗器械产品是关系到人类生命健康的特殊商品，具有很强的专业性，要对其安全性和有效性加以特别控制。推销人员应该熟知医疗器械产品的性能和临床用途，并且了解医疗器械的法律法规知识，如《医疗器械监督管理条例》等相关行政法规和部门规章。

2. 具有良好的语言沟通能力和优雅的仪容仪表　语言表达是人与人沟通的重要方式，融洽的交谈可以帮助推销人员在推销产品时更具说服力。另外，手势、眼神、表情、衣着等优雅的仪容仪表，也能增强推销人员的亲和力和感染力，它能够辅助语言表达，体现良好的修养，是产品得以销售的潜在因素。

3. 具有敏锐的洞察力和灵活的应变能力　在推销和洽谈过程中，推销人员敏锐的洞察力、灵活的应变能力往往非常重要。顾客的很多购买习惯和特殊喜好往往表现得比较隐匿，交易的意愿不能马上形成，所以，这就需要推销人员要通过客户的说话方式、面部表情等，洞察其心理，把握时机，打消客户顾虑。

4. 具有强大的事业心和敬业精神　医疗器械推销员是一个特别孤独的职业，一个人负责某个区域的所有推销工作，经常被别人质疑和拒绝。所以，必须有良好的心理素质，强大的事业心和敬业精神，才能坚守这个岗位。推销人员在医疗器械的推销过程中，必须待人诚恳，讲信用，做到手勤、口勤、脚勤，始终保持销售的欲望和锲而不舍的精神。

5. 相信自己的企业和产品，对自己有信心　医疗器械推销人员首先要对自己的企业和产品有信心，不要推销连自己都不相信的产品。要充分了解公司的优势和潜力，忠于自己的企业，恪守企业文化和经营理念。对自己有信心，对企业有信心，将自己的发展融入企业的发展之中。

成功的推销人员往往是先将自己推销给客户，换句话说，就是先让客户信任和认可自己才是最重要的，然后才是推销产品。可见，成功的推销活动，不仅来自医疗器械企业和产品的魅力，更多地来自销售人员的魅力。推销人员的魅力很大一部分是由其内在的良好素质决定的，包括诚信的品质、坚强的意志、稳定的情绪、广泛的兴趣和优雅的气质等。

第三节　广告促销

随着人们生活水平的不断提高，大家对家用医疗器械产品的需求越来越大，家庭吸氧将逐步成为家庭和社区康复中一种重要手段。某国产家用制氧机品牌邀请"棋圣"做其形象代言人并打出了响亮的广告语，取得了巨大成功。某国产家用制氧机产品的成功，不仅仅是选对了形象代言人，更重要的是设计了富有说服力的电视广告。它学习保健品广告的策划经验，根据目标消费群体的需求和中国消费者的心理，将这一新兴产品成功推向了市场，树立了自己的品牌形象。

一、概述

（一）定义

医疗器械广告是指由医疗器械生产或经营企业承担费用，通过一定的媒介和形式介绍产品信息，提高企业知名度，直接或间接地促进医疗器械产品销售。广告分为非商业广告和商业广告两种，促销中的广告是指商业广告。广告是促销组合中的重要组成部分，是现代医疗器械企业扩大影响力的最有效的方法之一，在增强企业形象，促进销售方面具有不可替代的作用。广告是医疗器械企业和客户之间沟通的桥梁，可以让客户更快地了解产品，激发购买欲望。

（二）作用

从企业市场营销的角度看，广告具有下述重要作用。

1.介绍产品，引导消费 企业通过广告宣传，可以充分地介绍产品的特点、用途及使用方法等，突出产品的优势和特色，增进消费者对产品的印象。引导消费者通过广告接收的信息，去选择适合自己的产品并产生购买欲望，采取行动。例如，病毒传播和感染是一个越来越严重的公共健康问题，阻止病毒传播或阻止交叉感染的预防性措施变得越来越重要。为了确保大众安全、患者安全和医疗从业者的安全，某品牌医疗器械公司通过网站宣传防护的安全理念，设计定制化的个人防护设备和消毒产品。这种网站广告的形式，对很多大型医疗器械公司的产品宣传起到了非常重要的作用。

2.扩大销售，促进生产 广告可以快速并广泛地宣传产品，扩大产品的销售面。广告可以进行广泛的持续性的宣传，能够增加潜在消费者的数量，很好地拉动地区需求，起到促进生产的作用。同时，好的广告可以加深消费者的印象，刺激消费者的购买欲，引起市场需求量攀升。

3.树立形象，赢得竞争 通过精心策划的广告，可以很好地宣传企业的产品、价值观和文化，使企业形象深深植入每个消费者心中，从而增强产品的竞争力。某著名医疗器械公司作为全球第一台乳腺机的发明者，不断创新，提出"清晰辨认，精准穿刺，这双慧眼让等待不再"的广告标语。它强调自己的新产品可以大大缩短乳腺癌诊断时间。树立良好的企业形象，有利于提高企业及产品的社会知名度，保持产品在市场竞争中的优势地位。

（三）特点

1.表现力多样 医疗器械广告是一种非常形象和生动的信息传递方式。它的表现力很强，可以借助多种艺术形式、表达手段和演出技巧，传达出一个企业的历史背景和文化底蕴，将其产品情感化、戏剧化，增加其说服力与吸引力。

2.传播面广泛 医疗器械广告是借助大众媒体传播信息的，公众性和普及性很强，具有"广而告之"的优点。广告主可以通过电视、网络、广播、报纸等大众传播媒体广泛地把企业和产品信息传递给目标消费者以及广大的社会公众，这种广泛性是人员推销等其他促销方式无法比拟的。

3.传播速度快 大众传媒是一种非常快速的信息传播途径，医疗器械广告就是利用大众传媒的迅捷性来传递信息的。它能使广告主发布的信息在短期内迅速地传递给目标市场。因此，在当前高度发达的信息化社会里，广告是一种高效率的促销方式。

（四）分类

医疗器械广告从不同的角度出发可以划分为不同的类型。按照广告的内容，分为产品广告和企业形象广告；按照广告的范围，分为全国性、区域性和地方性广告；按照产品的生命周期，分为认知性、推广性和提示性广告；按照广告的传播媒介，分为电子媒介、印刷媒介、邮寄媒介、户外媒介、购买现场媒介等其他媒介。见表8-3。

表8-3 常用的传播媒介分类

传播媒介	媒介形式分类	媒介特点
电子媒介	电视广告、广播广告、电视剧广告、电影广告、网络广告等	形式多样、传播迅速、覆盖面广、成本较高
印刷媒介	报纸广告、杂志广告、电话簿广告等	形式直接、覆盖面广、成本较低
邮寄媒介	推销信函、宣传画册、商品目录、产品说明书、订购单等广告	针对性强、灵活度高、感情色彩浓
户外媒介	路牌广告、霓虹灯广告、汽车广告、招贴广告等	形式直接、区域针对性强、成本较低
购买现场媒介	柜台广告、陈列广告、彩旗气球广告、招贴画广告等	展示直观、目标明确、覆盖面较窄、成本较低
其他媒介	现场表演、物品馈赠、赞助活动等广告形式	形式灵活、针对性强、效果直接、成本较高

如某大型医疗集团赞助医疗纪录片《医心》，作为纪录片拍摄的支持单位，某医疗大型集团国内营销副总经理非常重视。医疗器械企业是中国医疗健康行业的一部分，企业在为医疗机构提供创新设备解决方案的同时，也是医护人员们长期的伙伴。如某大型医疗集团作为赞助商积极参与其中，联合六个三甲医院伙伴，一起用文化的形式传播社会正能量，为提升社会医疗效能和构建和谐社会贡献出自己的力量。这种广告形式，针对性强，形式灵活，对企业品牌的推广起到了非常积极的作用。

二、方案制定

医疗器械企业在制定医疗器械广告促销方案时，一般要从确定广告目标、编制广告预算、设计广告创意、选择广告媒体和评估广告效果这五个方面做出决策。

（一）确定医疗器械广告目标

广告的目标是指在特定的时期内，医疗器械企业借助广告活动的形式，所希望达到促销的效果。医疗器械广告目标要以企业的总营销目标为基础来制定。企业总的营销目标可按照产品的生命周期划分为不同的阶段目标，在每一个阶段目标中，广告所起的作用不同，所以广告的目标也不同。医疗器械企业广告目标主要分为三大类：告知性广告、劝说性广告和提示性广告。

1.告知性广告　主要适用于产品的导入期（产品生命周期），广告目标是帮助客户建立基本需求。当一种产品进入市场的初期，积极向客户说明产品的用途和使用方法，充分介绍企业提供的各项服务，帮助顾客知晓产品，减少误解，树立良好的品牌形象。

2.劝说性广告　主要适用于产品的成长期，广告目标是帮助客户建立选择性需求。处于成长期的客户有可能对某一种产品有需求，但还没有形成突出的偏好，可以在多个品牌中进行选择。这时广告的主要目的就是要劝导顾客购买自己的产品，不断强化企业的特色和优越性，促使顾客形成品牌偏好。现在很多劝说性广告已经演变成比较性和进攻性广告。

3.提示性广告　主要适用于产品的成熟期，广告目标是提示客户购买并帮助维持客户关系，使客户能够一直记住该产品。如很多众所周知的品牌，广告的目标并不是劝说购买，而是让顾客深深地记住它们。通过提示性的内容告诉顾客：到哪里可以买到它们，近期会推出什么新产品，以及有什么优惠活动等，使其保持较高的知名度。

（二）编制医疗器械广告预算

明确了医疗器械的广告目标之后，企业就要为每个产品编制广告预算。医疗器械广告预算是指对企业广告活动所需费用的计划和匡算，它规定了企业在广告计划期内开展广告活动所需要的经费总额。广告预算一般被作为现期花费来处理，但是广告效果都有一定的延期性，所以广告预算可以作为长期的无形价值投资，对树立企业品牌，增强品牌效应有很大的好处。广告预算并不是越多越好，而是应该考虑影响广告效果的各种因素，采取科学的手段进行预算，争取用最低的成本获得最佳的效果。以下是影响医疗器械广告预算的因素。

1.产品生命周期　医疗器械产品的广告预算常常取决于它处于产品生命周期的哪个阶段。一般来说，新产品需要的广告预算较高，主要是为了建立知名度并争取消费者的试用。总结产品的各生命周期的情况，处于导入期和成长期的产品需要投放的广告较多，广告的预算经费较大；处于成熟期和衰退期的产品，则需要的广告较少，可以适当降低广告预算。

2.市场份额　医疗器械的市场份额也会影响产品的广告预算。市场份额较高的产品，已经具有较高的知名度，只需要维持其原有市场份额，广告预算在销售额中所占的比例较少。而市场份额较低的产品，因为要增加市场份额或从竞争者手中夺取市场份额，需要投入更多的广告预算，所以广告费用占销售额的比例通常会很高。

3.竞争与干扰　在国内外竞争激烈和广告市场比较混乱的情况下，医疗器械产品必须投入大量的广告，通过增强宣传力度，来抵抗其他相似品牌的干扰，树立企业的品牌形象。在这种复杂的环境中，要使自己的产品脱颖而出，就需增加更多的广告预算。

4.广告频率　医疗器械广告的频率越高，广告的预算就越高。一般来说，产品的广告预算经常在经济不景气时被削减，短期内这种变化对销售的影响不大，但长期来看，减少广告预算可能导致品牌形象的长期损害。事实证明，如果能够在竞争对手削减广告费用的时候，维持甚至增加广告投入，加大广告的投放频率，企业将获得更加有利的竞争优势。

5.产品替代性　如果在同一类的医疗器械产品中出现了较多的品牌，为了树立本产品品牌的形象，就需要投入大量的广告，使自己的产品与其他同类型产品区分开来。这就需要广告能够做到特色鲜明、与众不同，使本品牌产品具有不可替代的作用，当然广告预算也会随之升高。

（三）设计医疗器械广告创意

广告策略包括广告创意和媒体决策两部分，在广告策略的设计中，广告创意毋庸置疑是最为重要的。无论广告预算的高低，只有赢得关注并吸引消费者的广告才是成功的。广告公司首先需要做出好的广告创意，然后再精心制作，执行创意，最后通过传播媒体推向目标市场。好的广告创意能够发挥良好的沟通作用，充分吸引消费者的目光，引起消费者的无限畅想。如某医疗器械企业空气净化器，以"医疗健康"概念作为整个广告的创意核心，广告中提出"专注健康产业70载，专业空气净化20年"，并强调品牌、医院专用和大品牌值得信赖，成功地将医用专业空气净化器推销到普通家庭。

（四）选择医疗器械广告媒体

在数字媒体的爆炸式发展趋势下，广告媒体的选择显得尤为重要。广告媒体是传递医疗器械广告信息的载体，可分为大众传播媒体和企业自有媒体两大类。大众传播媒体是广告信息传递的主要工具，主要包括报纸、杂志、广播、电视、互联网等公共媒体。企业自有媒体是指企业自己设计制造的广告媒体，主要包括户外广告、交通流动广告、招贴广告、邮递广告、灯光广告、包装广告等。常用的广告媒体及其特点如下。

1.报纸广告　优点：可信度高，便于查存；传播及时，覆盖面广；读者较多，人员稳定；费用较低，制作方便；版面灵活，选择性强。缺点：时效较短，关注率低；传阅者少，表现形式有限。

2.杂志广告　优点：专业性强，针对性强；读者群稳定，宣传面广；时效较长，反复传播；印刷精美，吸引力强。缺点：发行周期长，时效性差；注目率低，传播范围小；版面受限，接触面窄，灵活性差。

3.电视广告　优点：生动形象，感染力强；覆盖面广，接触度高；可重复播放，收视率高；运用各种艺术形式，表现力丰富。缺点：费用昂贵，时效较短；节目较多，分散注意力。

4.广播广告　优点：迅速及时；听众广泛；制作快捷，通俗易懂；灵活多样，表现力丰富；费用较低，感染力强。缺点：听众分散，不够形象；转瞬即逝，时效较短；形式受限，难以查存。

5.互联网广告　优点：内容丰富，形式多样；信息量大，空间无限；选择性强，互动性强；传播范围广，覆盖面大；成本较低等。缺点：硬件要求高，主动性差；版面空间有限，信任度和权威性有待提高。例如某微网雾化器广告，将网页广告制作得非常醒目，充分利用互联网空间进行宣传。

6.直邮广告 优点：选择性强，灵活度高；同一媒体内没有竞争，人情味较重。缺点：对象选择较难，成本较高，可信度差。

7.户外广告 优点：地理选择性好，成本较低；持续时间长，灵活性好，竞争较少。缺点：选择性差、针对性不强；信息量少，表现形式有限，传播范围较小；有时受到公众反对和法律限制。

8.现场广告 优点：气氛热烈，效果直观；促销效果明显，印象深刻。缺点：成本较高，人员要求高；表现形式单一，覆盖面很窄；一般只用于辅助性宣传和特殊节日。

为了达到广告目标，企业必须要恰当地选择广告媒体，做出媒体的接触度、频率和效果决策。

（1）接触度决策 企业必须决定在一定的时间内让多少人接触到广告，如企业可决定在半年内让80％的目标消费者接触到广告。

（2）频率决策 企业在一定时间内平均每人接触多少次广告，如企业可以决定使目标消费者在一年内平均每人接触三次广告。

（3）效果决策 企业要决定广告的效果，如电视广告效果要比广播广告的效果好，互联网广告效果要比报纸、杂志广告要快。

（五）评估医疗器械广告效果

医疗器械企业要对产品的广告效果进行持续的评估，评估广告效果的方法有很多，一些是可控的，而一些是不可控的，要精确地评估广告效果比较困难。企业应当定期评估的因素主要有两个：医疗器械产品信息传递效果和医疗器械产品销售效果。

1.医疗器械产品信息传递效果的评估 医疗器械产品信息传递效果的评估就是看广告能否将产品信息有效地传递给目标消费者。这种评估在广告投放前和广告投放后都应该进行。广告投放前评估是企业邀请行业专家和客户代表对已经制作好的广告进行测试，询问他们的感受，测试他们对广告信息的回忆程度，广告播放前后的喜好程度，以及存在哪些问题；广告投放后评估是企业邀请一部分目标消费者，了解他们听到或看到广告后，对产品的印象和评价，以及目标消费者对产品的认知、喜好或偏爱等态度的变化情况。

2.医疗器械产品销售效果的评估 医疗器械产品销售效果的评估，就是看广告的投放使销售额增长了多少。这种评估比较困难，因为产品销售额的增长不仅取决于广告，还取决于其他因素，如经济发展、顾客收入、产品质量、渠道成员、价格调整等其他营销方式。因此，单独通过销售额来评估广告效果是非常困难的。目前，很多企业尝试使用"试验法"来评估广告效果对销售额的影响。比如，可以把某种医疗器械产品的目标市场按照区域进行划分，在A区域主要使用电视广告，在B区域主要使用报纸、杂志广告，一段时期后，测试各地区销售额的增长情况。这种测试方法可以大体分析出哪些广告媒体方式效果更好。另外，企业还可以采用"加一法"，即在A区域使用大量广告，在B区域使用少量广告，在C区域不使用广告，一段时间后，测试各地销售额的变化，可以大致估算出广告对销售额的影响。

无论是在经济低迷的市场环境，还是经济复苏的市场环境，医疗器械企业的决策者们都非常关心花在广告上的钱是否获得了恰当的回报。所以，评估医疗器械广告的效果，显得尤为重要。广告效果评估已经成为现在很多企业关注的热点，广告效果产出的效益虽然不是直接的，但无疑会在销售中起到非常重要的促进作用，广告效果的产生是一种长期累积的过程。

三、广告管理

医疗器械广告作为一种信息传播的方式，不仅能够提高产品的知名度、塑造企业形象，促进产品销售，还能对社会产生多方面的影响。医疗器械是一类特殊商品，关系到每个人的身体健康和生命安全，可以通过广告宣传医疗器械的结构组成、适用范围和注意事项，引导消费者正确选购和使用医疗器械，但是如果广告中存在虚假、夸大和误导性的宣传内容，则会影响企业和产品的声誉，甚至还会危及消费者的人身健康和生命安全。因此，国家为了保护消费者的利益，维护社会积极秩序，促进医疗器械广告市场健康有序地运转，采取了各种手段加强对医疗器械广告的管理。

（一）医疗器械广告基本要求

现行《医疗器械监督管理条例》第四十五条规定："医疗器械广告应当真实合法，不得有虚假、夸大、误导性的内容。医疗器械广告应当经医疗器械生产企业或进口医疗器械代理人所在地省、自治区、直辖市人民政府药品监督管理部门审查批准，并取得医疗器械广告批准文件。广告发布者发布医疗器械广告，应当事先核查广告的批准文件及其真实性；不得发布未取得批准文件、批准文件的真实性未经核实或者广告内容与批准文件不一致的医疗器械广告。"

（二）医疗器械广告管理机关与相关法规

医疗器械广告的审查机关是省级药品监督管理部门，它负责本行政区域内医疗器械的广告审查工作。县级以上工商行政管理部门负责医疗器械广告的监督管理工作。国家药品监督管理局负责对医疗器械的广告审查工作进行监督和指导，对违反法律法规的行为，依法予以处理。与医疗器械广告管理相关的法律法规主要有《中华人民共和国广告法》《中华人民共和国反不正当竞争法》《中华人民共和国商标法》《中华人民共和国合同法》《中华人民共和国消费者权益保护法》《广告管理条例》《医疗器械监督管理条例》《医疗器械广告审查办法》《医疗器械广告发布标准》等。2019年12月13日《药品、医疗器械、保健食品、特殊医学用途配方食品广告审查管理暂行办法》已经国家市场监督管理总局审议通过，自2020年3月1日起施行。

（三）医疗器械广告审批

1.广告审批范围　通过一定媒介和形式发布的广告含有医疗器械名称、产品适用范围、性能结构及组成、作用机制等内容的，应当按照本办法进行审查。仅宣传医疗器械产品名称的广告无须审查，但在宣传时应当标注医疗器械注册证号。

2.广告申请人要求　医疗器械广告批准文号的申请人必须是具有合法资格的医疗器械生产企业或者医疗器械经营企业。医疗器械经营企业作为申请人的，必须征得医疗器械生产企业的同意。申请人可以委托代办人代办医疗器械广告批准文号的申办事宜。代办人应当熟悉国家有关广告管理的相关法律、法规及规定。

3.广告审查机关　申请医疗器械广告批准文号，应当向医疗器械生产企业所在地的医疗器械广告审查机关提出。申请进口医疗器械广告批准文号，应当向《医疗器械注册登记表》中列明的代理人所在地的医疗器械广告审查机关提出；如果该产品的境外医疗器械生产企业在境内设有组织机构的，则向该组织机构所在地的医疗器械广告审查机关提出。

4.广告审批程序

（1）申请　申请医疗器械广告批准文号，应当填写《医疗器械广告审查表》，并附与发布内容相一致的样稿（样片、样带）和医疗器械广告电子文件，同时提交《营业执照》《医疗器械生产企业许可证》或者《医疗器械经营企业许可证》《医疗器械注册证》《医疗器械注册登记表》等真实、合法、有效的证明文件。广告中涉及医疗器械注册商标、专利、认证等内容的，应当提交相关有效证明文件的复印件及其他确认广告内容真实性的证明文件。

（2）受理　医疗器械广告审查机关收到医疗器械广告批准文号申请后，对申请材料齐全并符合法定要求的，发给《医疗器械广告受理通知书》；申请材料不齐全或者不符合法定要求的，应当当场或者在5个工作日内一次告知申请人需要补正的全部内容；逾期不告知的，自收到申请材料之日起即为受理。

（3）决定　医疗器械广告审查机关应当自受理之日起20个工作日内，依法对广告内容进行审查。对审查合格的医疗器械广告，发给医疗器械广告批准文号；对审查不合格的医疗器械广告，应当做出不予核发医疗器械广告批准文号的决定，书面通知申请人并说明理由，同时告知申请人享有依法申请行政复议或者提起行政诉讼的权利。

对批准的医疗器械广告，医疗器械广告审查机关应当报国家药品监督管理局备案。国家药品监督管理局对备案中存在问题的医疗器械广告，应当责成医疗器械广告审查机关予以纠正。对批准的医疗器械广告，药品监督管理部门应当通过政府网站向社会予以公布。医疗器械广告批准文号有效期为1年。

第四节　营业推广

案例讨论

案例　医疗市场空间巨大，作为新的业态，医疗服务机器人正在资本、技术和政策的助推下快速向医疗市场渗透。在日前举行的第六届中国（上海）国际技术进出口交易会上，一批医疗机器人汇聚的张江展区成为交易会现场的一大亮点。在展会现场，一台外骨骼机器人正在展位上模拟人的步态匀速行走，格外"有范"，吸引众人驻足观看了解。

近日，上海消毒机器人站上防疫一线，产品脱销，连展厅里的样机都被拉走，瞬间成为爆款。除了消毒机器人以外，护理机器人、问诊机器人、运输机器人等一大批机器人冲上防疫前线，成为人类的好帮手。在此次新型冠状病毒感染的肺炎疫情中，医护短缺问题突出，用机器人替代部分岗位以节省医护资源的诉求日益强烈。多家智能机器人厂家表示，疫情期间，来自医院的机器人订单增长迅猛。

讨论　请问医疗器械营业推广方式有哪些？

一、目的

营业推广方案的设计是从确定活动目标开始的，医疗器械企业的营业推广目的应该与企业整体营销目标以及该阶段促销目标相配合。企业针对不同类型的目标市场，要实现的营业推广目标各不相同。例如，对普通用户来说，营业推广目标可以确定为鼓励经常购买和重复购买，吸引新购买者使用，建立品牌知名度，引起用户的兴趣，树立和改进公司及品牌形象等。对制造商来说，营业推广的特定目标可以确定为促使中间商购买新的产品项目，提高中间商的购买水平，鼓励中间商的非季节性购买，对抗竞争者的促销活动，建立中间商的品牌忠诚等。对销售人员来

PPT

说，营业推广目标可以确定为鼓励对新产品或型号的支持和推广，鼓励更高的销售水平等。下面从不同角度出发来确定营业推广目标。

（一）吸引潜在消费者

许多营业推广计划的目标是吸引新使用者，通常给使用竞争产品的顾客某种激励，鼓励他们试用本企业产品；另一个目标是针对那些尚未使用某个产品任何品牌的潜在消费者。虽然也有成功的案例，但是，第二个目标较第一个目标更为艰难。

（二）保持现有顾客

大多数产品都有一批稳定的使用者为基础，这些使用者是企业大部分收入的来源，赢得这部分消费者也就占据了稳定的市场份额。因此，保持现有顾客和吸引新顾客同等重要。当竞争者设计营业推广活动吸引新试用者，或企图夺走现有顾客时，营销者就应推出一个新的营业推广计划，希望能保持住他们现有的顾客。

（三）促使目前的使用者大量购买

保持顾客的一种方法是"促使他们大量购买某产品"，或者"使他们离开某个市场"一段时间。对此，营业推广要鼓励现有顾客提高库存量，其数量足以让他们在较长的时间内不再购买此类产品。这样做可以达到两个目的：第一，因顾客仓库里有大量的产品，从而保证其能不间断使用该产品；第二，因为顾客有足够的该产品可资利用，他们对竞争对手的营业推广政策会不感兴趣，没有大的反应。

（四）增加产品的使用

许多营业推广计划的主要目标之一是增加产品的使用。在消费者数量增长缓慢的情况下，对许多医疗器械产品而言，一定要寻求新的用途以增加消费者。企图从竞争者那里继续不断地取得市场份额，是要付出很大代价的。同时，从长期来看，消费者经常不断转换品牌，往往会导致任何品牌的销量或市场份额只有微不足道的增加。较好的长期策略，应为增加某产品或服务使用者的人数。通俗点讲，就是把蛋糕做大。一项最普通的增加产品使用的方法，是通过增加产品其他的用途。例如，除颤仪同时带有心电监护功能就增加了其使用范围以及用户的购买需求。

（五）对消费者实施产品升级，以达到更高品质或更高价位

使消费者使用产品不断高级化，或购买比他们之前使用的产品更为昂贵的品牌或型号，是许多医疗器械企业的目的。为此，通过提供减价优惠的实效促销方式可以在一定程度上实现这一目的。例如，很多医疗器械企业在展会上会提高其最新功能最全的产品给客户试用，其目的在于使顾客们习惯这种最高端产品，下次购买时愿意以更高价格成交。

（六）强化品牌的广告

提高品牌知名度或增强目前的品牌广告也至关重要。医疗器械企业配合广告宣传做相应的营业推广活动，借助广告的宣传力度推出一系列相关产品，都是对于广告的强化。

二、政策

营业推广政策是一项引导性、激励性的销售措施。它的目的就是促进销售，给销售带来保障和轻松。所谓保障，就是通过给出一定的条件来激励、约束中间商和销售人员的行为，以完成销

售目标服务；所谓轻松，就是充分发挥销售政策的吸引力，促使客户与销售人员产生内驱力，自主地去完成销售目标，从而给销售带来一些便利和轻松。销售促进措施是销售活动中至关重要的策略，甚至可以说是起到决定性作用的措施。医疗器械企业的营业推广政策主要包括对内的《销售人员的激励政策》和对外的《消费者的优惠及激励政策》以及《经销商激励政策》。

（一）销售人员的激励政策

医疗器械企业对销售人员进行促销的主要目标：提高销售人员的工作绩效；鼓励销售人员大力推销新产品，开拓新的市场，寻找更多的潜在顾客；顺利完成对消费者、中间商的销售促进活动；解决企业面临的销售难题，提高销售人员的工作积极性，促使其高效率完成任务等。主要的方法有销售竞赛、销售赠奖及销售任务达成三种。

1.销售竞赛 在规定的时期内，在销售团队及个人之间展开形式多样的竞赛活动，对竞赛成绩突出者进行相应等级的奖励，这是企业最常用的一种销售人员激励方法。销售竞赛以前多在汽车、化妆品、保险等行业中使用，而今天这种方法已被大多数企业采用，实践证明，其激励效果颇佳。目前，很多大的医疗器械企业也实施了销售竞赛，譬如美国某医疗器械公司针对其优秀的销售员工，即被评为第一类员工的职员，全部可以得到股票期权，它们不仅重视物质奖励，同时也很看重精神鼓励。销售竞赛的有效方法如下。

（1）人员与团队相互之间的竞赛 这种竞技的主要目的在于提高销售组织的团队精神及归属感。通过销售竞争的过程，达成销售业绩的目标。

（2）奖励销售人员 凡完成销售任务，达到一定销售目标的雇员，予以特定的奖励。

（3）设立销售标兵 对于绩效明显高于平均水平的优秀人员进行长期奖励，设立"销售明星"或"销售标兵"，作为组织的"一盏明灯"来引导整个销售队伍。

在销售竞赛项目的设计上，可以针对销售总额、销售增长率、销售目标达成率等参数为基础展开竞赛。在设计销售竞赛项目及标准时，需对员工进行科学评估，例如应根据区域差异设定不同的业绩目标，不应片面追求销售额，应建立科学全面的评估机制。

销售竞赛的奖励形式可以是物质层面的，如给予奖金、奖品、股票期权等实际的物质利益，例如向骨干员工提供股票期权等长期激励计划；也可以是精神层面的，如颁发奖杯、奖状，授予称号，职位晋升等。还可以是综合层面的，如带薪假期、免费旅游、教育培训等。正如某医疗公司总裁所强调的，物质奖励和精神鼓励都很必要，两者缺一不可。

例如，美国某知名医疗器械公司对销售人员设立两重销售指标——基本指标和更高一点的指标，对达到更高指标的员工，有机会去夏威夷、巴黎等地旅游，除基本费用全包外，还给予1万元的旅游零花钱，全公司每年有200多名员工拥有这样的机会，这样的殊荣对销售人员来说比物质奖励还要有效得多。

同样经典的案例还有某知名化妆品公司的"粉红色轿车计划"，通过向业绩优异的女性奖励粉红色轿车，帮助她们实现事业追求的梦想，以激励销售队伍。截至2018年底，已经有超过1万辆粉色轿车行驶在中国的大街小巷。这不仅为销售队伍提供了财务独立的机会，也为个人提供了实现自我价值的事业，粉红色轿车不仅体现了女性美丽的一面，也彰显了她们在事业上的不懈追求与卓越成就。

2.销售赠奖 在销售人员薪金制度之外按照特定条件，根据事先约定的奖励规则，根据其销售业绩的目标完成情况支付一定奖励的促销方法。其目的在于：规定销售人员于特定时期内，集中全力在销售工作上，以提高绩效；激励销售人员，积极开展工作，以打破销售业务的单调，使销售活络有朝气；业务繁忙期的特别津贴，可以提高经销商的进货量或消费者的购买量。

（1）奖金　满足一定条件，支付奖金。这种方法很多见，并无创新之处，但经久适用，对组织内不论任何人均有激励效果。

（2）奖品　目标明确，例如，有些医疗器械企业规定达成150%业绩者，均赠予IBM商用个人笔记本一台。

（3）旅行　凡具备特定资格的销售人员，准许旅游假期，并提供一定金额的旅费，以刺激其竞争意欲。有些跨国医疗器械公司就奖励业绩突出的销售人员带部分老用户去国外总公司参观学习，安排境外游。随着生活水平的提高，通过旅游方式奖励优秀员工正在成为许多公司销售赠奖的主要形式之一。

3. 销售任务达成　每年年初，多数医疗器械公司会按照历史销售完成情况，给各销售区域和销售人员分配一定比例的任务。如果到年底，所有人都完成基本任务的话，那么公司就可以实现是其年度目标。因此公司会对任务达成的员工进行奖励，并按照完成的比例进行奖励递增。

例如，某医疗器械公司销售任务达成奖励政策如下。

完成基本任务：提成=年销售额×3%。

超额完成20%：提成=年销售额×4%。

超额完成50%：提成=年销售额×5%。

完成任务超出部分越多，奖金的比例也就越高，这样能更好地激励销售团队工作热情，完成销售目标。

（二）医疗器械营业推广的手段

通常情况下，通过提供给消费者一些营业推广的促销方法，医疗器械企业能够使他们获得经济利益、心理需求、性能使用等方面的满足。下面将分别叙述医疗器械企业经常使用的消费者激励方法。

1. 以旧换新　医疗器械企业利用用户曾经购买的旧产品作为优惠凭证，用以购买新产品的促销方式。当医疗器械产品更新换代后，有些企业鼓励医院以自己用旧的医疗设备抵一部分现金去购买新产品。这样做一方面促进了企业新型设备的销售，促进医院设备的更新换代，提高医疗水平；另一方面也为用户解决了存放旧产品的麻烦，能树立起节约资源的环保形象。

例如2009年底，在家用医疗器械市场，国内最大的家用医疗器械连锁商宣布，率先在医疗器械领域响应国家商务部提出的"鼓励生产和零售企业开展收旧售新、以旧换新业务，带动新产品销售和资源节约"的号召。

2. 免费试用　对于很多新上市的医疗器械产品，先提供样机，让顾客免费试用一段时间，顾客在亲身感受到产品的性能和质量，确信设备的诊断及治疗效果良好后，才能引发他们的购买欲望。由于无须客户付出任何代价，因此这种方法是促使潜在顾客试用和购买产品的最有效手段。尤其当医疗器械产品具有差异性或明显优于竞争品牌，而且医生使用后能够直接感受到它的各项优点时，免费试用更能取得良好的效果。

3. 公益赞助　最大特征是不以营利为目的。医疗器械企业主动承担起社会责任，倡导良好的社会风尚，为提高公众整体素质和改善公众医疗条件，免费赞助贫困地区卫生机构或无力支付医疗费用的患者医疗器械，回馈社会，塑造企业良好的公众形象，增强品牌的亲和力，增加消费者对品牌的信心，从而最终促进产品销售。

4. 服务促销　通常涵盖售前服务、售中服务及售后服务三种常见的促销形式。

（1）售前服务　在医疗器械产品销售之前，企业为医院提供的各种服务，一般包括培训指导，进修学习，需求评估及定制服务等。

（2）售中服务　销售过程中医疗器械企业所提供的各项服务。例如大型设备CT及核磁共振的安装，放射室的布置等。小型器械如心脏起搏器植入过程中的参数检测等，使用中的现场指导，为客户提供便利，解决他们的后顾之忧。

（3）售后服务　在我们的日常生活中随处可见，已经成为商品必须提供的服务项目。最典型的就是设备维修，保养，产品升级；定期拜访，解决客户的使用难题。

5.分期付款及全付优惠　消费者分若干次付清产品总额的方式叫作分期付款。这种方式对于资金较紧张的医院来说，缓解了一次性支付的财务困难。分期付款实际上是由医疗器械企业提供首付款以外部分金额的无息商业贷款，这部分剩余款项会按照合同的约定期限全部付给医疗器械经营商。另外还有一种促销方式为全款奖励，如果医疗器械产品用户能够在规定时间内一次性付完所有款项，厂家会给予一定的优惠，以折扣或赠送医疗器械耗材，如心电图打印纸、检验仪器试剂等方式体现。

6.科研支持　给予客户一定的学术及科研支持也是一种有效的激励方式。这种方式的使用范围较窄，多为客户是学术机构的企业所采用。医疗器械行业所面向的客户除了作为服务机构外，也是学术科研组织，很多大型医院都承担着国家的各类科研项目，同时作为本科、硕博研究生的教育机构，因此也需要医疗器械企业提供一定的科研支持。譬如某医疗器械跨国公司开创了企业大学，成立初中高级培训班，为客户提供专业的临床知识及产品使用培训。部分医疗器械企业提供最前沿的医疗诊断及检测技术给医院，医院可以进行临床试验和统计，了解设备的功能对于患者疾病如何提供有效的解决方案。跨国医疗器械公司在客户使用设备的同时，会提供出国进修学习的机会，使得客户能在较短时间内学习到国际较前沿的医疗技术知识。

7.事件营销　企业可通过事件营销（event marketing）推广自己的品牌。他们可以制造自己的品牌营销事件，或作为他们举办活动的唯一或指定赞助商。这些事件包括节庆、聚会、马拉松、音乐会或其他需要赞助的集会。事件营销往往规模和影响很大，并且可能是增长最快的推广领域。有效的事件营销能将事件和赞助与品牌价值主张很好地联系起来。凭借今天数字媒体的社交分享能力，即使是当地事件也可以产生深远的影响。

（三）经销商的激励政策

中间商作为医疗器械企业的客户之一，企业在制定经销商政策时，需要了解客户的需求，然后努力满足对方。他们关心的问题同样很多，譬如供货商所提供的医疗器械产品是否具有吸引力，产品在技术上是否可靠，品牌是否为消费者认可，厂家的服务如何，以及是否能够给自己带来足够的利润等。企业在制定经销政策时，要站在经销商的立场上，设身处地地为对方考虑，必须树立双赢理念。

依靠中国各个城市的医疗器械代理商进行分销，是目前医疗器械普遍的销售模式，直销还只停留在试行阶段，尤其外资医疗器械公司，包括GE、西门子、强生、美敦力、库克等在内的跨国医疗器械公司（全国药品网），经销商的业绩决定了医疗器械企业的生死存亡，因此对医疗器械企业而言，如何正确处理与经销商之间的关系，对于经销商进行合理的激励至关重要。下面将分别从结算、折扣、市场管理、新产品销售奖励和特殊激励五部分来介绍医疗器械中间商激励政策的制定。

1.结算　主要包括：现款现货、赊欠、铺底、承兑汇票期限等。货款结算方式是医疗器械厂家和经销商交往关系中争夺控制权的风向舵，如果厂家的产品在市场上的号召力大于经销商的通路影响力，就可以做到现款现货，甚至是先打款后发货；如果厂家产品在当地市场的号召力逊色于经销商的通路影响力，就只能铺底，甚至被迫全部赊销。因此，结算方式的选择与企业的知名度和产品是否具有特色有直接的联系。

知名的医疗器械公司结算方式大多是经销商先付款，厂家才发货。而对于中小型企业，为了实现在结算中扭转市场劣势，根本之策是制造出更满足目标顾客的产品，或者是通过期刊广告、会议推广等手段使消费者认为你的产品更可信，更能帮助他们解决问题，调整消费者的购买选择方向，才能有助于通路畅通。

产品品牌和影响力在短期内无法改变，不得不选择赊欠或铺货等方式时，医疗器械企业要明确规定授权的范围与期限标准，否则将造成应收账款偏大。

2.折扣政策 折扣指的是医疗器械企业给予经销商的销售返利、销售奖赏，是经销商所得的额外劳务费用。

就营销渠道的功能而言，所有的职能都应由生产商承担，若将其中一项或多项职能分给其他成员，就得为此支付一定的费用，经销商承担相应的职能，赚取劳务费用。严格地讲，经销商经营产品靠价差来获取利润，不需要额外的折扣。但是医疗器械生产厂家充分利用政策的激励性，来引导、激励经销商多销售自己的产品。

以前的折扣政策只有一项，就是按经销商销售本公司产品的净销售额的X%作为奖赏。分为现金折扣和实物折扣（通常是货物）。每一年兑现一次。随着市场环境的变化，竞争的加剧，厂家对经销商的期望提高了，对经销商的要求也随之增加，为使这些要求能在市场中得到实施与落实，厂家只有拿出更多的折扣。现在的折扣已经分成许多单项折扣，如：现款折扣、专营折扣、销售增长折扣、市场秩序折扣等。

（1）现款折扣 对结算的保障，按净销售额的X%作为标准。在各医疗器械公司，这种折扣对所有客户是一样的，是双方合作的基本条件。

（2）销售增长折扣 给予这种折扣的前提是市场竞争的逐步加剧，在医疗器械产品供大于求的局面下，每个企业为了得到更多的市场份额而产生的折扣。一般都是销售增长Y%，按净销售额的X%再多给予返利。

我们知道，任何行业市场消费量的扩大速度都是有限的，医疗器械行业也是如此。而市场供应量的增长速度是高速的，因为每个厂家都在想，市场消费量那么大，只要我们多生产、多销售，我们获得的市场份额就会大一些，竞争力就会强一些，就可以盈利更多。出现供大于求的局面后，生产厂家只有从销售上找出路。生产商将销量压力转嫁给销售中心，销售中心将压力分解给每个办事处、每个经销商。凭空怎么要求经销商销量增加，就运用销售增长折扣来激励经销商努力销售，共同完成销售目标。

（3）专营折扣 营销学中市场防御策略有一条是渠道封锁，封锁方法之一就是签订排他性协议，具体就是指专营。在医疗器械市场操作中，有许多经销商不愿意专营，理由很简单，就是风险大，且可提供给自己客户选择的医疗器械产品有限。在这种情况下，医疗器械厂家给出专营折扣。选择专营，就享受该折扣；多营，就不享受该折扣。同时专营折扣也对培养经销商的忠诚度有很大帮助。

（4）市场秩序折扣 市场秩序是令很多医疗器械商家头痛的事情。市场上经常出现倒货、窜货，低价倾销的现象，厂家也很难查出结果。市场价格混乱，恶性竞争是销售的一大忌。

产品销售的特点：只要有一家经销商的货物开始低价销售，很多经销商为了不影响自己的市场，会选择跟随低价，将问题抛给厂家。如果解决不了，经销商利润下降，丧失继续进货销售的信心。医疗器械厂家只有保证价格稳定和合理的价差，才能与经销商持久合作。所以专门为此设了一项折扣来引导经销商共同遵守、维护市场秩序。有的是具体数目，有的是净销售额的百分比。如果经销商违规，将处以对应奖励的翻倍罚款，甚至取消其经销权。

3.市场管理 医疗器械企业的市场管理主要是市场秩序管理，包括价格稳定管理和市场秩序管理措施。

（1）**价格稳定管理**　为保证产品市场价格稳定，并有合理的价差。通常医疗器械厂家要对畅销品种、销量大的品种，规定一级商、二级商的出货价底价，经销商不得低于规定的底价销售产品，否则查实则按市场管理措施处罚。规定出货底价的好处：①保证经销商获得合理价差，对经营产品有信心，也愿意投入人力、物力开发市场销售产品；②规范市场秩序，有利于货物正常流通，维持整个市场的稳定发展。

（2）**市场秩序管理**　管理措施通常包括：罚款、提价、限量供应、销售支持、取消经销资格、终止解除合同等。目的是共同建立、遵守、维护一个公平竞争的医疗器械市场秩序，以有利于货物销售，整个医疗器械销售体系共赢。

4. 新产品销售奖励　注重产品开发与产品组合的医疗器械企业，经常会根据客户需求，推出新产品，从而也给经销商提供更好的盈利机会。但经销商往往认识会有偏差，有的愿意销售新产品，认为能够迎合医疗技术的新发展，同时利润空间大；但有的却不情愿销售新产品，认为有风险，推广新产品需要投入更多人力、物力。为了解决这个矛盾，医疗器械企业需要实行新产品销售奖励，毛利水平高于畅销产品及大众化产品。这样在新产品的推广过程中，经销商才会大力支持，积极销售新产品。

5.特殊激励　偏重于精神奖励的一种激励方式。以多个考核因素综合评出"优秀经销商"。每年或隔几年评选一次，选中的经销商不仅可以获得额外的补贴，还有一种荣誉感。通过这种活动，医疗器械厂家可以树典型，促使大学共学习，同努力，增强经销商的凝聚力。

医疗器械企业要从与经销商建立战略伙伴关系的高度，以战略家的风范决定经销商政策。在执行经销商政策的过程中，厂商双方在共同发展的过程中不断磨合、融洽，从中寻找可建立长期友好关系的经销商。充分发挥经销商的社会资源优势，建设品牌，促进企业的发展。同时，在实践中对经销商政策不断修正、完善，使之逐步形成健全科学的经销商政策，从而促进经销商与企业长久、稳定、双赢的合作。

第五节　公共关系

💬 案例讨论

案例　为培养全科医生的临床技能以及多场景演练所，某医院新建了医学模拟中心，模拟出整间医院：手术室、ICU、标准化病房、诊室等，还有单项技能操作室、战地与事故模拟室等多个模拟教学场所。占地3200平方米，在这里，医学生既可以在仿真人及各种模具上进行打针、缝合皮肤等简单操作，也可以开展抢救和手术等各种医学技能的训练。经过全面的技能操作与场景模拟演练所培养的全科医师，临床知识将更加全面、临床技能将更加扎实。MR公司参与全科医师临床培养基地的建设，负责搭建其中一个手术室与ICU，为培养全科人才贡献了力量。

讨论　结合案例，思考医疗器械公共关系方式有哪些？

一、定义和特点

（一）定义

公共关系（public relation）是指某一组织为改善与社会公众的关系，促进公众对组织的认识，

理解及支持，达到树立良好组织形象、促进商品销售目的等一系列公共活动。

它本意是社会组织、集体或个人必须与其周围的各种内部、外部公众建立良好的关系。它是一种状态，任何一个企业或个人都处于某种公共关系状态之中。它又是一种活动，当一个工商企业或个人有意识地、自觉地采取措施去改善和维持自己的公共关系状态时，就是在从事公共关系活动。

作为公共关系主体长期发展战略组合的一部分，公共关系的含义是评估社会公众的态度，确认与公众利益相符合的个人或组织的政策与程序，拟定并执行各种行动方案，提高主体的知名度和美誉度，改善形象，争取相关公众的理解与接受。

（二）特点

1.盈利目的的间接性　良好的公共关系，是企业推广业务和促进销售的有效工具，但它并不直接介绍、宣传和推销商品，而是通过各种公关活动，宣传企业宗旨，以自然随和的方式，把有关新产品、新服务项目的信息及企业的营销观念等传播给消费者。特别是通过一些有影响的新闻报道的传播，提高企业的知名度、美誉度和信赖度。

2.效果的长期性　虽然公关促销活动的效果并不能立竿见影，但其促销作用却具有长期效应，就像"润物细无声"的春雨一样。经过长期的不懈努力，一旦形象塑造成功，就能在较长时间、更大空间范围内产生影响力，从而促进销售。

3.对象的广泛性　公关促销的对象是极其广泛的，除了企业现实的或潜在的顾客以外，还包括其他众多社会公众。这是由企业公关促销的目标决定的。公关促销不像广告，只是为了吸引用户，诱发顾客的购买欲望，它要向社会展示企业的良好形象。

4.工作的主动性　任何一个企业都处于一个复杂的社会关系网络之中，因此，公关促销工作是一项主动性和经常性的工作。一个好的公共关系部门或人员，并不仅仅是出了问题之后才开展公共关系活动进行协调的，而是积极、主动地针对有联系的群体或个人开展公关活动。

二、主要工具

1.新闻媒介　公共关系常用的工具有好几种，新闻是主要的工具之一。公共关系专业人员会找出或创造对公司及其产品和人员有利的新闻。有时新闻故事自然而然就发生了，有时则需要公共关系人员策划一些事件或活动来制造新闻。例如举办新闻发布会、记者招待会、演讲、赞助、多媒体展示等。

2.社会公益活动　企业是社会的一分子，应在广泛的社交交往中发挥自己的作用，赢得社会公众的爱戴。如参加各种文化、体育活动、参与办学、扶贫、救灾、为社区义务服务等活动，让社会公众产生企业是社会中坚力量的印象。

3.建立广泛联系　企业应建立与有关组织、机构、企业的公开信息联系，及时收集有关情况。如建立于消费者联系制度、举办研究会、洽谈会、联谊会等。

4.建设企业文化　企业形象的树立与维护需要全体职工的一举一动来实现。因此，企业应结合实际，有计划、有步骤地建设企业文化，将公关促销活动有效地引向更深层次。

三、作用和影响

公共关系能够以比广告低得多的成本，对公众的认知产生强烈影响。开展公关关系活动时，公司不需要为媒体所提供的版面或时间付费，但它要雇用专职人员创作并传播信息以及应对一些情况。如果公司想出了一个有趣的素材或事件，可能被多家媒体选中报道，其效果与花费大量费用所做的商业广告是一样的。而且，公共关系能够很好地吸引消费者，使之成为品牌故事的一部分并主动传播它。

岗位对接

本章主要介绍了医疗器械经营与管理、医疗器械维护与管理、医疗设备应用技术、精密医疗器械技术及其他医疗器械相关专业学生成为合格医疗器械销售人员、维修维护人员和经营管理人员必须掌握的内容。

本章对应岗位包括医疗器械管理员、医疗器械经营员、医疗器械销售、医疗器械维修员等。上述从事医疗器械管理、销售及维修等岗位的从业人员均需掌握医疗器械促销的基本内容，对医疗器械的人员推销和广告促销有深入的了解，能够选择适合的目标客户，并对目标客户实施各种促销组合策略。

本章小结

医疗器械主要的促销方式包括人员推销、广告、公共关系、营业推广、直复与数字营销等。促销也称促进销售，是企业通过人员和非人员的方式，将有关企业及产品的信息传递给目标市场，激发消费者的购买欲望，影响和促进消费者购买的一系列活动的统称。促销的实质是促进营销者与消费者或潜在消费者之间的信息沟通。促销组合的选择非常重要，它直接影响企业促销的效果。其中，医疗器械人员推销是指医疗器械生产或经营企业的推销人员运用一定的推销手段，与医疗器械使用各单位、经销商和个人等顾客直接接触，传播和沟通产品信息，促使顾客产生购买行为的过程。大部分的医疗器械生产和经营企业都采用人员推销的方式。医疗器械广告是指由医疗器械生产或经营企业承担费用，通过一定的媒介和形式介绍产品信息，提高企业知名度，直接或间接地促进医疗器械产品销售。广告是新产品上市、扩大销售面和树立企业形象的重要方式，也是很多医疗器械企业所采取的重要促销方式之一。

习题

习题

一、单项选择题

1.在医疗器械产品生命周期的（　　）阶段，促销的目的是为了提高产品的知晓度。
    A.导入期　　　　　　B.成长期　　　　　　C.成熟期　　　　　　D.衰退期

2.在医疗器械产品生命周期的（　　）阶段，促销的目的是为了提高产品的销售量。
    A.导入期　　　　　　B.成长期　　　　　　C.成熟期　　　　　　D.衰退期

3.某医疗器械经营企业在报纸上刊登整版的产品介绍，这属于（　　）促销方式。
    A.人员推销　　　　　B.广告　　　　　　　C.营业推广　　　　　D.公共关系

4.某医疗器械生产企业为推出新产品，举行新闻发布会，这属于（　　）促销方式。
    A.人员推销　　　　　B.广告　　　　　　　C.营业推广　　　　　D.公共关系

5.（　　）主要用于科技含量高、价值较大、用途较窄的大型医疗器械。

    A. 拉引策略　　　　　　　　B. 广告策略　　　　　　　　C. 推动策略　　　　　　　　D. 推广策略

6.使消费者对企业的产品产生需求，主动要求够买，促使中间商进货，以促进销售，这种促销策略属于（　　）。

    A. 拉引策略　　　　　　　　B. 广告策略　　　　　　　　C. 推动策略　　　　　　　　D. 推广策略

7.大多数的医疗器械公司还是主要采用（　　）的方式进行促销。

    A. 人员推销　　　　　　　　B. 广告　　　　　　　　C. 营业推广　　　　　　　　D. 公共关系

8.医疗器械人员推销的形式不包括（　　）。

    A. 上门推销　　　　　　　　B. 柜台推销　　　　　　　　C. 会议推销　　　　　　　　D. 网络推销

9.电视广告的主要优点是（　　）。

    A. 制作简单，费用低廉　　　　　　　　　　　B. 生动形象，感染力强

    C. 可信度高，便于存查　　　　　　　　　　　D. 信息量大，交互性强

10.某知名医疗器械品牌，在广告中没有提到产品信息，只是提到企业的经营理念、品牌标志和经营场景，这属于（　　）广告。

    A. 告知性　　　　　　　　B. 劝说性　　　　　　　　C. 提示性　　　　　　　　D. 公益性

二、简答题

1.什么是促销组合？影响促销组合的因素主要有哪些？

2.医疗器械人员推销的形式和过程主要有哪些？

（牛婷婷　胡亚荣）

第九章　医疗器械招投标与融资租赁

📖 知识目标

1. **掌握**　医疗器械招标公告；招标文件及投标文件的编制的原则、格式、内容和呈现形式；医疗器械融资租赁方案设计的内容、结构。

2. **熟悉**　医疗器械招投标流程；招投标文件编制的格式要求；招投标策略技巧；招投标资质文件的编写和合同签署；医疗器械融资租赁流程和合同签署。

3. **了解**　医疗器械招投标的种类和特点；招投标投递、送达及标书制作规范；融资租赁的概念和特点；租赁公司、采购方、供应商三方的权利和义务；租赁合同、销售合同的关系；医疗器械融资租赁的资质要求及与其他融资方式的区别。

👉 技能目标

1. **学会**　解读医疗器械招标合同、投标书撰写、融资租赁合同的签署，并按合同履约。

2. **具备**　从事医疗器械招投标工作组织及进行医疗器械融资租赁工作的能力。

第一节　招投标

💬 案例讨论

案例　某医院经过60多年的发展，已成为集医疗、教学、科研、保健和急救为一体的三级乙等综合性医院。医院因拓展医疗业务需要，需购置多普勒超声仪6台。医疗器械采购项目超过一定的金额需要集中采购，需要通过招投标的方式选择最佳的供应商。

讨论　在什么情况下，购置医疗器械需要统一招标呢？

一、定义和简介

（一）定义

招投标是在市场经济条件下进行的大宗货物的买卖、工程建设项目有发包与承包，以及服务项目的采购与提供时，所采用的一种交易方式。在这种交易方式下，通常是由项目采购（包括货物的购买、工程的发包和服务的采购）的采购方作为招标方，通过发布招标公告或者向一定数量的特定供应商、承包商发出招标邀请等方式发出招标采购的信息，提出所需采购项目的性质及其数量、质量、技术要求，交货期、竣工期或提供服务的时间，以及其他供应商、承包商的资格要求等招标采购条件，表明将选择最能够满足采购要求的供应商、承包商与之签订采购合同的意向，由各有意提供采购所需货物、工程或服务的报价及其他响应招标要求的条件，参加投标竞争。经招标方对各投标者的报价及其他的条件进行审查比较后，从中择优选定中标者，并与其签订采购合同。

（二）简介

招标投标最早起源于英国，自第二次世界大战以来，招标投标影响力不断扩大，先是西方发达国家，接着是世界银行在货物采购、工程承包中大量推行招标投标方式，近几十年来，发展中国家也日益重视和采用招标投标方式进行货物采购和工程建设。招标投标作为一种成熟的交易方式，其重要性和优越性在国内、国际经济活动中日益被各国和各种国际经济组织广泛认可，进而在相当多的国家和国际组织中得到立法推行。

我国最早于1902年采用招标比价（招标投标）方式承包工程，当时张之洞创办湖北皮革厂，五家制造商参加开标比价。但是，由于我国特殊的封建和半封建社会形态，招标投标在我国近代并未像资本主义社会那样以一种法律制度形式得到确定和发展。从中华人民共和国成立初期到党的十一届三中全会期间，我国实行的是高度集中的计划经济体制，在这一体制下，政府部门、公有企业及其有关公共部门基础建设和采购任务由主管部门用指令性计划下达，企业的经营活动都由主管部门安排，在这种体制下根本不可能也没有必要采用招标投标。党的十一届三中全会以后，国家实行改革开放政策，招标投标才得以应运而生。1980年，国务院在《关于开展和保护社会主义竞争的暂行规定》中提出"对一些适应承包的生产建设项目和经营项目，可以试行招标投标的办法"，于是揭开了中国招标投标的新篇章。

我国引进招标投标制度以后，经过20多年的发展，一方面积累了丰富的经验，为国家层面的统一立法奠定了实践基础；另一方面，招标投标活动中暴露的问题也越来越多，如招标程序不规范、做法不统一，虚假招标、泄漏标底、串通投标、行贿受贿等问题较为突出，特别是政企不分问题仍然没有得到有效解决。针对上述问题，第九届全国人大常委会于1999年8月30日审议通过了《中华人民共和国招标投标法》（简称《招标投标法》），2000年1月1日正式施行，这是我国第一部规范公共采购和招标投标活动的专门法律，标志着我国招标投标制度进入了一个新的发展阶段。

随着政府采购工作的深入开展，政府采购工作遇到了许多难以有效克服和解决的困难和问题，在一定程度上阻碍了政府采购制度的进一步发展。为将政府采购纳入法制化管理，维护政府采购市场的竞争秩序，并依法实现政府采购的各项目标，最终建立起适应我国社会主义市场经济体制并与国际惯例接轨的政府采购制度。2002年6月29日由全国人大常委会审议通过了《中华人民共和国政府采购法》（简称《政府采购法》），自2003年1月1日起施行，于2014年8月31日第十二届全国人民代表大会常务委员会第十次会议修正。这部法律的颁布施行，对于规范政府采购行为，提高政府采购资金的使用效益，维护国家利益和社会公共利益，保护政府采购当事人的合法权益，促进廉政建设，有着重要意义。

二、医疗器械招投标的法律依据

《招标投标法》第一条规定："为了规范招标投标活动，保护国家利益、社会公共利益和招标投标活动当事人的合法权益，提高经济效益，保证项目质量，制定本法。"《招标投标法》是国家用来规范招标投标活动、调整在招标投标过程中产生的各种关系的法律规范的总称。

其目的在于规范招标投标活动，提高经济效益，保证项目质量，保护国家利益、社会公共利益和招标投标活动当事人的合法权益。

《卫生部关于进一步加强医疗器械集中采购管理的通知》（卫规财发〔2007〕208号）就医疗器械招投标的组织原则、采购的品目与范围、集中采购的方式、采购的程序和措施、评标专家管理、医疗器械应用评价与选型及采购成本等做出了详细的规定。

各级地方政府也制定了关于医疗器械招投标的法律规范、条例、实施细则。

第二节　招投标适用范围与特点

一、适用范围

1.空间适用范围 《招标投标法》第二条规定："在中华人民共和国境内进行招标投标活动，适用本法。"《招标投标法》只适用于在中国境内进行的招标投标活动，包括国家机关（各级权力机关、行政机关和司法机关及其所属机构）、国有企事业单位、外商投资医院、私营医院等各类主体进行的各类招标活动，不适用于国内医院到中华人民共和国境外投标。

2.项目、资金来源适用范围 凡大型基础设施、公用事业等关系社会公共利益、公众安全的项目；全部或部分使用国有资金投资或者国家融资的项目；使用国际组织或者外国政府贷款、援助资金的项目；法律或者国务院规定的其他必须招标的项目。

二、性质

医疗机构采购医疗器械（设备及耗材）属于国家强制性招标范围。采取集中采购的方式。各地对医疗器械招标的对象和金额有不同的规定，一般而言，采购金额在5万元以上的单项项目必须经过招投标，而5万元以下的医疗耗材或医疗器械，可由医院自主招标采购。任何医疗机构不能回避招标采购。国家对医疗器械的招投标实施严格监管。其原因如下：①医疗器械的采购主体是国家利用财政资金建设的，属于大型公用事业之一的医疗机构，涉及社会公众的利益；②医疗机构的器械设备和服务的采购资金来自国家财政，对公共财政资金的使用效果和效率需要严格控制。

医疗器械是各级各类医疗机构用于诊断、分析、治疗等国家医疗卫生社会公共利益事业的重要内容之一，而且，国家公立医疗机构医疗器械采购的资金大多来自财政资金。因而，在医疗器械采购的资金预算、采购过程、医疗产品用途以及采购商品目录等方面都有卫生行政主管部门、药品监督管理部门以及财政局的监督和管理。

三、政府采购方式

《政府采购法》第二十六条规定了政府采购可以采用的方式。可以采用的方式包括：①公开招标；②邀请招标；③竞争性谈判；④单一来源采购；⑤询价；⑥国务院政府采购监督管理部门认定的其他采购方式。

《招投标法》第十条规定："招标分为公开招标和邀请招标。公开招标，是指招标人以招标公告的方式邀请不特定的法人或者其他组织投标。邀请招标，是指招标人以投标邀请书的方式邀请特定的法人或者其他组织投标。"

所谓公开招标，是招标人在指定的报刊、电子网络或其他媒体上发布招标公告，吸引众多的投标人参加投标竞争，招标人从中择优选择中标单位的招标方式。所谓邀请招标，也称选择性招标，由招标人根据自己的经验和有关供应商、承包商资料（如信誉、设备性能、技术力量、以往业绩等情况），选择一定数目的供应商、承包商（一般应邀请5~10家为宜，不能少于3家），向其发出投标邀请书，邀请供应商、承包商参加投标竞争。

四、采购工作的特点

1.需求专业性强　医疗器械属于典型的技术密集型产品，专业化程度较高，在采购工作中必须把好技术关，科学、合理地确定技术要求，避免采购需求带有倾向性、排他性意见。

2.竞争不充分　医疗器械制造行业的准入门槛较高，部分高端产品甚至完全为进口产品所垄断。因此，虽然我国医疗器械经营医院数量众多，但其实制造商之间的竞争仍不够充分，容易形成价格垄断。

3.采购金额大　医疗器械采购多为大型医疗设备或大批量设备，金额一般都较大，资金都来自财政资金，各方面和关注程序远大于其他招标项目。

4.销售环节繁多　在医疗器械销售链中，通常情况下由生产厂家确定独家代理商（总代理），独家代理商确定区域代理商。依此类推，层层授权。每经过一级代理或一个中间环节，销售价格必然要增加一定比例，抬高了采购成本。

5.采购环节复杂　通常情况下，医疗器械采购需求的确定一般要经过主治医师、科室主任、设备管理部门、院领导以及政府主管部门的审批等多个环节。

6.招投标电子化趋势　随着信息技术、网络技术和软件技术的发展，电子化招投标有了广阔的市场空间。招投标电子化的有效开展和广泛运用，能对招投标各方的信息化水平起到整体推动作用，而且电子信息技术深入政务领域对改善我国电子政务活动也十分有利。

电子招投标是以招投标法律法规为准绳，以业务流程为基础，以互联网信息技术为支撑，实现招投标各参与主体在线进行项目操作和管理的专业化、可视化作业方式的特殊经济行为。电子招投标采用互联网、IT技术，将WEB技术引入项目的招投标管理过程中，将招投标信息、评标专家信息、供应商信息等通过网络共享资源；同时，可以规范招评标流程，实现"透明、公平、公正、诚信"的阳光采购，杜绝招投标工作中存在的违纪、违法行为；电子化采购有利于采购工作实现信息化，整合和规范采购程序，从而降低各环节的工作成本，有利于提高工作效率，全面提高招投标的效率和效果。

电子招投标是招投标方式转变的趋势。但是真正实现有效链式电子化招投标的广泛应用还存在较大的差距。首先，在于电子招投标的政府采购电子化的发展还受法律环境、技术手段、观念意识等因素影响；其次，政府采购电子化程序的规范、电子采购文件的制作、电子注册及数字签名法律效力的认定、政府采购电子化安全标准等问题制约了电子招投标的发展。

第三节　招投标流程

本节所说的医疗器械招标流程是指政府集中采购的采用公开招标方式实施的医疗器械招投标。

一、医疗器械采购

医疗器械采购，是指医疗器械企业在一定的条件下从供应市场获取产品或服务作为企业资源，以保证企业生产及经营活动正常开展的一项企业经营活动。通常是消费者个人或单位在一定的条件下从医疗器械供应市场获取产品或服务作为自己的资源，为满足自身需要或保证生产、经营活动正常开展的一项经营活动。

PPT

（一）医疗机构采购流程

（1）由使用科室提出采购项目，陈述采购缘由，报医院采购中心（或设备科）。

（2）由院采购中心（设备科）对采购申请进行审核。

（3）由医院院长主持，通过院务会议讨论，确定是否同意采购申请。

（4）批准采购申请，落实采购任务。

（5）医疗机构向政府采购中心上报政府采购计划；政府采购中心申报政府采购计划；采购办公室按照程序负责审批、分类；政府采购中心负责组织实施采购。

（二）招标采购流程

医疗器械的招投标流程和工程项目、货物和服务的招投标流程相同。招投标的流程一般包括招标、投标、开标、评标与中标等程序。

1.招标 招标人（买方）发出招标通知，说明采购的商品名称、规格、数量及其他条件，邀请投标人（卖方）在规定的时间、地点按照一定的程序进行投标的行为。

（1）明确招标主体 招标主体即招标人，是指依照招投标法的规定提出招标项目、进行招标的法人或者其他组织。

（2）编制招标书 招标书的编制是招标过程中的一个重要环节，关系到招标主体能否按照需求找到合适供应商和产品的关键。招标书可以自行编制，也可以选择有能力的组织来编制。

2.投标 投标人应招标人的邀请或投标人满足招标人最低资质要求而主动申请，按照招标的要求和条件，在规定的时间内向招标人投递标书，争取中标的行为。

（1）提供营业执照、生产（经营）许可证、法人委托书、身份证复印件等资质文件供招标方资质审核。

（2）购买招标文件。

（3）编制投标文件。

（4）提交投标保证金。

（5）按照招标方或招标代理机构要求在规定的时间内送达投标文件。

3.开标 应当公开进行。所谓公开进行，就是开标活动都应当向所有提交投标文件的投标人公开，应当使所有提交投标文件的投标人到场参加开标。

招标单位依据招标文件规定的地点，开启投标人提交的投标文件，并公开宣布投标人的名称、投标报价等主要内容的活动。开标的过程是首先由投标人或推选的代表检查投标文件的密封情况；经确认密封无误后，由工作人员当场拆封、宣读投标人名称、投标报价、工期等主要内容；工作人员记录、存档，最后由各方签字确认。

开标应当按招标文件规定的时间、地点和程序，以公开方式进行。一般情况下，开标由招标人主持；在招标人委托招标代理机构代理招标时，开标也可由该代理机构主持。主持人按照规定的程序负责开标的全过程。其他开标工作人员办理开标作业及制作纪录等事项。

开标时间应当在提供给每一个投标人的招标文件中事先确定，以使每一投标人都能事先知道开标的准确时间，以便届时参加，确保开标过程的公开、透明。

开标时间应与提交投标文件的截止时间相一致。将开标时间规定为提交投标文件截止时间的同一时间，目的是为了防止招标人或者投标人利用提交投标文件的截止时间以后与开标时间之前的一段时间间隔做手脚，进行暗箱操作。

4.评标 招标人组织对投标人所报送的投标文件进行审查、评比和分析的过程。

（1）召开评标预备会议 通过抽签确定评标专家确定监督委员；评标由评标委员会负责评

标。评标委员会由具有高级职称或同等专业水平的技术、经济等相关领域专家、招标人和招标机构代表等五人以上单数组成，其中技术、经济等方面专家人数不得少于成员总数的三分之二，与投标人有利害关系的人不得进入相关项目的评标委员会，已经进入的应当更换。

开标前，招标机构及任何人不得向评标专家透露其即将参与的评标项目内容及招标人和投标人有关的情况。评标委员会成员名单在评标结果公示前必须保密。招标人和招标机构应当采取措施保证评标工作在严格保密的情况下进行。在评标工作中，任何单位和个人不得干预、影响评标过程和结果。

评标委员会应严格按照招标文件规定的商务、技术条款对投标文件进行评审，招标文件中没有规定的标准不得作为评标依据，法律、行政法规另有规定的除外。评标委员会的每位成员在评标结束时，必须分别填写评标委员会成员评标意见表。

采用最低评标价法评标的，在商务、技术条款均满足招标文件要求时，评标价格最低者为推荐中标人；采用综合评价法评标的，综合得分最高者为推荐中标人。

（2）组织评标活动　评标专家在规定的时间和地点对所有投标文件及相关材料按照评价标准的要求进行评判。评标涉及评价标准和评价方法。

1）评价标准　一般包括价格标准和价格标准以外的其他有关标准（又称"非价格标准"），以及如何运用这些标准来确定中选的投标。非价格标准应尽可能客观和定量化，并按货币额表示，或规定相对的权重（"系数"或"得分"）。通常来说，在货物评标时，非价格标准主要有运费和保险费、付款计划、交货期、运营成本、货物的有效性和配套、零配件和服务的供给能力、相关的培训、安全性和环境效益等。在服务评标时，非价格标准主要有投标人及参与提供服务的人员的资格、经验、信誉、可靠性、专业和管理能力等。在医疗器械评标时，非价格标准主要有交货周期、售后服务水平、响应速度、零配件供应、安全检测、使用培训等方面作为重要的评标依据之一。

2）评标方法　评标的评定方法在招标文件中有明确的规定。评标的方法是运用评标标准评审、比较投标的具体方法。《政府采购货物和服务招标投标管理办法》规定了以下两种方法。

①最低评标价法：评标委员会根据评标标准确定每一投标不同方面的货币数额，然后将那些数额与投标价格放在一起来比较。估值后价格（"评标价"）最低的投标可作为中选投标。最低评标价法，是指以价格为主要因素确定中标候选供应商的评标方法，即在全部满足招标文件实质性要求的前提下，依据统一的价格要素评定最低报价，以提出最低报价的投标人作为中标候选供应商或者中标供应商的评标方法。采用最低评标价法的，按投标报价由低到高的顺序排列。投标报价相同的，按技术指标优劣顺序排列。

②综合评分法：在最大限度地满足招标文件实质性要求的前提下，按照招标文件中规定的各项因素进行综合评审后，以评标总得分最高的投标人作为中标候选供应商或者中标供应商的评标方法。采用综合评分法的，按评审后得分由高到低的顺序排列。

综合评分的主要因素是：价格、技术、财务状况、信誉、业绩、服务、对招标文件的响应程度，以及相应的比重或者权值等。

评标时，评标委员会各成员应当独立地对每个有效投标人的标书进行评价、打分，然后汇总每个投标人每项评分因素的得分。

采用综合评分法的，货物项目的价格分值占总分值的比重（权值）为30%~60%；服务项目的价格分值占总分值的比重（权值）为10%~30%。执行统一价格标准的服务项目，其价格不列为评分因素。有特殊情况需要调整的，应当经同级人民政府财政部门批准。

评标总得分 $=F_1 \times A_1 + F_2 \times A_2 + \cdots\cdots + F_n \times A_n$

F_1、F_2……F_n分别为各项评分因素的汇总得分。

A_1、A_2、……A_n分别为各项评分因素所占的权重（$A_1+A_2+……+A_n=1$）。

5. 中标　评标委员会应当按照招标文件的规定对投标文件进行评审和比较，并向招标人推荐1~3个中标候选人。招标人应当从评标委员会推荐的中标候选人中确定最终中标人。

评标结束后由评标委员会编写评标报告。招标机构在公开的信息网络上公布中标公告，向中标人书面下达中标通知书，由中标人与采购人签订采购合同。

二、废标和无效标处理

（一）废标与无效标

1. 废标　在招标开标过程中，出现法定情形之一，招标采购人可以拒绝所有投标供应商的投标。废标不是针对某一投标供应商的投标是否符合招标文件的要求，而是针对整个招标采购活动的，因为在招标采购中，出现了不正常的行为，招标采购人废止了正在进行的投标活动。

2. 无效标　某一投标供应商因投标文件某一方面存在法定情形之一的重大失误，招标采购人和评标委员会确定其投标无效。无效标是招标采购人因为某一个投标供应商的投标不合格，而将其投标界定为无效投标。

（二）废标与无效标的法律界定

《政府采购法》第三十六条规定："在招标采购中，出现下列情形之一的，应予废标：（一）符合专业条件的供应商或者对招标文件作实质响应的供应商不足三家的；（二）出现影响采购公正的违法违规行为的；（三）投标人报价均超过了采购预算，采购人不能支付的；（四）因重大变故，采购任务取消的。"

《招标投标法》对废标没有专门的文字表述。该法第二十八条规定："投标人少于三个的，招标人应当依照本法重新招标。"第四十二条规定："评标委员会经评审，认为所有投标都不符合招标文件要求的，可以否决所有投标。依法必须招标的项目所有投标被否决的，招标人应当依照本法重新招标。"

根据《政府采购法》和《政府采购货物和服务招标投标管理办法》规定，无效标指投标供应商的投标文件出现应交未交投标保证金的；未按招标文件规定要求密封、签署、盖章的；不具备招标文件中规定资格要求的；不符合法律、法规和招标文件中规定的其他实质性要求等几种情形之一的，在资格性、符合性检查时，招标采购人和评标委员会应该按照无效投标处理。废标则指招标采购中出现影响采购公正的违法、违规行为的；投标人的报价均超过了采购预算，采购人不能支付的；因重大变故，采购任务取消等，几种情形之一，招标采购人应当予以废标，同时要将废标理由通知所有投标供应商。

（三）废标的处理

按照有关规定，出现无效标后，如果符合专业条件的投标供应商或者对招标文件规定做出实质性响应的投标供应商，满足三家以上要求的，评标委员会可以按照正常程序对所有有效标进行评审，并推选出合格的中标供应商。

如果有效投标人不足三家的，招标采购人可以宣布本次招标采购失败，作为废标处理；也可以在确认招标采购文件没有不合理条款且招标公告时间以及各项程序符合规定的情况下，报请设区的市、自治州以上政府采购监督管理部门批准后，采用竞争性谈判、询价或者单一来源等方式继续进行采购。

一旦废标，整个正在进行招标采购活动的必须立即停止。废标后，除采购任务取消，否则，必须重新组织招标；如要采用其他采购方式的，必须获得设区的市、自治州以上政府采购监督管理部门批准，方可进行。

三、医疗器械招投标步骤

医疗器械招投标遵循12步骤原则，流程如图9-1。

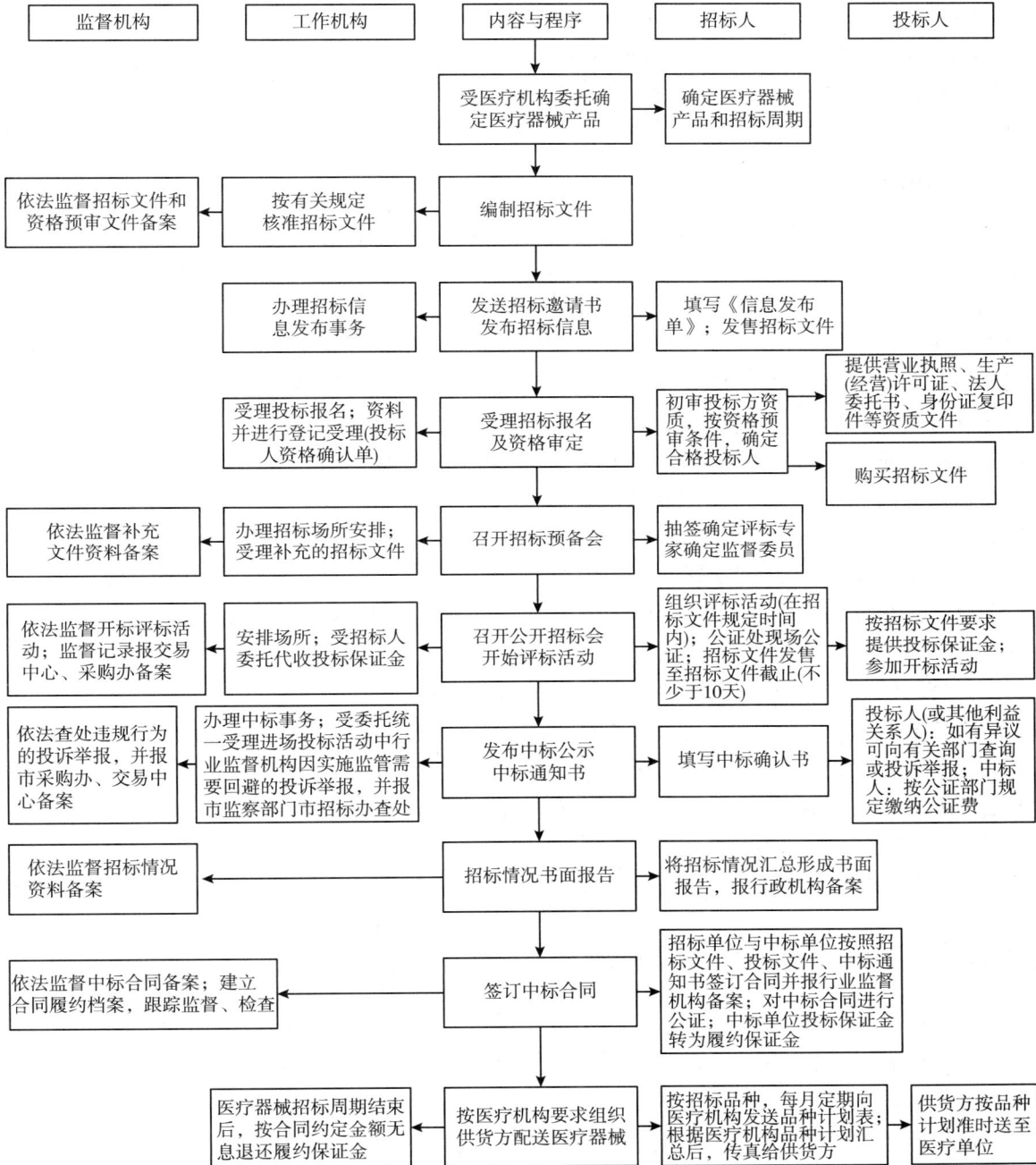

图9-1　医疗器械招投标流程图

第四节　招投标文件编制

一、招标文件的编制

医疗器械招投标是医疗器械生产经营企业参与市场竞争，获取订单的一种交易方式。招标文件制作是否完整、合理、科学、规范和明确，直接影响招投标的效率和效果。

编写招标文件时，应该遵循：全面反映采购人需求的原则、科学合理的原则、公平竞争（不含任何歧视）的原则、维护国家利益和供应商商业秘密的原则。

（一）编制要求

1. 要依法编制　招标书的编制法要符合政府采购法律、法规的规定。招标书的制作人有三类：①采购人自行编制；②采购代理机构编制；③编制招标书的中介机构，但不是所有的招标采购都是由采购人自行选择制作人的。根据《政府采购法》的规定，只有属于分散采购模式下的招标采购，才可以由采购人自行采购，也就是说在这种情况下采购人才可以自行选择，或由采购人自行编制，或由采购代理机构编制，或由编制招标书的中介机构编制。所以，当属于政府集中采购目录和政府采购限额标准范围内的招标采购时，就必须按照《政府采购法》的规定，委托政府集中采购机构或委托经有权部门批准取得法定资格的采购代理机构代理编制招标书。

2. 要量力而行　在分散采购模式下，采购人可自行编制招标书，但如果自身没有编制能力，应当委托经有权部门批准取得法定资格的采购代理机构或编制招标书的中介机构代理编制，否则，不仅会前功尽弃，还会浪费人力物力，拖长采购时间。

3. 要掌握技巧　无论采用自行编制方式，还是采用委托编制方式，都要掌握一定的技巧。在自行编制的方式下，应注意采用"组合法"，就是按照标书的结构组成，分别由不同的专业人员编制，如将招标书的商务部分交给采购专业人员编写，将招标书的技术部分交给专业技术人员编写，或委托采购代理机构编写，或委托编制招标书的中介机构编写，而绝不能将招标书交给个别人编写。在委托编制方式下，要注意在委托前要认真调研，选择讲信誉，质量最好，时间最快，价格公道的中介机构编制，同时，要注意将招标采购的全部需求完整告知委托方，并就委托事宜双方进行认真协商，且以书面形式确定下来。

4. "实质要求"要合理　招标书中对投标人提出的实质性要求要合理。对投标人的实质性要求主要指对供应商的资质要求，包括所需采购物品的技术要求、价格要求、实施（运输、安装、售后服务等）要求、评标要求、验收要求。

（二）文件构成

医疗器械的招标文件通常包括招标文件封面、招标文件目录、招标公告、投标人须知及招标文件等。其中招标公告主要包括招标文件编号、项目名称、招标文件售价、招标文件出售时间地点、投标开始时间、投标截止时间、开标时间、投（开）标地点、投标商资格、投标保证金及招标机构的联系人、联系方式等基本信息。

（三）实例解析

招标公告的主要内容包括：招标项目名称及编号、招标项目简要说明、投标人资质要求、招标文件发售信息、投标文件接受信息、开标有关信息、招标联系事项。招标公告格式大体如下。

广东省政府采购中心关于医疗设备项目的招标公告

招标文件编号：0005 — 77789

广东省政府采购中心受广东省中医院的委托，就医疗设备项目进行公开招标采购，现欢迎符合相关条件的供应商参加投标。

一、招标项目名称及编号

医疗设备；　×××—×××××××××

二、招标项目简要说明

××××××××　　数量：×套

三、投标人资质要求

详见招标文件

四、招标文件发售信息

招标文件出售时间：2020年3月15日起至开标截止时间前15天

招标文件出售地点及方式：可在广东省政府采购中心网上免费下载

招标文件售价：免费

五、投标文件接受信息

投标文件开始接收时间：2020年04月18日上午

投标文件接收截止时间：2020年04月29日上午

投标文件接收地点：广东省政府采购中心对外办公室

投标文件接收人：张先生

六、开标有关信息

开标时间：2020年06月15日上午

开标地点：广东省政府采购中心信息公布处

广东省政府采购中心

2020年03月14日

二、投标文件的编制

（一）编制要求

1.投标文件的构成　投标文件封面、投标文件目录、投标函、投标人资格声明、供货一览表、报价表、性能响应表、服务承诺及服务方案、资格证明文件（投标人所提供的服务符合"招标文件"规定的证明文件），及投标方认为需加以说明的其他内容；投标人应将"投标文件"装订成册，并按照顺序编制填写"投标文件资料清单"。

2.投标语言、计量单位、报价货币及其他需要说明的内容　投标文件当以中文书写；计量单位符合中华人民共和国法定计量单位；投标报价应以人民币为结算单位，投标报价当包括投标总价和单价（材料费、运费、保险费、安装调试费、人工费、管理费、各种税费等），投标人对项目的报价必须是唯一的。

（二）商务、技术和资质要求

1.技术性能及服务要求的响应。投标人应对招标文件规定的货物技术性能逐项做出实质性响应，投标人的服务承诺应按不低于招标文件中服务要求的标准做出响应。

2.投标保证金、投标文件的式样和签署和投标文件递交的规定和要求。

3.投标文件的开标、评标、投标文件的初审、评标方法以及评标结果公示的说明。

4.投标文件规定的参与竞标的资质要求。

（三）实例解析

投标函

致：广东省政府采购中心（采购代理机构）

根据贵方0005—77789项目招标采购的××××货物的投标公告，正式授权的下述签字人×××/×××（姓名和职务）代表投标人×××（投标人的名称），提交下述文件正本1份，副本5份。具体内容如下。

1.投标报价表。

2.分项报价表。

3.货物说明一览表。

4.技术规格响应/偏离表。

5.商务条款响应/偏离表。

6.资格证明文件。

7.由××银行××支行银行开具的金额为××元的投标保证金。

8.投标人须知第12条和第13条要求投标人提交的全部文件。

据此函，签字人兹宣布同意如下。

（1）按招标文件规定提供交付的货物的投标价为（中文书写）××元人民币。

（2）我们承担根据招标文件的规定，完成合同的责任和义务。

（3）我们已详细审核全部招标文件，包括招标文件修改书（如果有的话），参考资料及有关附件，我们知道必须放弃提出含糊不清或有歧义的问题的权利。

（4）我们同意在投标人须知规定的开标日期起遵循本投标文件，并接受投标人须知规定的投标有效期满之前所具有约束力，并有可能中标。

（5）如果在开标后规定的投标有效期内撤回投标，我们的投标保证金贵方有权不予退还。

（6）同意向贵方提供贵方可能要求的与本投标有关任何证据或资料。

（7）我们完全理解贵方不一定要接受最低报价的投标或收到的任何投标。

9.投标人概况：介绍投标医院生产历史、经营理念、生产经营的主要产品、市场销售业绩、新产品开发、资质证明、所获取的荣誉等相关内容。

10.投标报价表。

投标报价表

序号	货物名称	型号和规格	数量	制造商名称	投标总报价	投标声明	投标保证金	交货期	交货地点	备注
1										
2										

11.服务承诺：投标机构对招标书中规定的实质性相应要求，做出的书面承诺。服务承诺应当涵盖质量保证期内的服务承诺、质量保证期外的服务承诺、质量保证期内的服务计划，具体内容

包括服务周期、服务内容、服务费用以及不能满足服务承诺的处理。

　　12.资格证明文件

　　（1）医疗器械生产企业基本情况。

　　（2）法定代表人身份证明书。

　　（3）投标人法定代表人授权委托书。

　　（4）投标人法定代表人或授权代表身份证明（身份证、工作证等有效证件）。

　　（5）近两年资产负债表、损益表及经营状况。

　　（6）业绩（设计、制造、安装、调试同类产品的数量）及目前正在执行合同情况（包括完成情况和出现的重要质量问题及改进措施），有近两年用户反馈意见。

　　（7）其他文件和资料。

　　以上证明文件均需要有原件或复印件来证实。

第五节　融资租赁

💬 **案例讨论**

　　案例　某医院服务人口50万，年门诊量25万，现有病床数450张，年业务收入8000万元，因购置设备和病房改造需要，要求融资1500万元。A租赁通过医疗设备回租的方式为该医院提供了资金。具体做法：医院将现有设备转让给A租赁，一次性获得1500万转让款。之后重新租回该批设备，租赁期限为48个月，在租赁期内，医院按月向A租赁支付约定的租金，租赁期满并支付全部租金和名义货价后，设备产权重新归医院所有。

　　讨论　医院采用融资租赁可以解决什么问题？

PPT

一、定义和特点

（一）定义

　　现代融资租赁产生于第二次世界大战之后的美国。第二次世界大战以后，美国工业化生产出现过剩，生产厂商为了推销自己生产的设备，开始为用户提供金融服务，即以分期付款、寄售、赊销等方式销售自己的设备。由于所有权和使用权同时转移，资金回收的风险比较大。于是有人开始借用传统租赁的做法，将销售的物件所有权保留在销售方，购买人只享有使用权，直到出租人融通的资金全部以租金的方式收回后，才将所有权以象征性的价格转移给购买人。这种方式被称为"融资租赁"，1952年，美国成立了世界第一家融资租赁公司——美国租赁公司（现更名为美国国际租赁公司），开创了现代租赁的先河。

　　中国的融资租赁是改革开放政策的产物。改革开放后，为扩大国际经济技术合作与交流，开辟利用外资的新渠道，吸收和引进国外的先进技术和设备，1980年中国国际信托投资公司引进租赁方式。1981年4月，第一家合资租赁公司中国东方租赁有限公司成立，同年7月，中国租赁公司成立。这些公司的成立，标志着中国融资租赁业的诞生。2007年后，国内融资租赁业进入了几何级数增长的时期。业务总量由2006年的80亿元增至2011年的9300亿元。2012年底，全国注册运营的融资租赁公司约560家，其中包括金融租赁公司20家，内资租赁公司80家，外资租赁公司约460家。注册资金总额达1820亿人民币，租赁合同余额约15 500亿人民币。截至2019年9月末，全国租赁企业（不含单一项目公司、分公司、SPV公司和收购海外的公司）总数约为12 073家，较2018年末增长2.51%。其中，金融租赁公司70家，内资租赁399家，外资租赁共11 604家。

知识链接

高回报领域——医疗设备和飞机租赁

从行业收益率来看，根据万得数据，2014~2018年我国融资租赁行业收益率整体表现稳定。2018年行业5家上市租赁公司的生息资产收益率均值为8.04%，较2017年的7.49%有小幅提升。其中远东宏信、国银租赁均有较大幅度增长，原因在于两家公司近两年分别在医疗设备和飞机租赁两个高回报领域持续开拓，合同高溢价向收益率的传导作用逐步显现出利益。

融资租赁（financial lease）是目前国际上最为普遍、最基本的非银行金融形式。它是指出租人根据承租人（用户）的请求，与第三方（供货商）订立供货合同，根据此合同，出租人出资向供货商购买承租人选定的设备。同时，出租人与承租人订立一项租赁合同，将设备出租给承租人，并向承租人收取一定的租金。

医疗设备融资租赁是指在医院确定相应的医疗设备供应商（生产商）及相应的医疗设备并办妥相关医疗设备引进审批手续后，租赁公司根据医院要求购进医院选定的医疗设备后交付给医院使用，由医院在使用期内分期支付一定金额的租金前提下取得设备的使用权和收益权，在租期结束时医院仅支付较低的设备残值即可获得设备所有权的一种交易行为。它以出租人保留租赁物的所有权和收取租金为条件，使承租人在租赁合同期内对租赁物取得占有、使用和受益的权利。

（二）特点

医疗器械融资租赁一般具有以下特点。

（1）一般涉及三方当事人，包括出租人、承租人和供应商。

（2）签订两个或两个以上的合同：融资租赁合同、买卖合同、担保合同等。

（3）租赁物件和供货商是由承租人选定的。

（4）出租人不承担租赁物的瑕疵责任。

（5）出租人可在一次租期内完全收回投资并盈利。

（6）融资租赁的标的物是特定设备，承租人也是特定的，因此租赁合同一般情况下不能中途解约。

（7）租赁期满后，承租人一般对设备有留购、续租和退租三种选择（融资租赁交易中，承租人对租赁物几乎都要留购）。

（三）融资租赁交易中当事人的权利和义务

融资当事人主要是指出租人和承租人，在租赁交易中按照合约的要求分别享有各自的权利和承担各自的义务。

1.出租人权利和义务　①出租人权利：拥有租赁物件的所有权，收取租金，期满收回租赁物（根据合同）。②出租人义务：出资购买租赁物，保证承租人对租赁物的占有和使用，协助承租人向出卖人索赔。

2.承租人权利和义务　①承租人权利：对租赁物件和出卖人的选择权，对出卖人的请求权，对租赁物的占有、使用和收益权，以名义价格留购的选择权。②承租人义务：接收标的物价格，按期支付租金，保管、维护保养租赁物，不能擅自处分租赁物。

（四）融资租赁与分期付款的区别

（1）分期付款是一种买卖交易，买者不仅获得了所交易物品的使用权，而且获得了物品的所有权。而融资租赁则是一种租赁行为，从法律上讲，租赁物所有权名义上仍归出租人所有。融资租赁中租赁物所有权属出租人所有，因此，作为出租人资产纳入其资产负债表中，并对租赁物摊提折旧。而分期付款购买的物品归买主所有，因而列入买方的资产负债表并由买方负责摊提折旧。

（2）融资租赁中的出租人可将摊提的折旧从应计收入中扣除，而承租人则可将摊提的折旧费从应纳税收入中扣除；在分期付款交易中则是买方可将摊提的折旧费从应纳税收入中扣除，买者还能将所花费的利息成本从应纳税收入中扣除。

（3）在期限上，分期付款的付款期限往往低于交易物品的经济寿命期限，而融资租赁的租赁期限则往往和租赁物品的经济寿命相当。因此，同样的物品采用融资租赁方式较采用分期付款方式所获得的信贷期限要长。

（4）分期付款不是全额信贷，买方通常要即期支付贷款的一部分；而融资租赁则是一种全额信贷，它对租赁物价款的全部甚至运输、保险、安装等附加费用都提供资金融通。分期付款交易一般在每期期末，通常在分期付款之前还有一宽限期，融资租赁一般没有宽限期，租赁开始后就需支付租金，因此，租金支付通常在每期期末。

（5）融资租赁期满时租赁物通常留有残值，承租人一般不能对租赁物任意处理，需办理交换手续或购买等手续。而分期付款交易的买者在规定的分期付款后即拥有了所交易的物品，可任意处理。

二、形式

（一）专业租赁租赁与厂商租赁

根据出租人的主体资格不同，可以分为专业租赁租赁和厂商租赁。

1.专业租赁　以融资租赁公司为主营业务，传统租赁为辅助业务，专门吸引社会资金从事融资租赁业务的出租人。专业租赁公司的设立和经营通常要经过特别的批准。

2.厂商租赁　由专门的设备制造商出资设立，主要以公司产品为租赁物，从事融资租赁经营业务的出租人。其经营目的是通过融资租赁方式扩大制造商自己产品的销售和市场占有率。厂商租赁公司的设立往往不需要特别的批准，业务领域通常仅限于与自己母公司或关联医院的相关的产业。

（二）直接租赁与委托租赁

根据出租人是否承担风险，可以分为直接租赁和委托租赁。

1.直接租赁　出租人从市场上筹措资金，按承租人的需求和意愿向供货商购买设备后，租赁给承租人使用，出租人定期向承租人收取租金，并承担履行合同所可能产生的风险，这也是最常见的一种融资租赁方式。

2.委托租赁　出租人接受委托人的资金或租赁物，根据委托人的意愿和授权，与委托人指定的承租人进行融资租赁业务，将租赁物直接租赁给其使用，或按承租人与委托人的约定购买租赁物后交付给其使用。委托租赁中，出租人只收取手续费，租金最终归属于委托人，租赁物的所有权和相应的风险最终也归属于委托人。

（三）回租租赁与转租租赁

根据融资租赁涉及的当事人及合同数量的多少，可以分为回租租赁和转租租赁。

1.回租租赁　承租人为盘活自己的存量资产并向出租人融入资金，而将现有设备先出卖给出租人，从出租人处取得等值资金的同时再向出租人租赁已售出的设备，并分期向承租人支付租金的一种融资租赁。回租中，仅有双方当事人即出租人和承租人，他们同时又是租赁设备的买方和卖方，承租人和出租人通常只签订一份《售后租回合同》，将双方的买卖、租赁关系统统列入其中。

2.转租租赁　出租人按照承租人的意愿和需求先从其他租赁公司提出申请，由其他租赁公司向供货商购入设备，再由该出租人租入租赁物，然后将其转租给承租人使用的租赁方式。转租中，往往涉及四方当事人，即第一出租人（买方）、转租人（第一承租人和第二出租人）、第二承租人（最终使用人）、出卖人。与普通融资租赁方式相比，转租中的四方当事人共有三个合同关系。即除了《买卖合同》《租赁合同》外，还增加了一个转租人与第二承租人签订的《转租合同》。

（四）联合租赁与杠杆租赁

根据出租人的筹资方式的不同，可以分为联合租赁和杠杆租赁。

1.联合租赁　在融资租赁项目中的资金需求量较大，为分配资金和相应的风险，由一个牵头出租人联合多个出租人共同对项目进行审查后，共同提供资金给牵头出租人，由其按承租人意愿向供货商购入设备，并共同授权牵头出租人与承租人签订租赁合同。联合租赁中心的各个出租人之间按照自己的出资份额来各自分担收取租金的权益和承担相应的风险。

2.杠杆租赁　出租人对需求巨额资金的融资租赁项目，只负责自行筹措一定比例的资金，其余的大部分资金通过银行等金融机构向出租人提供无追索权的贷款方式解决，贷款机构同时要求出租人以自己拥有所有权的租赁物及《租赁合同》中出租人的权利（租金收取权）作为该贷款的担保。

三、对租赁物的处理

融资租赁通常的做法是出租人出资购买承租人选定的技术设备或其他物资，作为租赁物出租给承租人，承租人按合同约定取得租赁物的长期使用权，在承租期间，按合同约定的期限支付租金，租赁期满按合同约定的方式处置租赁物。融资租赁合同对租赁物的处理有下列三种形式。

（一）退租法

租赁合同期满，承租人按租赁合同约定的要求将租赁物退还给出租人，由出租人自行处理出租物，由于租赁物在出租期满内一般均已达到使用期限，出租人收回后难以再租或转让，所以，对租赁物期限届满后的处理，一般不采用这种方法。

（二）续租法

在租赁合同期间届满前的合理时间内，承租人应通知出租人，就租赁物的继续租用进行协商，确定续租期限、租金等内容，在融资租赁合同期间届满时签订续租合同法。

（三）留购法

承租人支付名义货价后获得出租物的所有权。这种方法对出租人、承租人均有利，所以，融资租赁合同期间届满后，对租赁物的处理一般多采用这种方法。

第六节 融资租赁操作流程与项目评估

PPT

医疗行业的快速发展，催生出了大量医疗企业的融资租赁需求。某公司金融研究员了解到，一家全国性的体检公司，目前正在寻求进行融资租赁。这一项目的具体情况是，该体检公司旗下的11家体检门店，是第一承租人；体检公司是第二承租人。资金的用途是购买0.35T医用MRI磁共振成像系统设备Supernova C5，共11台，租赁的本金为2024万元人民币，租赁期限5年。设备厂商对此次租赁提供回购担保。

对融资租赁公司来说，是否推进这个项目，最重要的一点就是需要保证体检公司有能力按时偿还租金；即使没有能力，设备供应厂商也有回购的能力和意愿。

所以，融资租赁公司最先考察的是承租人的现金流。

该设备体检目前市场价为每人每次300元，运行成本（电费、胶片等）不足每人每次50元，运营利润高，法定8年报废，设计10年报废，投资回收期平均不到3年。此外，融资租赁公司对该体检公司旗下11家门店进行财务、股权分析，发现老门店的年利润和经营净现金流，是足以覆盖本案租金支付要求的。于是，得出结论是建议推进该项目。

那么，医疗机构拟采用融资租赁购置设备时应遵循什么样的流程？

一、医院融资租赁操作流程

（一）优选租赁公司

医院决定采用融资租赁方式取得医疗器械（设备）时，首先需了解各个租赁公司或厂商的经营范围、业务能力以及与其他金融机构的关系和资信情况，取得租赁公司的融资条件和租赁费等资料，并加以比较，从而择优选定。

（二）办理租赁委托与资信审查

医院选定租赁公司后，便可向其提出申请，办理委托。由承租医院填写《租赁申请书》或《租赁委托书》，说明对所需设备的具体要求。租赁公司一般要求承租人提供经国家规定的审批单位批准并纳入计划的项目批件和可行性研究报告，以及经租赁公司认可由担保单位（如承租医院的开户银行）出具的对承租人履行租赁合同的担保函。同时，租赁公司为了估算出租的风险程度和判断承租人偿还租金的能力，还要求承租人提供该医院的资产负债表、医院经营概况和各种财务报表。此外，必要时出租人还会通过资信机构对承租人的资历和信用情况进行进一步的调查，然后确定是否可以租赁。

（三）选择设备

选择设备的方法：由医院委托租赁公司选择设备，商定价格；由医院先同设备供应商签订购买合同，然后将合同转给租赁公司，由租赁公司付款；经租赁公司指定，由医院代其订购设备，代其付款，并由租赁公司偿付贷款；由租赁公司和承租医院协商洽购设备等。

（四）签订购货协议

购货合同应由承租人、出租人和供应商三者参加签订。委托租赁的情况下，由租赁公司向制造厂商订购，并签订订货合同，同时由承租人副签。

（五）签订租赁合同

租赁合同由承租医院与租赁公司签订，是租赁业务的重要法律文件。融资租赁合同的内容可

分为一般条款和特殊条款两部分。一般条款主要包括合同说明、名词解释、租赁设备条款、租赁设备交收条款和税务、使用条款、租期和起租日期条款和租金支付条款等；特殊条款主要包括购货合同与租赁合同的关系、租赁设备的所有权、租期中不得退租、对出租人和对承租人的保障、承租人违约和对出租人的补救、保险条款、租赁保证金和担保条款、租赁期满对设备的处理条款等。

（六）申办融资租赁合同公证

融资租赁可申办融资租赁合同公证。融资租赁合同公证由当事人约定地或合同签订地的公证处管辖。当事人申办融资租赁合同公证应当填写公证申请表，并提交相关材料。

（七）租赁物件交货与验货投保

制造厂商将租赁公司订购的设备到期直接拨交给承租人，并同时通知租赁公司。承租人收到制造商交来的设备后。即进行安装并运转试验。如其性能和其他方面都符合原规定要求，就作为正式验收，并把验收情况按期及时通知租赁公司。租赁公司据以向厂商支付设备价款，并开始计算租赁日期，计收租赁费用。同时租赁公司根据租赁物件的价值向保险公司投保，签订保险合同，并支付保险费。

（八）支付租金与税金缴纳

承租医院按照合同规定的租金数额、支付方式，向租赁公司分期缴纳租金。租金根据租赁对象的不同以及双方承担的义务和费用情况来确定。租赁公司与承租人根据租赁合同的规定，各自向税务机构缴纳应负担的税收。

（九）维修保养

承租人可与供应租赁物件的制造厂商或其他有关供货人签订维修保养合同，并支付有关费用。

（十）租赁期满处理设备

融资租赁合同期满时，承租医院应按照租赁合同的规定，实行退租、续租或留购。在融资租赁中，租赁期满的设备一般以象征价格（一般是残值价）卖给承租医院或无偿转给承租医院，也可以以低廉租金续租。

⸙ 知识链接

中信租赁暖心举措筑牢战 "疫" 后盾

"口罩、护目镜、消毒液、酒精片、手套、洗手液……" 自 2020 年 2 月 10 日复工后，中信租赁员工就陆陆续续收到公司精心准备的防疫 "暖心袋"。新型冠状病毒感染的肺炎疫情发生以来，防疫物资紧缺，中信租赁心系员工健康，从春节前至今，一直在发动各方力量紧急筹措防疫保障物资。公司集思广益，寻找防疫物资货源，与多个供应商进行电话沟通和协调，正在异地出差的员工主动购买口罩带回公司，多名员工也以 "凑单" 方式解决洗手液限购难题。同时，在了解到湖北疫区部分客户缺少防疫物资的情况后，中信租赁主动协调，联系口罩订货渠道，紧急部署捐赠，为疫区客户雪中送炭。

二、项目评估报告

融资租赁如同投资一样，需要考虑效益和风险。为了取得利益，降低风险可能带来的损失，出租人和承租人都要对项目整体的现状和未来进行全方位、多层次、多变量的科学评估。承租人评估项目的主要目的是考虑在融资租赁的条件下，核算扣除融资成本后的收益能否达到预期目标，争取最大限度地减少投资风险。

（一）程序

1.双向选择合作伙伴　在租赁项目立项初期，医院应与多家租赁公司（或厂商）联系，了解租赁条件和费用，选择成本低、服务好、资信可靠的公司做合作伙伴。租赁公司（或厂商）则应选择经济实力强、资信好、债务负担轻、有营销能力和还款能力的医院成为合作伙伴。

2.项目初评　租赁公司（或厂商）根据医院提供的立项报告、项目建议书及其他相关资料，通过当面洽谈，摸清项目的基本情况，将调查数据与同类项目的经验数据比较，进行简便估算，结合一般的感性认识对项目进行初评。若租赁公司（或厂商）认为项目可行，则进一步编制可行性报告，办理项目审批手续。

3.实地考察　租赁项目通过初评后，租赁公司（或厂商）必须派人对医疗机构进行实地考察，全面了解医院的资信状况、营运状况、财务状况，分析一手数据，确定项目融资的可行性。

4.项目审批　租赁公司（或厂商）的项目审查部门对医院提供的各种资料相派出人员的实地考察报告，结合医院立顶的可行性报告，从动态和静态、定性和定量、经济和非经济等多方面因素进行综合分析，全面评价项目的风险和可行性，决定项目的取舍。如果项目可行，风险在合理可控的范围内，即可编制项目评估报告，办理内部立项审批手续。

5.合同签约　项目被批准后，租赁公司（或厂商）接受医院的租赁项目委托，就可办理租赁物件购置手续，签订购货合同和租赁合同。合同的价格条款和租赁条件都不应脱离可行性报告的分析数据太远，否则对项目要重新评估。签约后项目评估的结论可为项目的优化管理提供科学依据。

6.项目后管理　对于确保租金安全回收起着重要作用。在租赁项目执行过程中，承租人应经常将实际经营状况与可行性报告进行比较，随时调整经营策略，力求达到预期的经营目标。出租人则应经常将承租人的经营状况与评估报告的主要内容进行比较，发现问题反时采取措施，保证租金回收的安全运作。

（二）内容

由于医院的财务分析和规范的可行性报告中已说明，因此项目评估的主要内容应该是评定风险、核实数据来源、落实未确定因素和判定医院信用等级。

1.评定风险　对于出租人来说，最大的风险就是医院租金的偿还能力。对承租人提供有效的经济担保和医院真实的经济效益分析。影响租金回收的风险很多，除了偿还能力风险外，还有债务风险、利率和汇率风险、经营风险等因素都会增加项目的风险，应在调查研究的基础上综合分析。

2.经济担保　承租医院的风险等级和经济担保能力是密切相关的。一般认为，按照风险程度进行排列出租人所能接受的经济担保额度。

3.核实数据　各种经营数据是项目评估的基础和依据，因此核实数据来源的可靠性和权威性是项目评估的重要环节，要着重核算租赁项目占投资总额的比例、医院资信能力等数据。

4.不确定因素分析和转化　许多不确定因素增加了项目评估的难度和工作量，在项目调研时，要充分寻找这些不确定因素，对一些不落实或口头答应的事，以签订承诺书、意向书以及其他方式，将部分不确定因素转化为确定因素。

5.判定信用等级 对医院信用实行等级制是整个融资租赁业务活动的分界点。租赁公司（或厂商）对医院的信用判定，就是对项目风险的判定。通过项目评估，判定出医院信用等级，根据等级的高低，决定项目的取舍和租赁利差的幅度。

三、医疗器械融资租赁实施方案（样例）

1.提交必要的评估材料。

2.租赁申请书。

3.项目可行性报告及相关批文。

4.连续三年的财务报表。

5.医疗机构执业许可证。

6.租赁保证金：融资额的20%~30%。

7.租赁费率：银行同期基准利率上浮10%~20%。

8.租赁期限：一般为3~5年。

9.租赁手术费：融资租赁物件概算价值的2%。

10.租金支付：等额租金（按月或按季支付）。

11.保险：由承租人向出租人制定的保险为一次性足额投保，并以出租人为受益人，保险费由承租人承担或有出租人投保，承租人英在支付第一期租金时向出租人交付财产保险费。

12.公正：租赁合同签订后递交出租人所在地公证机关进行公证，费用共同承担。

13.残值处理：租赁期满，出租人以人民币1000元的价款将租赁物件的所有权转让承租人。

14.担保：需要提供担保。

15.租赁文件：出租人和承租人签订租赁合同；出租人、承租人和供应商签订购货合同。

👤 **岗位对接**

本章主要介绍了医疗器械经营与管理及其他医疗器械相关专业学生成为合格医疗器械销售及售后工程师必须掌握的内容。

本章对应岗位包括营销师、医疗器械购销员、医疗器械销售、医疗器械质量管理员等。上述从事医疗器械销售及服务等岗位的从业人员均需掌握医疗器械服务道德规范基本内容，医疗器械从业人员应对市场有整体了解，并会依据国家医疗大政策进行医疗设备招标公告的撰写与解读，同时组织招投标工作，根据招标公告细则完成医疗设备投标书的制作，理解医疗器械融资租赁业务的特点与优势，并熟悉融资租赁业务的简要操作流程。

本章小结

通过对医疗器械招投标概念、特点、范围、形式，医疗器械招投标的流程，招标书的结构、内容和要求，医疗器械招投标合同的签署和履约及医疗器械融资租赁的特点、流程、方案设计，融资租赁合同的签署、实施的学习，掌握医疗器械招投标书的制作要求、策略及技巧，融资租赁方案设计，具备医疗器械招投标文件编写的能力，为走上医疗器械营销岗位储备知识和技能。

习题

一、单项选择题

1.招标人应当确定投标人编制招标文件所需要的合理时间；但是，依法必须进行招标的项目，自招标文件开始发出日起至投标人提交截止之日止，最短不得少于（　　）。

  A. 14 日   B. 30 日   C. 20 日   D. 45 日

2.具有最后定标的权利是（　　）。

  A.招标人   B.招标代理机构   C.评标委员会   D.政府采购机构

3.招标人对以发出的招标文件进行必要的澄清或者修改的，应当在招标文件要求提交投标文件截止时间至15日前，以（　　）形式通知所有招标文件收受人。

  A.电话   B.口头   C.书面   D.公告

4.标底价格（　　）。

  A.由成本、利润和税金等组成

  B.仅由成本组成

  C.不应考虑人工、材料、机械台班等价格变化因素

  D.不包括不可预见费、预算包干费、措施费、现场因素费用、工程风险金等

5.提交投标文件的投标人少于（　　）个的，招标人应当依法重新招标。

  A. 3   B. 4   C. 2   D. 5

6.评标委员会中，技术、经济等方面的专家不得少于成员总数的（　　）。

  A.五分之三   B.五分之四   C.三分一   D.三分之二

7.评标时，（　　）应当明确、严格，对所有在投标截止日期以后送到的投标书都应拒收，与投标人有利害关系的人员都不得作为评标委员会的成员。

  A.评标程序   B.评标时间   C.评标标准   D.评标方法

8.不参与融资租赁购货合同签订的对象是（　　）。

  A.承租人   B.出租人   C.供应商   D.担保机构

9.租赁期满后，承租人对租赁物不能处置的方式是（　　）。

  A.留购   B.出售   C.退租   D.续租

10.根据租赁物件的价值向保险公司投保的机构是（　　）。

  A.出租方   B.承租方   C.担保方   D.公证方

二、简答题

1.简要回答招标采购的流程。

2.医疗器械融资租赁的特点有哪些？

（胡亚荣　周金玲）

第十章　医疗器械网络营销

📖 知识目标

1. **掌握** 网络营销的概念和特征；网络调研的策略和步骤；网络推广方式中的搜索引擎营销、网站建设、微博营销、微信营销、移动营销等。
2. **熟悉** 电子商务的模式；网络市场的特征；其他网络推广的方式。
3. **了解** 电子商务的发展；电子商务与网络营销的关系等。

☞ 技能目标

1. **学会** 网络市场调研方案的制定；网络调研方法的使用；撰写网络调研报告。
2. **具备** 运用各种常见网络推广方式设计医疗器械产品网络推广方案，进行网络推广的能力。

第一节　电子商务与网络营销

💬 案例讨论

案例 2000年1月，互联网新贵美国在线（America Online）宣布以1810亿美元收购老牌传媒帝国时代华纳（Time Warner），成立美国在线——时代华纳公司。这是美国乃至世界历史上最大的一宗并购案，所有形式的媒体都被整合到全球最大的媒体公司中，标志着媒体产业的权杖从传统媒体转移到了网络产业手中，也标志着网络产业的价值在虚拟经济之外得到了确认。这一事件成为IT发展史上的一座新的里程碑，意味着全球以互联网为平台的新经济时代已经到来。

讨论 哪些事件意味着互联网平台新经济时代已来临？

一、电子商务

（一）定义

电子商务是指以信息网络技术为手段，以商品交换为中心的商务活动；也可理解为在互联网、企业内部网和增值网上以电子交易方式进行交易活动和相关服务的活动，是传统商业活动各环节的电子化、网络化、信息化；以互联网为媒介的商业行为均属于电子商务的范畴。

在全球各地广泛的商务贸易活动中，在互联网开放的网络环境下，基于客户端/服务端应用方式，买卖双方不见面地进行各种商贸活动，实现消费者的网上购物、商户之间的网上交易和在线电子支付以及各种商务活动、交易活动、金融活动和相关的综合服务活动的一种新型的商业运营模式。互联网本身所具有的开放性、全球性、低成本、高效率特点，使电子商务大大超越了作为一种新的贸易形式所具有的价值，它不仅会改变企业本身的生产、经营、管理活动，而且将影响整个社会的经济运行与结构。以互联网为依托的"电子"技术平台为传统商务活动提供了一个无比宽阔的发展空间，其突出的优越性是传统媒介手段根本无法比拟的。

电子商务有广义和狭义之分，广义的电子商务（electronic business，EB）是指通过电子手段进行的商业事务活动。通过使用互联网等电子工具，使公司内部、供应商、客户和合作伙伴之间，利用电子业务共享信息，实现企业间业务流程的电子化，配合企业内部的电子化生产管理系统，提高企业的生产、库存、流通和资金等各个环节的效率。狭义的电子商务（electronic commerce，EC）是指通过使用互联网等电子工具（这些工具包括电报、电话、广播、电视、传真、计算机、计算机网络、移动通信等）在全球范围内进行的商务贸易活动。是以计算机网络为基础所进行的各种商务活动，包括商品和服务的提供者、广告商、消费者、中间商等有关各方行为的总和。人们一般理解的电子商务是指狭义上的电子商务。

（二）发展模式

电子商务模式，就是指在网络环境和大数据环境中基于一定技术基础的商务运作方式和盈利模式。电子商务模式主要可以分为八种类型。

1.企业与消费者之间的电子商务（business to consumer，B2C） B2C就是企业通过网络销售产品或服务给个人消费者。企业厂商直接将产品或服务推上网络，并提供充足资讯与便利的接口吸引消费者选购，这也是一般最常见的作业方式，例如网络购物、证券公司网络下单作业、一般网站的资料查询作业等，都是属于企业直接接触顾客的作业方式。

2.企业与企业之间的电子商务（business to business，B2B） B2B电子商务是指以企业为主体，在企业之间进行的电子商务活动。B2B方式是电子商务应用最多和最受企业重视的形式，企业可以使用互联网或其他网络对每笔交易寻找最佳合作伙伴，完成从定购到结算的全部交易行为。其代表是马云的阿里巴巴电子商务模式，B2B交易金额占整体电子商务市场份额的85%左右。

3.消费者与消费者之间的电子商务（consumer to consumer，C2C） C2C是指消费者与消费者之间的互动交易行为，这种交易方式是多变的。C2C商务平台就是通过为买卖双方提供一个在线交易平台，使卖方可以主动提供商品上网拍卖，而买方可以自行选择商品进行竞价。其代表是eBay、taobao电子商务模式。例如，消费者可同在某一竞标网站或拍卖网站中，共同在线上出价而由价高者得标；或由消费者自行在网络新闻论坛或BBS上张贴布告以出售二手货品，甚至是新品，诸如此类因消费者间的互动而完成的交易，就是C2C的交易。

竞标拍卖已经成为决定稀有物价格最有效率的方法之一，比如古董、名人物品、稀有邮票等，只要需求面大于供给面的物品，就可以使用拍卖的模式决定最佳市场价格。拍卖会商品的价格因为欲购者的彼此相较而逐渐升高，最后由最想买到商品的买家用最高价买到商品，而卖家则以市场所能接受的最高价格卖掉商品，这就是传统的C2C竞标模式。

4.消费者与企业之间的电子商务（consumer to business，C2B） 通常情况为消费者根据自身需求定制产品和价格，或主动参与产品设计、生产和定价，产品、价格等彰显消费者的个性化需求，生产企业进行定制化生产。

5.线下商务与互联网之间的电子商务（online to offline，O2O） 这样线下服务就可以用线上来揽客，消费者可以用线上来筛选服务，成交可以在线结算，很快达到规模。该模式最重要的特点是推广效果可查，每笔交易可跟踪。

6. 供应方与采购方之间的电子商务（business–operator–business） 供应方（business）与采购方（business）之间通过运营者（operator）达成产品或服务交易的一种新型电子商务模式。B2B核心目的是帮助那些有品牌意识的中小企业或者渠道商们能够有机会打造自己的品牌，实现自身的转型和升级。BOB模式是由品众网络科技推行的一种全新的电商模式，它打破过往电子商务的固有模式，提倡将电子商务平台化向电子商务运营化转型，不同于以往的C2C、B2B、B2C、BAB等商业模式，其将电子商务以及实业运作中品牌运营、店铺运营、移动运营、数据运营、渠道运营五大运营功能板块升级和落地。

7. 企业网购引入质量控制（enterprise online shopping introduce quality control ） 交易双方网上先签意向交易合同，签单后根据买方需要可引进公正的第三方（验货、验厂、设备调试工程师）进行商品品质检验及售后服务。

8. 移动电子商务 不仅提供了电子购物环境，还提供了一种全新的销售和信息发布渠道。

互联网对企业的运作方式的影响是全方位的，也是革命性的。这首先表现在互联网改变了企业的沟通范围，使得企业市场边界无限扩大，沟通的范围被极大地扩展，企业获取市场信息、谈判和签约所需支付的费用不断降低，企业交易成本无限降低。另外，互联网使企业边界扩大，企业自身的价值流程可以扩展为一个由企业自身、顾客、供应商、合作伙伴、同盟者等相关利益者，甚至竞争对手等组成的价值网络。在这个价值网络中，企业可以针对顾客特定的需求对自身的价值流程进行再造和重组，将有限的资源集中于企业的战略价值流，将自己并不具备核心能力的价值流程交给其他更擅长的企业或个人去做，对来自不同合作者的核心能力进行动态组合，将外部资源以嵌入方式融进企业价值流程之中。通过共享核心能力，使得企业在整个价值流程上都具有竞争优势，超越了自身的一些内在制约。所有相关利益者中，最重要的无疑是顾客。而顾客一旦参与价值创造，则意味着供需实现了一体化。小米手机软件之所以快速迭代，在很大程度上是因为众多的核心粉丝带着自己的要求和愿望，参与到软件的改进工作之中。

二、网络营销

（一）定义

网络营销是企业以现代营销理论为基础，利用互联网技术和功能，最大限度地满足客户需求，以达到开拓市场、增加盈利目标的经营过程。简单地说，网络营销就是以互联网为主要手段进行的，为达到一定营销目的的营销活动。

网络营销是直销的最新形式，是由互联网替代了传统媒介，其实质是利用互联网对产品的售前、售中、售后等环节进行跟踪服务，它自始至终贯穿于企业经营的全过程，包括市场调查、客户分析、产品开发、销售策略、信息反馈等方面。简单地说，网络营销就是以互联网作为传播手段，通过对市场的循环营销传播，满足消费者需求和商家需求的过程。网络营销是市场营销的一种手段和表现形式，因此，网络营销也具有市场营销的通性，同时满足企业和顾客双方需要的企业网络经营活动才是网络营销。

综上所述，网络营销是企业以现代营销理论为基础，利用互联网（也包括企业内部网和外部网）技术和功能，最大限度地满足客户需求，以开拓市场、增加盈利为目标的经营过程。

（二）特点

互联网技术发展的成熟以及互联网的方便性和成本的低廉，使得任何企业和个人都可以很容易地将自己的计算机或计算机网络连接到互联网上。遍布全球的各种企业、团体、组织以及个人通过网络跨时空地联结在一起，使得相互之间信息的交换变得"唾手可得"。网络营销呈现出以下一些特点。

1. 跨时空 通过网络能够超越时间约束和空间限制进行信息交换，因此使得脱离时空限制达成交易成为可能，企业能有更多的时间和在更大的空间，随时随地向客户提供全球性的营销服务，以达到尽可能多地占有市场份额的目的。

2.多媒体　互联网可以传输文字、声音、图像等多种媒体的信息，从而使为达成交易进行的信息交换可以通过多种形式进行，能够充分发挥营销人员的创造性和能动性。

3.成长性　遍及全球的互联网上网者的数量飞速增长，而且上网者中有一部分是年轻的、具有较高收入和高教育水准的人，由于这部分群体的购买力强，而且具有很强的市场影响力，因此网络营销是一个极具开发潜力的市场渠道。

4.整合性　在互联网络上开展的营销活动，可以完成从商品信息的发布到交易的收款和售后服务的全过程，这是一种全程的营销渠道。同时，企业可以借助网络将不同的传播营销活动进行统一的设计规划和协调实施，通过统一的资讯传播方式向消费者传达信息，从而可以避免因不同传播渠道中的不一致而产生的消极影响。

5.经济性　网络营销使交易的双方通过互联网进行信息交换，代替传统的面对面的交易方式，可以减少印刷与邮递成本；进行无店面销售而免交租金，节约水电与人工等销售成本，同时也减少了由于多次交换带来的损耗，提高了交易的效率。

6.技术性　建立在以高技术作为支撑的网络营销上，使得企业在实施网络营销时必须有一定的技术投入和技术支持，必须改变企业传统的组织形态，提升信息管理部门的功能，引进懂营销与电脑技术的复合型人才，方能具备和增强本企业在网络市场上的竞争优势。

（三）网络营销与电子商务的关系

网络营销和电子商务是一对紧密相关又具有明显区别的概念。网络营销属于电子商务的一部分，电子商务是利用互联网进行的各种商务活动的综合，必须解决与之相关的法律、安全、技术、认证、支付和配送等问题。电子商务的本质是信息的交流与沟通（包括外部客户、内部运作和后端供应链等），最终目的是实现整个交易过程的电子化。网络营销的活动内容在于如何利用互联网和企业网站做好与客户和顾客之间的信息交流。

1.研究范围不同　电子商务的核心是电子化交易，强调交易方式和交易全过程的各个环节。电子商务分为交易前、交易中、交易后；而网络营销注重以互联网为主要手段的营销活动。

2.关注点不同　电子商务的重点是实现了电子化交易；而网络营销的重点在交易中的宣传和推广。

3.在企业的应用阶段和层次不同　电子商务可以看作网络营销的高级阶段，企业在开展电子商务前可以开展不同层次的网络营销活动。

（四）网络市场的总体特征

网络市场是由互联网上的企业、政府组织和网络消费者组成的市场。它是企业开展网络营销活动的空间，又称电子虚拟市场或网络虚拟市场。网络市场具备以下特征。

1.无店铺　运作于网络市场上的是虚拟商店，它不需要店面、装潢、摆放的货品和服务人员等，它使用的媒体为互联网络。如1995年10月"安全第一网络银行"（Security First Network Bank）在美国诞生，这家银行没有建筑物，没有地址，只有网址，营业厅就是首页画面，所有的交易都通过互联网络进行；员工只有10人，1996年存款金额达到1400万美元，估计1999年存款金额将达到4亿美元。

2.无存货　万维网上的商店可以在接到顾客订单后，再向制造厂家订货，而无须将商品陈列出来以供顾客选择，只需在网页上打出货物菜单以供选择。这样一来，店家不会因为存货而增加其成本，其售价比一般的商店要低，这有利于增加网络商家和"电子空间市场"的魅力和竞争力。

3.成本低廉 网络市场上的虚拟商店，其成本主要涉及自设Web站成本、软硬件费用、网络使用费以及以后的维持费用。它通常比普通商店的成本要低得多，EDI的广泛使用及其标准化使企业与企业之间的交易走向无纸贸易。在无纸贸易的情况下，企业可将购物订单过程的成本缩减80%以上。在美国，一个中等规模的企业一年要发出或接受的订单在10万张以上，大企业则在40万张左右。因此，对企业，尤其是大企业，采用无纸交易就意味着节省少则数百万美元，多则上千万美元的成本。

4.无时间限制 虚拟商店不需要雇佣经营服务人员，可不受劳动法的限制，也可摆脱因员工疲倦或缺乏训练而引起顾客反感所带来的麻烦，而一天24小时，一年365天的持续营业，对于平时工作繁忙、无暇购物的人来说有很大的吸引力。

5.无国界、无区域 面对提供无限商机的互联网，国内的企业可以加入网络行业，开展全球性营销活动。如某服装城加入了计算机互联网络，跻身于通向世界的信息高速公路，很快就尝到了甜头。信息把男女皮大衣、皮夹克等17种商品的式样和价格信息输入互联网，不到2小时，就分别收到英国"威斯菲尔德有限公司"等十多家海外客商发来的电子邮件和传真，表示了订货意向。服装城通过网上交易仅半年时间，就吸引了美国、意大利、日本、丹麦等30多个国家和地区的5600多个客户，仅仅一家雪豹集团就实现外贸供货额1亿多元。

6.精简化 顾客不必等经理回复电话，可以自行查询信息。客户所需资讯可及时更新，企业和买家可快速交换信息，网上营销使你在市场中快人一步，迅速传递出信息。今天的顾客需求不断增加，对欲购商品资料的了解，对产品本身要求有更多的发言权和售后服务。营销人员能够借助联机通信所固有的互动功能，鼓励顾客参与产品更新换代让他们选择颜色、装运方式、自行下订单。在定制、销售产品的过程中，为满足顾客的特殊要求，让他们参与越多，售出产品的机会就越大。

（五）网络市场存在的问题

由于网络市场还是一种新兴的商业模式，所以还存在着一些欠缺。

1.信誉度问题 在当前网络市场中，无论是买家还是卖家，信誉度都是交易过程中的最大问题。

2.网上支付难 网上支付环境在一定程度上还制约网络市场的发展，主要是开通网上支付手续繁杂，收益难以兑现。

3.网络安全问题 在网络营销过程中，用户的个人信息、交易过程中银行账户密码、转账过程中的资金转移都涉及安全问题，安全保障始终是网上购物的一层阴影。

4.配送问题 配送无法与互联网信息同步，往往完成购物过程需要1~2天或更长时间，不如传统购物可以立即付款取货。

5.商品展示信息不够直观 只能通过文字和图片进行一般性描述，妨碍了某些特定商品的上网销售。

第二节　网络营销市场调研

市场调研是营销链中的重要环节，没有市场调研，就把握不了市场。

一、发展和内涵

由于传统调研样本采集困难、调研费用昂贵、调研周期过长、调研环节监控滞后等一系列问题的存在，加之随着互联网的不断发展，科技不断完善，目前中国网民数量不断递增；以及在线调查具有高效便捷的特性和质量的可控性不断增强，网络调研便得到了广泛的运用。网络市场调研就是利用互联网发掘和了解顾客需要、市场机会、竞争对手、行业潮流、分销渠道以及战略合作伙伴的情况，它与传统市场调研的对比见表10-1。

表10-1　网络市场调研与传统市场调研的比较

项目	网络市场调研	传统市场调研
调研费用	较低，主要是设计费和数据处理费，每份问卷所要支付的费用几乎为零	昂贵，包括问卷设计、印刷、发放、回收、聘请和培训访问员、录入调查结果、由专业公司对问卷内进行分析等多方面的费用
调研范围	全国乃至全世界，样本数量庞大	受成本限制，调查地区和样本的数量均有限
运作速度	很快，只需搭建平台，数据库可自动生成，几天就可能得出有意义的结论	慢，至少需要2~6个月才能得出结论
调研的时效性	全天候进行	不同的被访问者对其可进行访问的时间不同
被访问者的便利性	非常便利，被访问者可自由决定时间、地点回答问卷	不太方便，一般要跨越空间障碍才能到达访问地点
适用性	适合长期的大样本调查，适合要迅速得出结论的情况	适合面对面的深度访谈、食品类等需要对受访者进行感官测试的情况

二、特点

1.**网络调研信息的及时性和共享性**　只要轻轻一点，世界任何一个角落的用户都可以加入其中，从用户输入信息到公司接收，只不过几秒钟的时间。利用计算机软件整理资料，马上可以得出调研的结果。而被调查者只要点击"结果"键，就可以知道到现在为止所有被调查者的观点所占的比例，使用户了解公司此次的调研活动，加强参与感，提高满意度，实现了信息的全面共享。

2.**网络调研的便捷性和经济性**　在网络上进行市场调研，无论是调查者还是被调查者，只需拥有一台计算机、一个调制解调器、一部电话（或一台多媒体电视机和一部电话）就可以进行。若是采用问卷调研的方法，调研者只要在企业站点上发出电子调查问卷，提供相关的信息，然后利用计算机对访问者反馈回来的信息进行整理和分析。这不仅十分便捷，而且会大大地减少企业市场调研的人力和物力耗费，缩减调研成本。

3.**调研过程的交互性和充分性**　网络的最大优势就是交互性。在网上调查时，调查者可通过被调查者反馈的信息及时评判问卷设计是否合理，纠正调研结论中的偏差；同时，被调查者在填写问卷没有任何限制和顾虑，可以自由地、充分地表达自己的看法。

4.**调研结果有较强的准确性**　在网络调研中，调查者不与被调查者进行任何的接触，可以较好地避免来自调查者的主观因素的影响；被调查者接受询问、观察，均是处于自然、真实的状态；站点的访问者一般都具有一定的文化知识，易于配合调查工作的进行；企业网络站点访问者一般都是对企业有一定的兴趣，不会像传统方式下单纯为了抽号中奖而被动回答，被调查者在填写问卷时，完全处于独立思考的环境中，受到其他因素的影响较少，从而保证了调研结果的客观性和准确性。

5.**收集信息的可检验性和可控制性**　利用互联网收集调研信息，可以系统地、有效地对采集的信息实施质量检验和控制。首先，网上市场调研问卷可以附加全面规范的指标解释，有利于消除因对指标理解不清或调查员解释口径不一而造成的调查偏差；其次，问卷的复核检验由计算机依据设定的检验条件和控制措施自动实施，可以有效地保证对调查问卷的100%的复核检验，保证检验与控制的客观公正性；最后，通过对被调查者的身份验证技术可以有效地防止信息采集过程中的舞弊行为。

三、策略和注意事项

　　网络市场调查的目的是收集网上购物者和潜在顾客的信息，利用网络加强与消费者的沟通与理解，改善营销并更好地服务于顾客。而要达到这一目的的前提是让更多的顾客访问企业的站点，从而市场营销调研人员可以有针对性地制作网上调研表单，顾客可以发回反馈并参加联机、交互调查和竞赛，或者征询信息，市场营销调研人员才能掌握更多更翔实的市场信息。

　　为使更多的消费者访问企业站点并乐于接受企业的调研询问，善意而又真实地发回反馈信息，市场调研人员必须研究网络调研的策略，以充分发挥网络调研的优越性，提高网络调研的质量。网络市场调研的策略主要包括如何识别企业站点的访问者以及如何有效地在企业站点上进行市场调研。

　　1.识别访问者并激励其访问企业站点　与传统市场调研相比，网络市场调研却没有空间和地域的范围，一切都是随机的，调研人员既无法预期谁是企业站点的访问者，也无法确定调研对象样本，即使是对于在网上购买企业产品的消费者，确知其身份、职业、性别、年龄等也是一个很复杂的问题。因此，网络市场调研的关键之一是如何鉴别并吸引更多的访问者，使他们有兴趣在企业站点上进行双向的网上交流。

　　（1）利用电子邮件或来客登记簿获得顾客信息，通过电子邮件和来客登记簿，不仅所有顾客均可以读到并了解企业的情况，而且市场营销调研人员可获得相关的市场信息。比如，在确定访问者的邮编后，就可以知道访问者所在的国家、地区、省市等地域分布范围；对访问者回复的信息进行分类统计，就可以进一步对市场进行细分，而市场细分是企业制定营销策略的重要依据之一。

　　（2）吸引访问者注册，从而获得个人信息。

　　（3）由软件自动检测访问者是否完成调查问卷。

　　2.企业站点上的市场调研

　　（1）科学地设计网络调研问卷。一个成功的网络调查问卷应具备两个功能：①能通过网络将所调查的问题明确地传达给访问者；②设法取得对方的合作，使访问者能给出真实、准确的回复。这就要求认真编辑问卷。拟定问卷主题后，对本次调查作简要介绍。

　　（2）监控在线服务。企业站点的访问者能利用互联网上的一些软件来跟踪在线服务。营销调研人员可通过监控在线服务了解访问者主要浏览哪类企业，哪类产品的主页，挑选和购买何种产品的基本情况。

　　（3）在互联网上测试产品的不同性能、款式、价格、名称和广告是非常便利的。

　　（4）有针对性地跟踪目标顾客。

　　（5）以产品特色、网页内容的差别化，以及功能和服务来赢得访问者。

　　（6）传统媒体和新媒体相结合。

　　（7）通过产品的网上竞买掌握市场信息。

　　3.网络调研注意事项　要达到商家网络调研的目的，发挥网络调研的商业价值，还必须注意网络调研的一些关键性事项。

（1）了解市场需求　把自己想成顾客，从顾客的角度来了解客户需求。因为调研对象往往可能是产品直接的购买者、提议者和使用者，应对他们进行具体的角色分析。例如某种时尚品牌男装，其目标对象应是年轻男性，但实际的客户市场却不只是这部分人群，而是包括他们的母亲、妻子、女友等女性角色。这就要求调研时，将调研市场对象进行角色细分，充分了解市场需求，使调研结果更有针对性、准确性。

（2）制定网络调研提纲　网络调研是企业网络营销全过程的第一步。一个调研项目常包含高度精练的理念，这种理念是无法触及的"虚"，而调研提纲则可以将调研具体化、条理化。调研提纲是调查者与被调查者两者结合的工具，调研项目也许会成为品牌和沟通工具。

（3）寻找竞争对手　利用各种方式搜集竞争对手信息，譬如利用导航台，锁定具体区域，设定与自己产品相同或相似的关键词来寻找竞争对手，仔细查看竞争对手的网址，注意竞争对手的网络中值得借鉴的地方，并注意竞争对手是否已做过类似的市场调研。

（4）适当的激励措施　互联网毕竟是虚拟世界，若能提供更多人性的东西，在调研中加入适当的奖品激励，调查会获得更多的参与者。如摩托罗拉和惠普在进行网络调查时，都有奖品激励参与者。某医学杂志在做调查时，提供样刊赠阅，也获得了积极的反馈。

（5）数量调研与质量调研相结合　对于一般性的商业经济问题，如消费者的年龄、性别、所在地区及购买动机等问题，可采用数量统计调查方式，设立"是什么""如何"等问题的信息。

四、过程

网络市场调研的步骤可以具体分为：①明确问题与确定调研目标；②制订网络市场调研计划；③通过网络搜集市场信息和分析信息；④编写网络市场调研报告等。

第三节　网络推广方式

💬 **案例讨论**

案例　一则"吃垮必胜客"的信息曾在网络上大肆流传，并通过网友间的传递，一传十，十传百，引发了一股"吃垮必胜客"的旋风。

在这则信息里，主要介绍了盛取自助沙拉的好办法。如何巧妙地利用胡萝卜条、黄瓜片和菠萝块搭建更宽的碗边，如何一次盛取7盘沙拉。为了体现信息的真实性，文字旁还配有照片，显而易见，这是典型的"病毒式营销"。目标群体看到信息后，好奇心顿起，不仅会主动将信息传递给亲朋好友，还会亲自尝试一下。这则看似保护消费者利益，打击必胜客的信息，实际上蕴涵着巧妙的营销技巧。正是这则信息，引发了众多的目标群体去必胜客店里亲自体验。当然，必胜客并没有被吃垮，反而越吃越旺。

讨论　上述案例采用了哪种医疗器械推广方式？

网络推广（web promotion）就是以企业产品或服务为核心内容，建立网站，再把这个网站通过各种免费或收费渠道展示给网民的一种推广方式，网络推广可以做到小投入大回报的效果。网络推广能直接为企业带来大批客户集体，能为企业打造品牌知名度，能晋升企业的整体价值。常见的网络推广方式有就是搜索引擎整体推广、微博营销、微信营销、群组推广、论坛、贴吧推广、电子邮件推广、及时通信推广等。

PPT

一、搜索引擎营销

搜索引擎营销（search engine marketing，SEM）就是基于搜索引擎平台的网络营销，利用人们对搜索引擎的依赖和使用习惯，在人们检索信息的时候将信息传递给目标用户。搜索引擎营销的基本思想是让用户发现信息，并通过点击进入网页，进一步了解所需要的信息。企业通过搜索引擎付费推广，让用户可以直接与公司客服进行交流、了解，实现交易。

搜索引擎优化设计主要目标有两个层次：被搜索引擎收录以及在搜索结果中排名靠前。SEM所做的就是以最小的投入在搜索引擎中获最大的访问量并产生商业价值。多数网络营销人员和专业服务商对搜索引擎的目标设定也基本处于这个水平。但从实际情况来看，仅仅做到被搜索引擎收录并且在搜索结果中排名靠前还很不够，因为取得这样的效果实际上并不一定能增加用户的点击率，更不能保证将访问者转化为顾客或者潜在顾客，因此只能说是搜索引擎营销策略中两个最基本的目标。SEM的方法包括搜索引擎优化（search engine optimization，SEO）、关键词广告、付费排名、关键词竞价排名、精准广告以及付费收录等。

二、企业网站营销

企业网站，就是企业以网络营销为目的，为了在互联网上进行企业宣传，节约宣传成本，增加宣传方式而建设的网站。

许多公司都拥有自己的网站，它们利用网站来进行宣传、产品资讯发布、招聘等。一组相关网页包含的内容，如文字、图像、视频、音频等托管在一个网站至少一个Web服务器，经由网络（如通过作为一个统一资源定位器的公知的一个互联网地址的互联网或私人的本地区域网络）访问。所有可公开访问的网站，共同构成了万维网。

互联网时代，在众多的网站建设之中，企业网站建设占的比重非常大。企业网站是企业与用户沟通的桥梁，企业网站的目的不仅是营销还有展示企业文化。

（一）企业网站建设的重要性

1.提升企业形象 一个企业想要获得客户量，最重要的就是提升自己的企业形象。企业网站建设中企业可以向用户展示企业自身独特的企业文化、背景、概况、产品、售后服务品质和最新新闻动态。企业网站的作用主要可以提升客户对自己的信任，因为在这个社会之中客户最缺乏的就是信任度了，因此提升了信任度就可以带来客户量，来扩大自己的销售范围，提高自己的销售量。

2.降低企业的宣传成本 在互联网时代，客户购买东西或其他行为，或以网络为途径，或通过网络信息（尤其是企业官网）了解企业的发展现状。因此一个好的企业网站建设仿佛就是推向了全国乃至全世界的面前，扩大自己企业的名气，提升自己的销售范围，优点有成本低、效果好。企业网站建设的功能除了具备企业的展示功能，还提供了产品销售功能，无论是哪里人都可以利用网站来进行购买，并且含有丰富的产品展示，增加了一种销售方式。

3.提高产品品牌影响力 企业可以通过网站推广，被搜索引擎收录，进行排名，以此来获得大量的客户源，为企业产品向国内乃至全世界推广打造坚实基础，不断提高企业产品的品牌形象。

4.降低其他成本 企业通过开展网上电子商务，切实降低企业销售成本、企业产品原材料采购成本，全面提升企业竞争力和企业产品竞争力。在电子商务强盛的今天，企业可以通过网络销售产品和服务。通过有效的推广和宣传，可以将企业商机无限扩大。

5.增加客户信息的反馈 企业在建立网站的时候，主要展示的是网页信息和信息咨询的相关服务，客服一直在线，并解答客户的问题。在与外部进行沟通时，一些网站通过留公司邮箱来接受反馈，因为邮件可以及时到达，企业能够迅速地定位客户的问题，并及时地进行专业的解答。

（二）企业网站建设的基本原则

1.以客为尊 企业千辛万苦建立的网络营销平台能否吸引并留住客户，培育顾客忠诚度、获得较高的客户转换率，取得预期的营销效益，在很大程度上取决于平台的设计者是否真正地站在客户的角度想问题，网站的内容和架构是否关注并服务了客户的需求。

2.不断变化 在信息资讯高度发达的网络时代，任何人在任意时间、任意地点，都可以方便地使用互联网这个共同平台发布信息、整合资源、变革创新、创造奇迹。在当今时代，唯一不变的就是变化，任何人都不能逆转这一大潮流趋势。只有拥抱变化，激情投入，才能跟上时代的步伐。要做好企业网络营销工作，不能凭一时的激情与三分钟的热度，只有专注才能专业。只有专业，才能日益深刻地领悟网络营销的真谛，才能抓住事物的本质规律，才能让营销变得精彩，让事业获得成功。

3.严谨务实 企业在开拓网络市场、打造网络营销平台时，必须严谨务实，切忌人云亦云，要从信息化优劣、技术力量强弱等因素出发统筹考虑，选择适合自己的网络营销平台的路径和步骤，才能做到创新兼顾稳妥、开拓而不盲目，从而确保企业每一笔网络上的投入均能带来可靠的效益。

要打造一个聚集人气、展示特色、高效务实的企业网站，企业必须冷静理智的分析自身以及竞争对手的优势与劣势。企业在开拓网络市场过程中，首先必须清晰地认识到自身的不足和面临的困难，同时还必须挖掘出企业的特长和优势，并且要很好地把握企业发展的大方向和大趋势；然后还必须客观公正地评价竞争对手，对于对手的优点和长处，既要吸取他们的经验教训，更要善于学习、巧于借鉴，更要敢于超越。

（三）企业网站搜索引擎优化

为了能够更快更好地实现网站推广的效果，快速地让搜索引擎收录企业网站，获得良好的搜索引擎排名，让更多的客户能够知道其网站，在企业网站建设完成后，需要对网站做一些基本的搜索引擎优化（SEO）工作。

1.确定网站主题关键词 根据企业网站的产品和内容，选择合理的关键词，然后对所选择的关键词进行分析，主要是看关键词的竞争度大小，包括被搜索量，竞争对手的使用等情况。据此来确定网站最终的主题目标关键词，一般为三到五个主题关键词。

2.合理规划网站标题、描述等信息 一个网站，确定好关键词后，就要规划网站的标题和描述信息了。搜索引擎在爬寻和收录一个网站的时候，是通过网站标题和描述以及关键词来进行识别和判断网站的类别和性质以及主题内容的。所以合理的网站标题、描述信息，对于网站被搜索引擎收录有非常大的帮助。

3.巧妙布局长尾关键词 一般情况下，主题关键词是定位网站的主题，而真正能够带来意向客户的，往往是合理的长尾关键词。根据目标关键词，展开相关内容的分析，包括产品、行业等信息，最终确立被搜索量大，竞争小且能符合自己站点的长尾关键词，可以给网站带来非常可观的流量以及意向客户。

4.规划网站的结构和内容 在上面的关键词等信息确立好后，就该对网站布局结构和具体内容了。在网站上，按照搜索引擎蜘蛛爬寻规则，合理布局内容和关键词，可以使网站达到一个良好的搜索引擎友好度。另外需要注意，在网站的页面，尽量不出现flash和JS特效。尽量少用图片，对图片添加 Alt 属性标签，便于搜索引擎识别图片含义。

5.站内整体检查和布局 检查404页面、robots.txt、静态化链接、树状结构、URL标准化，使其一切都不要出现盲点。严格检查网站页面的死链，网站页面最忌讳出现死链现象。

6.合理的网络推广手段 一个网站，做得再漂亮，如果不做推广，那也不会有人知道你的网站，更不会有人来访问你的网站，更不要说带来多少效益。所以合理地采取必要的推广手段，可以更快地让人发现企业网站，带来切实的效益，实现最终的效益目的。基本的推广形式包括：博客推广、论坛推广、软文推广、问答推广、交换友情链接等手段。

（四）网站站内优化

许多企业在进行营销型网站建设以后，都希望能把优化工作做好，因为做好优化不仅能够使网站被更多的用户看到，令企业品牌得到有效宣传，同时也能获取更多流量，从而带来更好的转化。

1.做好标签优化 主要是指网站页面的标题、关键词和描述标签。因为标题、关键词和描述是网站页面最重要的元素，是搜索引擎判断网站页面内容的重要依据，搜索引擎在抓取网站内容时，往往会先查看该页面的标题、关键词和描述，然后才会抓取其中的内容。所以在做站内优化时，首先就要优化好网站标题、关键词和描述，选择合适的标题、关键词和描述，才能使网站获得搜索引擎认可。

2.做好结构优化 网站结构越是简单，搜索引擎抓取网站就会越容易，用户使用也就会越方便，故而简单的结构就能大大提升网站在搜索引擎的印象，从而取得更好的优化效果。故而企业在制作网站时，就要规划好网站的结构，尽可能采用最简单的结构，最少的层级划分，以求使搜索引擎和用户都能更具好感度。拥有高用户体验的网站通常在导航和排版方面设计良好。

3.做好内容优化 在站内优化当中，内容往往是最重要，也是需要长期坚持做的一项工作。因为搜索引擎酷爱新鲜的优质原创内容，如果发现了自己没有收录过的内容，它便会迫不及待地将其收录，并推荐给广大用户去浏览。而用户对于新鲜的，之前没有见过的内容，也才更有兴趣去浏览。如果是重复的内容，搜索引擎已经收录过了，又怎会有再收录的必要，而用户对此也会表现得索然无味，对优化就会毫无帮助。用户在搜索所需信息的时候需要的时间非常短，几分钟就可以搜出十几条所需的，而关闭一个页面也只需要短短的一秒钟，并且网上的浏览习惯导致大部分用户都是快速浏览的方式，所以一定要把你的内容的价值时间展示给用户。

4.做好内链优化 要丰富网站内部各个页面之间的链接，这些链接越是丰富，搜索引擎就能根据链接抓取更多网站的页面，网站收录量也就会大大增加，而优化效果自然也会更理想。与此同时，丰富的内链也有助于用户访问更多的页面，这样就能有效减少用户跳出，提升网站的用户体验。

以上是企业在对营销型网站进行优化时，网站内部需要着重做好的几个方面，搜索引擎在抓取网站时，往往会根据这些方面来对网站进行考量，判断网站各项要素是否健全，用户体验是否优秀，然后再根据结果赋予与之相匹配的优化效果。所以，企业想要网站能取得更好的优化效果，在站内就必须要将这些方面做得更优秀，这样才会使搜索引擎对网站更有好感，从而赋予网站更理想的优化效果。

三、微平台营销

（一）微博营销

微博营销是指通过微博平台为商家、个人等创造价值而执行的一种营销方式，也是指商家或个人通过微博平台发现并满足用户的各类需求的商业行为方式。微博营销以微博作为营销平台，每一个听众（粉丝）都是潜在的营销对象，企业利用更新自己的微型博客向网友传播企业信息、产品信息，树立良好的企业形象和产品形象。每天更新内容就可以跟大家交流互动，或者发布大家感兴趣的话题，以此达到营销的目的，这样的方式就是互联网新推出的微博营销。

该营销方式注重价值的传递、内容的互动、系统的布局、准确的定位，微博的火热发展也使得其营销效果尤为显著。微博营销涉及的范围包括认证、有效粉丝、朋友、话题、名博、开放平台、整体运营等。自2012年12月后，新浪微博推出企业服务商平台，为企业在微博上进行营销提供了一定帮助。

（二）微信营销

2011年1月21日，腾讯推出即时通讯应用微信，支持发送语音短信、视频、图片和文字，可以群聊。微信营销是网络经济时代企业或个人营销模式的一种，是伴随着微信的火热而兴起的一种网络营销方式。微信不存在距离的限制，用户注册微信后，可与周围同样注册的"朋友"形成一种联系，用户订阅自己所需的信息，商家通过提供用户需要的信息，推广自己的产品，从而实现点对点的营销。

微信营销主要体现在以安卓系统、苹果系统的手机或者平板电脑中的移动客户端进行的区域定位营销，商家通过微信公众平台，结合转介率微信会员管理系统展示商家微官网、微会员、微推送、微支付、微活动，已经形成了一种主流的线上线下微信互动营销方式。

微信营销常用的模式如下。

1.草根广告式——查看附近的人　微信中基于LBS的功能插件"查看附近的人"便可以使更多陌生人看到这种强制性广告。用户点击"查看附近的人"后，可以根据自己的地理位置查找到周围的微信用户。营销人员在人流最旺盛的地方后台24小时运行微信，如果"查看附近的人"使用者足够多，这个广告效果也会随着微信用户数量的上升，成为移动的"黄金广告位"。

2.品牌活动式——漂流瓶　移植到微信上后，漂流瓶的功能基本保留了原始简单易上手的风格。微信官方可以对漂流瓶的参数进行更改，使得合作商家推广的活动在某一时间段内抛出的"漂流瓶"数量大增，普通用户"捞"到的频率也会增加。加上"漂流瓶"模式本身可以发送不同的文字内容甚至是语音和小游戏等，如果营销得当，也能产生不错的营销效果。而这种语音的模式，也让用户觉得更加真实。

3.O2O折扣式——扫一扫　将二维码图案置于取景框内，消费者可以获得成员折扣、商家优惠亦或是一些新闻资讯。厂家在移动应用中加入二维码扫描，这种O2O方式早已普及开来，坐拥上亿用户且活跃度足够高。

4.互动营销式——微信公众平台　对于大众化媒体、明星以及企业而言，微信开放平台＋朋友圈的社交分享功能的开放使微信成为一种移动互联网上不可忽视的营销渠道。微信公众平台的上线使这种营销渠道更加细化和直接。

5.微信开店　由商户申请获得微信支付权限并开设微信店铺。

（三）群组营销

在社区化营销当中，群组的培养是非常重要的一个工作，它会是很有价值的营销资源，也会帮助累积到很多的口碑领袖。群组是一种新型的营销方式：把顾客变成粉丝，把粉丝变成朋友。群组营销就是彼此有相同或相似的兴趣爱好或者一定的利益关系，通过某种平台聚集在一起，通过产品销售或者服务，满足不同群体需求而产生的一种有着独特优势的营销方式。群组营销的平台很广，并不局限于网络，各种平台和社区，都可以做社群营销。比如线上的论坛、微博、QQ群、贴吧、陌陌等，线下的社区，都可以是社群营销的平台。群组营销更有利于铁杆粉丝的培养，是最重要的曝光平台，让群组裂变复制更为便利。

群组营销的原则是要先做好系统和平台的搭建这没错，其次还要再做好模式、分配和提成机制，最后是完善群内规章制度，这样才能保证社群的生命力。企业可以定期专业语音分享，也可以是高质量的文章推送，当然也要组织线上活动或线下活动（如户外活动、讲座、沙龙、分享会等，开始裂变雏形）；在内容方面，需要有一个产品或者项目作为核心支撑，社群话题围绕产品和项目来进行输出；需要长期地积累相关资源和技巧，坚持持续的原创输出和有价值的内容。接着通过群组的服务、附加价值为用户提供系统和某些方法进行赋能，通过客户（B）去传达给（C），实现群组营销的裂变。

（四）邮件营销

电子邮件营销（Email direct marketing，EDM），是利用电子邮件与受众客户进行商业交流的一种直销方式。同时也广泛地应用于网络营销领域。电子邮件营销是网络营销手法中最古老的一种，可以说电子邮件营销比绝大部分网站推广和网络营销手法都要老。

EDM营销必须有EDM软件，对EDM内容进行发送，企业可以通过使用EDM软件向目标客户发送EDM邮件，建立同目标顾客的沟通渠道，向其直接传达相关信息，用来促进销售。EDM软件有多种用途，可以发送电子广告、产品信息、销售信息、市场调查、市场推广活动信息等。必须思考向哪些用户发送电子邮件、发送什么内容的电子邮件，以及如何发送这些邮件。

（五）博客营销

博客（web log）就是网络日志。博客营销是利用博客这种网络应用形式开展网络营销的工具，是公司、企业或者个人利用博客这种网络交互性平台，发布并更新企业、公司或个人的相关概况及信息，并且密切关注并及时回复平台上客户对于企业或个人的相关疑问以及咨询，并通过较强的博客平台帮助企业或公司零成本获得搜索引擎的较前排位，以达到宣传目的的营销手段。

博客营销主要表现为三种基本形式：①利用第三方博客平台的博客文章发布功能开展的网络营销活动；②企业网站自建博客频道，鼓励公司内部有写作能力的人员发布博客文章，以吸引更多的潜在用户；③有能力运营维护独立博客网站的个人，可以通过个人博客网站及其推广，达到博客营销的目的。

（六）贴吧、论坛营销

贴吧营销是以贴吧为载体的一种营销方式，是一种基于关键词的网上主题交流社区，它与搜索紧密结合，能准确把握用户需求，具有针对性强、黏性高和互动功能强等特点和优势。通过用户输入的关键词，自动生成讨论区，使用户能立即参与交流，发布自己感兴趣的话题的信息和想法。这就意味着，如果有用户对某个主题感兴趣，那么就可以立刻可以在贴吧上建立相应的讨论区。企业用贴吧做推广时，选择贴吧要有侧重点，帖子的内容要有讲究，要学会利用百度热点。

论坛营销就是"企业利用论坛这种网络交流的平台，通过文字、图片、视频等方式发布企业的产品和服务的信息，从而让目标客户更加深刻地了解企业的产品和服务。最终达到企业宣传企业的品牌、加深市场认知度的网络营销活动"。论坛营销的六大关键因素：用推广团队推广论坛、吸引人气、加强话题营销、正确引导回帖、多增加新内容、论坛管理者保持对论坛的喜欢度。

（七）O2O营销

O2O营销模式又称离线商务模式，是指线上营销线上购买带动线下经营和线下消费。O2O通过打折、提供信息、服务预订等方式，把线下商店的消息推送给互联网用户，从而将他们转换为自己的线下客户，这就特别适合必须到店消费的商品和服务，比如餐饮、健身、看电影和演出、美容美发、摄影等。

随着互联网的快速发展，电子商务模式除了原有的B2B、B2C、C2C商业模式之外，一种新型的消费模式O2O已快速在市场上发展起来。对于B2B、B2C商业模式下，买家在线拍下商品，卖家打包商品，找物流企业把订单发出，由物流快递人员把商品派送到买家手上，以此完成整个交易过程。但是在美国这种电子商务非常发达的国家，在线消费交易比例只占8%，线下消费比例达到92%。由于消费者大部分的消费仍然是在实体店中实现，把线上的消费者吸引到线下实体店进行消费，所以有商家开始了这种消费模式。

对O2O平台本身而言，与用户日常生活息息相关，并能给用户带来便捷、优惠、消费保障等作用，能吸引大量高黏性用户；对商家则有强大的推广作用，可吸引大量线下生活服务商家加入；数倍于C2C、B2C的现金流；巨大的广告收入空间及形成规模后更多的盈利模式。

O2O模式的益处在于，订单在线上产生，每笔交易可追踪，展开推广效果透明度高，让消费者在线上选择心仪的服务再到线下享受服务。

（八）移动营销

移动营销（mobile marketing）指面向移动终端（手机或平板电脑）用户，在移动终端上直接向分众目标受众定向和精确地传递个性化即时信息，通过与消费者的信息互动达到市场营销目标的行为。移动营销早期称作手机互动营销或无线营销。移动营销是在强大的云端服务支持下，利用移动终端获取云端营销内容，实现把个性化即时信息精确有效地传递给消费者个人，达到"一对一"的互动营销目的。

移动营销的模式，可以用"4I模型"来概括，即Individual identification（分众识别）、Instant message（即时信息）、Interactive communication（互动沟通）和I（我的个性化）。

1. Individual identification（分众识别）　移动营销基于手机进行一对一的沟通。由于每一部手机及其使用者的身份都具有唯一对应的关系，并且可以利用技术手段进行识别，所以能与消费者建立确切的互动关系，能够确认消费者是谁、在哪里等问题。

2. Instant message（即时信息）　移动营销传递信息的即时性，为企业获得动态反馈和互动跟踪提供了可能。当企业对消费者的消费习惯有所觉察时，可以在消费者最有可能产生购买行为的时间发布产品信息。

3. Interactive communication（互动沟通）　移动营销"一对一"的互动特性，可以使企业与消费者形成一种互动、互求、互需的关系。这种互动特性可以甄别营销的深度和层次，针对不同需求识别出不同的分众，使企业的营销资源有的放矢。

4. I（我的个性化）　手机的属性是个性化、私人化、功能复合化和时尚化的，人们对于个性化的需求比以往任何时候都更加强烈。利用手机进行移动营销也具有强烈的个性化色彩，所传递的信息也具有鲜明的个性化。

（九）即时通讯营销

即时通讯是目前网上最为流行的通讯方式，各种各样的即时通讯软件也层出不穷；服务提供商也提供了越来越丰富的通信服务功能。根据即时通讯属性的不同，即时通信工具分为以下几个类别。

1. 个人 IM 主要以个人用户为主，非盈利目的，方便聊天、交友、娱乐，例如 QQ、微信、MSN、雅虎通、网易 POPO、新浪 UC、百度 HI、移动飞信（PC 版）等及时通信软件。这类软件通常以网站为辅、软件为主，以增值使用为主、免费使用为辅。

2. 商务 IM 买卖关系为主商，商务 IM 通常以阿里旺旺贸易通、阿里旺旺淘宝版为代表。商务 IM 的主要作用是为了实现寻找客户资源或便于商务联系，从而以低成本实现商务交流或工作交流。此类 IM 用户以中小企业、个人实现买卖为目的，外企也可以方便地实现跨地域工作交流。

3. 企业 IM 一共有两种：一种是以企业内部办公用途为主，旨在建立员工交流平台；另一种是以即时通信为基础，系统整合各种实用功能，如企业通。

4. 行业 IM 主要局限于某些行业或领域使用的 IM 软件，不被大众所知，例如盛大圈圈，主要在游戏圈内盛行。行业 IM 也包括行业网站所推出的 IM 软件，如化工类网站推出的 IM 软件。行业软件主要依赖于单位购买或定制软件。常用的主要有以下两种情况。

（1）网络在线交流 中小企业建立了网店或者企业网站时一般会有即时通讯在线，这样潜在的客户如果对产品或者服务感兴趣自然会主动和在线的商家联系。

（2）广告 中小企业可以通过 IM 营销通信工具，发布一些产品信息、促销信息，或者可以通过图片发布一些网友喜闻乐见的表情，同时加上企业要宣传的标志。

四、病毒式营销

病毒式营销是指发起人发出产品的最初信息到用户，再依靠用户自发的口碑宣传，是网络营销中的一种常见而又非常有效的方法。病毒式营销必然含有两个重要的功能：①人们在获得利益的同时不知不觉地、不断缠绕式地宣传了商家的在线生意，信息传播者往往是信息受益者；②商家生意信息的传播是通过第三者"传染"给他人而非商家自己，而通常人们更愿意相信他人介绍而非商家自己。

病毒式推广常用的传播途径有即时通信工具、社区论坛、个人博客、短信、电子邮件和视频网站等。病毒式营销的一般方法有：免费的服务、便民服务、节日祝福、通过"口头传递"传播信息、精美网页或笑话、利用人际关系网络传播信息、通过"事件策划"营造传播话题等。病毒式营销的关键在于病毒必须有吸引力和易于传播。

五、抖音营销

随着时代的发展和科技的进步，更多的新媒体和自媒体如雨后春笋般涌现出来，其借助于互联网和抖音这样的网络平台取得了良好的运行成效。抖音及其短视频具有及时性强、传播范围广、传播速度快、互动性良好的特征，抖音平台借助于广大的会员和大量的视频资源取得了良好的效益。企业的抖音营销的方式主要有以下五种。

（一）内容营销

在进行抖音营销时，许多人都会进行内容营销。对于许多人来说，抖音之所以会这么火，是由于其内容十分吸引用户，而且能让人感到非常的轻松没有压力。用户在进行选择时，都是会点开抖音内容观看；企业为了可以获得更多的用户，也都在平台开通了自己的官方账号。但是也有许多企业在入驻这些官方账号时，并不会进行抖音营销，所以粉丝数量非常少，为了可以更好地解决这类问题，在进行内容营销的时候，需要注意做相应的链接。从而可以获得大家的认同，从而更好地进行品牌传播。如病毒式抖音营销，一般是以路人的角度拍摄关于产品的某个视频，如果爆红，则能给产品带来卖断货式的销售增长。这种方法具有达人系的一切优势，且价格低廉。缺点是没有达人自带的初始流量，所以对创意要求极高。

（二）展示广告

想要做好抖音营销，还有一种方式也是可以选择的，就是通过展示广告的方式，来进行内容的营销。找抖音红人打广告，使用场景原生，配合达人的露出，广告形式生动，用户点击率高，接受度高，互动多，能激发用户二次传播，也能提升品牌在抖音用户中的好感度。且价格没官方广告那么高。许多人可能觉得这种方法非常的老套，却也收获了很好的效果。但相对来说，其价格也比较高。

（三）信息流广告

信息流广告也是抖音营销的一种方式，就是在大家刷屏时，插入一些企业广告。但企业在刷广告的时候，也要注意一下投放比例的问题，如果投放比例过于频繁，则极易引起抖友们的反感。因此，也需要谨慎处理。

（四）活动类营销

活动类营销也是许多人非常喜欢的一种方式，比如说可以通过一支歌曲或是一段舞蹈参赛，这对于更好地扩大企业的品牌宣传也有着非常重要的作用。

（五）网红带货

先让个人红起来，然后再转化粉丝买自己的产品。在流量普遍昂贵的年代，自有粉丝能给自己未来几年省掉一大笔推广费，而红人卖自己的货，自带情感和见证，转化率会更高。且相对微博、快手等其他成熟平台，抖音等短视频平台有流量红利优势，个人IP成功的概率更高，可发挥空间大，内容形式多，露不露脸，好看不好看，都有成功的可能。这也是目前运用得最多的方式，无论是微商，还是服务方，大家都在通过一些个人化的内容先涨粉，再带货。一旦找准自己的定位，并能成体系地创意化，坚持下来，就能红起来。

在互联网快速发展的背景下，网络营销会成为现在及未来企业营销方式的发展方向，企业应该充分了解网络营销，利用网络营销更好地发展企业。

👤 岗位对接

本章主要介绍了医疗器械经营与管理及其他医疗器械相关专业学生成为医疗器械网络营销人员必须掌握的内容。

本章对应岗位包括医疗器械网络推广员、网络销售、网络客户服务、网络调研员等。上述从事医疗器械网络调研、网络推广、网络销售等岗位从业人员必须对医疗器械网络营销的概念、特征和模式熟悉和理解，并掌握医疗器械网络调研的策略、医疗器械网络推广的各种模式，从而具备开展医疗器械网络推广的能力。

本章小结

电子商务是指以信息网络技术为手段，以商品交换为中心的商务活动；也可理解为在互联网、企业内部网和增值网上以电子交易方式进行交易活动和相关服务的活动，是传统商业活动各环节的电子化、网络化、信息化。

电子商务模式就是指在网络环境和大数据环境中基于一定技术基础的商务运作方式和盈利模式。电子商务模式主要可以分为八种类型：B2B、B2C、C2C、C2B、O2O、B2B、B2Q和移动电子商务模式等。

网络营销是企业以现代营销理论为基础，利用互联网技术和功能，最大限度地满足客户需求，以达到开拓市场、增加盈利目标的经营过程。网络市场调研就是利用互联网发掘和了解顾客需要、市场机会、竞争对手、行业潮流、分销渠道以及战略合作伙伴的情况。

随着互联网技术的发展，网络推广工具和方法越来越多，目前主要以网络搜索引擎、网站建设及优化、微博、微信、博客、电子邮件、病毒、论坛、贴吧、即时通讯、抖音类营销方式为主。

习题

一、单项选择题

1.电子商务模式B2B是指（　　）。
　A.企业对消费者　　　　B.线上对线下　　　　C.企业对企业　　　　D.消费者对消费者

2.下列哪一种营销方式是直销（　　）。
　A.广告　　　　B.人员推销　　　　C.促销　　　　D.网络营销

3.下列属于网络调研问卷的可接受性原则的是（　　）。
　A.问题明确　　　　　　　　　　B.不涉及个人敏感话题
　C.数据便于处理　　　　　　　　D.访问者易读易懂

4.利用搜索引擎查找资料属于（　　）。
　A.直接调研　　　　B.间接调研　　　　C.在线问卷调查　　　　D.人机交互

5.最能代表企业形象的网络推广方式是（　　）。
　A.搜索引擎营销　　　　B.病毒式营销　　　　C.网站建设　　　　D.企业微信公众号

二、多项选择题

1.电子商务是传统商务活动的（　　）。
　A.电子化　　　　B.网络化　　　　C.增值化　　　　D.信息化

2.提高网络调研被调查者的技巧有（　　）。
　A.物质奖励　　　　B.安全保证　　　　C.情感联络　　　　D.强化调研重要性

3.企业搜索引擎优化的方法包含（　　）。

  A. 网站主题关键词   B. 网站标题

  C. 长尾关键词（行业 / 产品）   D. 网站结构

三、简答题

1.简述企业网络营销常见的推广方式。

2.企业进行网络调研时主要采用的策略有哪些？

（李叶红）

参考答案

第一章

1.D 2.D 3.C 4.D 5.D 6.B 7.C 8.C 9.A 10.B

第二章

1.A 2.D 3.A 4.C 5.A 6.C 7.B 8.C 9.B 10.A

第三章

1.A 2.B 3.A 4.B 5.C 6.B 7.B 8.B 9.C 10.A

第四章

1.C 2.D 3.B 4.C 5.D 6.A 7.D 8.B 9.C 10.D

第五章

1.A 2.B 3.D 4.D 5.C 6.D 7.C 8.D 9.A 10.B

第六章

1.A 2.A 3.A 4.C 5.B 6.B 7.C 8.B 9.A 10.C

第七章

1.D 2.C 3.A 4.B 5.C 6.D 7.D 8.A 9.D 10.C

第八章

1.A 2.C 3.B 4.D 5.C 6.A 7.A 8.D 9.B 10.C

第九章

1.C 2.A 3.C 4.A 5.A 6.D 7.C 8.D 9.B 10.B

第十章

单选：1.C 2.D 3.B 4.B 5.D

多选：1.ABD 2.ABCD 3.ABCD

参考文献

［1］彭石普. 市场营销原理与实训［M］. 4版. 北京：高等教育出版社，2018.

［2］甘湘宁. 医药市场营销实务［M］. 3版. 北京：中国医药科技出版社，2017.

［3］罗臻，刘永忠. 医药市场营销学［M］. 2版. 北京：清华大学出版社，2018.

［4］杨文章，林莉莉. 药品市场营销学［M］. 北京：中国医药科技出版社，2015.

［5］胡玲. 营销管理与营销策划［M］. 北京：对外经贸大学出版社，2017.

［6］王友全，张云霞. 市场营销学［M］. 2版. 北京：北京师范大学出版社，2015.

［7］金兴，胡亚荣，等. 医疗器械营销实务［M］. 北京：人民卫生出版社，2018.

［8］张旭辉. M公司经营战略研究［D］. 华南理工大学，2019.

［9］冯志伟. 河南双鼎医疗器械公司营销策略研究［D］. 郑州大学，2018.

［10］夏晶. E医疗设备公司渠道管理优化研究［D］. 上海外国语大学，2018.